Movimentos de Moradia e Sem-Teto em São Paulo

Experiências no contexto do desmanche

Edson Miagusko

Movimentos de Moradia e Sem-Teto em São Paulo

Experiências no contexto do desmanche

Copyright © 2012 by Edson Miagusko

Grafia atualizada segundo o Acordo Ortográfico da Língua Portuguesa de 1990, que entrou em vigor no Brasil em 2009.

Publishers: Joana Monteleone/ Haroldo Ceravolo Sereza/ Roberto Cosso
Edição: Joana Monteleone
Editor assistente: Vitor Rodrigo Donofrio Arruda
Projeto gráfico e diagramação: João Paulo Putini
Capa: Sami Reininger
Revisão: Giuliana Gonçalves Dias
Assistente de Produção: João Paulo Putini
Imagem da capa: Joana Monteleone. *Cobertor n. 5.*

Este livro foi publicado com o apoio da Fapesp.

CIP-BRASIL. CATALOGAÇÃO-NA-FONTE
SINDICATO NACIONAL DOS EDITORES DE LIVROS, RJ

M656m

Miagusko, Edson
Movimentos de moradia e sem-teto em São Paulo : experiências no contexto do desmanche
Edson Miagusko. - São Paulo : Alameda, 2012.
346p.

Inclui bibliografia
ISBN 978-85-7939-084-5

1. Movimento dos Sem-Teto de São Paulo. 2. Movimentos sociais - São Paulo (SP). 3. Pessoas
desabrigadas - São Paulo (SP) - Condições sociais. I. Título.

11-1619.   CDD: 305.5692098161
                  CDU: 316.343-057.66(815.6)

025340

ALAMEDA CASA EDITORIAL
Rua Conselheiro Ramalho, 694 – Bela Vista
CEP 01325-000 – São Paulo – SP
Tel. (11) 3012-2400
www.alamedaeditorial.com.br

Sumário

Prefácio 9

Introdução 19

Capítulo I – São Bernardo, 2003 31

Rompendo os contratos 35

"Festival de invasões" 43

"Movimento importado" 46

Excesso democrático 59

Capítulo II – O contexto do desmanche 69

Polícia e subjetivação política 71

Superfluidade política e funcionalidade econômica 79

Movimentos de sem-teto e excesso democrático 83

A década do desmanche 92

O contexto e a literatura sobre movimentos sociais 98

Capítulo III – União da Juta e o contexto da experiência democrática revisitado 107

Primeira aproximação: a Juta vista de cima 109

Mutirão autogestionário: a história de uma questão 121

Os primórdios da Juta: das grandes ocupações à terra de ninguém 129

O mutirão e a obra: o tempo dos batalhadores 136

A Juta vista de baixo: a vida depois do mutirão 148

Considerações 168

Capítulo IV – Movimentos de sem-teto do 171
Centro no contexto do desmanche

Primeiro olhar sobre o Centro 176

História e nomeação 182

Os programas 196

Os sem-teto do Centro 216

Duas cenas 228

Inclusão exclusiva 249

Capítulo V – Estrangeiros na cidade 253

Introdução 255

Histórico e definições 260

A ocupação Chico Mendes 264

Experiências desterritorializadas 282

Dois lugares 283

De volta para São Bernardo: Helena de Troia 297

Considerações Finais 301

Bibliografia 311

Referências bibliográficas 313

Reportagens, matérias e artigos da grande imprensa 328

Documentos e relatórios 338

Textos e documentos eletrônicos 340

Jornais, cartilhas e boletins de sindicatos, associações 342
e movimentos de moradia e sem-teto

Anexo 345

Lista de abreviatura e siglas

"Uma coisa é pôr ideias arranjadas, outra é lidar com país de pessoas, de carne e sangue, de mil-e-tantas misérias... Tanta gente – dá susto saber – e nenhum se sossega: todos nascendo, crescendo, se casando, querendo colocação de emprego, comida, saúde, riqueza, ser importante, querendo chuva e negócios bons... De sorte que carece de se escolher: ou a gente se tece de viver no safado comum, ou cuida só de religião só".
(João Guimarães Rosa, Grande Sertão Veredas)

"Nada se edifica sobre a pedra, tudo sobre a areia, mas o nosso dever é edificar como se fosse pedra a areia".
(Jorge Luiz Borges, Fragmentos de um evangelho apócrifo)

Prefácio

Era uma vez operários da Volkswagen...[1]

Edson, você vai ficar conhecido como o sujeito que flagra o criminoso no ato do crime. Você fez isso com o governo Fernando Henrique, com a sua dissertação sobre a greve dos petroleiros. Ali ficou marcado, a ferro e fogo, o ano I do governo FHC. Você não se enganou. Aqui você flagra o começo do governo Lula. Está tudo aqui. Eu, se fosse Lula, não lia essa tese não. É verdade que ele não lê nada, que já é uma vantagem pra você. Por que a chave da sua tese está logo nas primeiras páginas. A chave mestra que abre essa tese toda, que abre o contexto segundo sua definição. Você pode usar também conjuntura, que é conceitualmente mais adequado. Conjuntura, não no sentido que os economistas dão a isso, flutuações de preço de um dia para outro, que é uma definição pobre. Conjuntura num sentido amplo, que marca bem essa cena que você flagrou no I capítulo. Aqui você matou a charada: a ocupação de um território, num terreno da Volkswagen,

---

1 Este texto é uma espécie de carta escrita pelo professor Francisco de Oliveira ao Edson Miagusko por ocasião da defesa da tese. Tanto a editora como o autor optaram por mantê-lo neste formato.

onde havia sido a antiga fábrica de caminhões, numa das margens da Via Anchieta, enquanto do lado oposto realizava-se a assembleia dos metalúrgicos da mesma companhia. Minha recomendação é que você não abandone a chave da classe. Abandonar a chave da classe num estudo desse só resulta em perda. Felizmente você flagrou essa cena, porque apesar da teoria sociológica da classe estar em desuso, é ela que revela tudo. Decifre os dois lados da cena que você flagrou. Por que não há resistência da assembleia de metalúrgicos à tentativa de desocupação, pela polícia e pela empresa, do terreno da antiga fábrica de caminhões? Porque eles também estão liquidados como classe. Eles existem como metalúrgicos, como trabalhadores da Volkswagen. Mas, como classe, estão política e moralmente tão liquidados como os ex-operários que agora são moradores do movimento de sem-teto.

O que você narra não é uma cena de ocupação. Você está narrando a cena de regressão da classe à pobreza. Mas perguntemos: e lá os traba-lhadores da Volks que tão fazendo assembleia do outro lado regrediram à pobreza? Sim. Eles não são mais classe. Eles não têm mais poder de veto sobre nada. Eles não têm poder de pautar a ação do adversário. Política é isso: você pauta a ação do teu adversário, como um jogador de xadrez, que olha o lance e desdobra perspectivas. Para que? Para dar o xeque mate no fim. Eles não têm mais esse poder. Eles não são mais universais.

Enquanto você flagra em torno dos outros movimentos de sem-teto, de ocupação do centro essa falta de universalidade, você não ob-servou que na assembleia dos ainda operários da Volks, há a mesma falta de universalidade. Eu entendo o porquê: como o objeto de sua tese é o estudo dos movimentos dos sem-teto, você viu mais do que se propôs. Quero ser claro: não estou dizendo que a vida dos ainda operários é igual a dos sem-teto. Eles têm salário fixo, carteira assinada, que é um problema que aparece e reaparece todo o tempo na narrativa. Mas, levando ao extremo, de fato faz pouca diferença. O que eles não são mais é classe, com capacidade de pautar a ação do adversário. Seus adversários, a exemplo da Volks, já não olham mais para os metalúrgicos para saberem como irão movimentar o cavalo ou a dama. Não precisam olhar mais. Portanto, se você continuar a trabalhar esse tema, faça-o na chave da classe. Ali está escrito tudo; nessa regressão, regrediram à pobreza. Certamente não à pobreza material como alguns dos moradores, nem são todos, que você mostrou que têm geladeira, quatro televisões. Mas, é uma pobreza enquanto classe. Eles não pautam a ação, eles não esquadrinham o campo. Por isso eles estão submetidos àquela última determinação da técnica. A técnica faz o que quer porque eles não são mais classe.

Todos esses movimentos formam a história do Ocidente, no sentido gramsciano. E as Ciências Sociais só conhecem o Ocidente eu vou falar desse Ocidente. Nele, o processo foi da pobreza para a classe. Quem anuncia isso, no século XI, é São Francisco de Assis. Ali a miséria começou a expandir-se, a incomodar, a aparecer por todo canto. O que ele faz? Veste a vestimenta dos leprosos para atuar entre eles. Sua ordem é a dos mendicantes, isto é, a nova ordem do mundo é a mendicância. Daí pra diante a pobreza vai se transformando em classe. No seu auge, ela é a classe operária. Daí pra trás é uma regressão às formas medievais. Por isso nós os chamamos de informais , quer dizer sem formas, já que a nova forma é a do trabalho organizado. E com os autores com os quais você trabalha você pode processar isso muito bem. Neste caso, como na política em geral, é a exceção que determina a norma. Por isso toda a política habitacional converteu-se num mutirão ou na sua falsificação. Porque não tem mais classe social. Então tem Casas Bahia, tudo bem. Mas, como o Robert Cabanes lhe chamava a atenção, é tudo no registro do jurídico e do comércio. Não tem mais classe. Ninguém processa ninguém por causa de conflitos trabalhistas. As Casas Bahia processam quem deixou de pagar, e mesmo assim sabe que o processo é infrutífero, porque ela sabe que não há emprego fixo e, portanto, o processo se arrastará por *secula seculorum, amém.*

Li a tua tese com o carinho que ela merece porque nós temos uma antiga e bonita relação e você não precisa se embananar com nada do que você disse aqui. Nesse embananamento você está rendendo homenagens à teoria sociológica. Não precisa. Porque já está tudo revelado. É claro que é preciso renomear as coisas, mas aqui não tem maiores dificuldades. Você teve dificuldades de tratar a questão do presídio pra confessar sem rebuços que ali é barra pesada. Não tem pesquisador pra entrar, ficar perguntando, ti-ti-ti, te-te-te. Ali é outro jogo. A dificuldade está em que o nosso corte, nossas ferramentas de corte sociológico, estão mais ou menos cegas. Portanto, é que você só pode fazer uma nomeação sociológica, que assim mesmo é precária e provisória no fim das histórias. Minha vantagem ao ler sua tese é outra, porque é no começo dela que está tudo dito e decifrado o enigma desses movimentos todos. Porque não tem política habitacional, porque mutirão tornou-se política. E aí é a passagem do contexto, desse desmanche intenso do qual poucos se deram conta e as políticas rolam no vazio. É uma esfera sem atrito. Como vai fazer política habitacional do tipo que o BNH fez se você não tem contrato formal, se não tem qualquer contrato, se você não pode arbitrar uma prestação pra ninguém. Mas Robert está aqui, que é um apaixonado por fazer pesquisa de campo. Eu não sei de onde esse francês tirou essa paixão. Cibele, ele é um cidadão da zona leste. Mora na zona leste pra fazer pesquisa.

Está tudo no primeiro capítulo. Esse processo de regressão onde não tem mais parâmetro pra nada. As duas coisas que você flagrou ali no primeiro capítulo são uma só. Se classe é isso, isso é Weber, não é Marx. Classe pra Weber é uma ação racional com sentido e pode ser momentânea. Até onde eu sei você não é muito chegado a Weber. Mas isso não é pecado. Eu diria que na velha escala da Santa Madre Igreja isso é um pecado venial, não é mortal, ninguém vai para o inferno. Não basta juntar-se a uma ação racional com sentido. Isso não faz classe. Daí a dificuldade prospectiva, daí a dificuldade de ver o futuro, daí a dificuldade. E apesar de todo o esforço que você faz, com uma enorme simpatia, esse esforço a gente sabe vem da sua tradição de estudos, vem de Maria Célia, uma thompsoniana radical, vem disso. Apesar disso, não tem política nesses movimentos. Não tem política. A política quer dizer precisamente para autores que você frequenta muito, a política quer dizer pautar a ação do adversário. Qualquer que seja o caso. Tornar-se intransponível. Por isso que não tem política. A sua dificuldade em responder algumas questões que já lhe foram propostas é essa. A política precisa da previsibilidade. Quem achar como os políticos mineiros sem vergonhas que diziam que política é como as nuvens, muda todo tempo." Não muda nada, não é verdade. A política precisa de previsão. Se não, a ação dos sujeitos estará perdida, uma espécie de suplicio de Tântalo ou de Sísifo, como é a ação dos informais : todo dia recomeçam de um ponto que é igual a zero. Vendeu um bagulho no dia anterior não quer dizer que no dia que começa vai voltar a vendê-lo. É claro que há momentos de inflexão, há momentos de ruptura. Esses são os momentos definitivos. Aqui não tem previsão nenhuma, nem pode ter. Eles são figuras sem nomeação, porque é impossível nomeá-los. Não é só dificuldade sociológica. Essa dificuldade existe e é bom você ir atrás dela, perseguir com atino e a competência e elegância que você faz, mas aqui não tem, não pode ter. E teve, não é? Porque você estuda essa coisa de moradia há mais tempo. Assistindo a sua defesa tem gente que estudou isso também, como Maria da Glória, Cibele que vive – meu Deus, como ela tem coragem! – metida nesse caos urbano. Não é que é impossível estudar essas demandas; quando se tornaram política, elas obrigaram a ditadura a fazer o BNH. No princípio era assim: a construção civil pega os meus baianos de um lado e do outro um bando de ladrões que são os empreiteiros e eles argamassados com cimento, tijolo e cola, dá em habitação. A ditadura foi obrigada a tentar dar um salto de produtividade, transformar essa argamassa primitiva em capital. Por quê? Para sair de uma crise econômica em primeiro lugar e em segundo lugar, era preciso encontrar alguma forma de legitimação social. Fizeram para surpresa, um Banco Nacional de Habitação. Façanha que os governos democráticos nunca repetiram. O que é que acabou? Bem, podemos dizer que foi o caráter do Sarney, que era mais ou menos sem caráter. Depois veio o Collor, ilustríssimo ex-presidente FHC e agora o Lula. O que acabou foi a classe. E por isso não pode ter política habitacional. Pra quem? Alguém sabe responder? É claro que o BNH financiou, sobretudo, a classe média.

Mas, você deu um último exemplo aí que te indica a pista. O último, de novo para nosso espanto, que fez política habitacional nessa cidade foi Paulo Maluf! O que quer dizer isso? Os Cingapuras são uma política habitacional. Gostemos ou não. São um horror, talvez arquitetônico, um horror urbano. Por que ele fez? Não pelos seus belos olhos. Porque só dona Sílvia acha que ele tem belos olhos. Porque havia algum parâmetro ainda, parâmetro sobre o qual apoiar-se e projetar uma política habitacional. Esse parâmetro era o crescimento do emprego formal na cidade de São Paulo, crescimento do rendimento médio, parâmetros desse tipo. Depois, zero. Não sei se você estava naquela pesquisa que Cibele fez que exatamente comprovava o que eu estou dizendo. Eu fiz um artigo que virou "maldito" – Pedrinho Arantes caiu de pau em cima, indignado porque o artigo chamava-se o vício da virtude . Mutirão é o vício da virtude. E você está mostrando. Mutirão só funciona com altíssimo desemprego, que é uma tremenda contradição. Você vai fazer uma política habitacional baseada no desemprego? O mutirão foi você que usou o termo e a Maria da Glória parece que não gostou muito é o mito comunitário. Ali é coerção mesmo, coerção pra valer. Não temos papas na língua para não dizer as coisas como elas são. Ali é coerção e o seu texto mostra. As pessoas têm medo de perder a vaga porque se não fizer isso, não fizer aquilo, tá fora, tá fora. É uma sociedade de que?

Eu acho que o teu texto já está bom pra virar livro. E a charada está decifrada, ela abre com uma cena que decifra tudo. Você não podia ter escolhido melhor. Se como diz Weber, o pesquisador escolhe para fazer o "tipo ideal", você escolheu a cena e matou a charada. Todas as outras coisas que você se dedicou e tanto se esforçou são irrelevantes? Não, absolutamente. Elas apenas mostram que a cena inicial diz tudo. Quer dizer um mutirão num terreno onde a Volkswagen tinha uma fábrica de caminhões, invadido, transformado em uma ocupação. Do outro lado passando uma rodovia, uma assembleia de trabalhadores da Volkswagen. É uma cena só. Não são duas, desse ponto de vista. É a classe que desaparece e está em regressão à pobreza. Essa pobreza pode ser material, mas nem é tanto. As pessoas têm televisões em casa. E é a pobreza da política. Quer dizer é uma classe social que fez o presidente da República, era uma classe. E aí ela atravessou a linha, eles estão do outro lado. Olham e não vêem, são cegos do Evangelho. Não vêem que aqui, pra ironizar, Marx poderia dizer: ali é o teu futuro, é o teu futuro que vocês estão olhando, neste tipo de sociedade capitalista periférica está na orgia de orgasmos múltiplos por causa do pré-sal. O pré-sal pode nos converter numa Arábia Saudita. Quem pensar que por aí vai liquidar a desigualdade brasileira não entendeu nada ainda.

Não precisa se desculpar porque os conceitos, etc., etc., são insuficientes. Não é nada disso. Esteja à vontade. E urgência professora Maria Célia esse livro precisa ser publicado. Não precisa responder. Você comente como quiser. Eu tinha anotado uma arguição mais extensa, mas não vou fazê-la, porque é completamente redundante. Eu só não sei como você e Maria Célia conseguem beber fel pensando que é mel.

Francisco de Oliveira

Introdução

Este trabalho procura compreender as práticas e ações dos momentos de moradia e sem-teto em São Paulo e seus integrantes, na década de 1990, inseridos no "contexto do desmanche".

O termo desmanche foi cunhado por Roberto Schwarz (1993) como uma imagem figurada dos processos em curso no Brasil, nos anos 1990, e que significaram desmonte do aparelho produtivo estatal, desnacionalização da economia, desregulação dos direitos sociais, privatizações do sistema produtivo estatal etc. O desmanche remetia a uma análise daquilo que estava se reconfigurando, não apenas no sentido do desmonte do Estado, mas também da mutação de um horizonte de instituições e estruturas pelas quais era possível fazer um tipo de experiência social.

Tomado em perspectiva, o desmanche ressaltava a ideia de uma mudança da cena pública ou, pelo menos, de uma mutação significativa no contexto que demandava diretamente a alteração das próprias categorias de análise.

O desdobramento dessa discussão teórica remetia a uma reordenação das categorias, que exigia um novo plano de referências para conferir intelegibilidade à descrição. Nesse sentido, compreender o desmanche significava apreender uma sociedade pós-desmanche. Isso remetia às questões delimitadas de análise e às indagações traçadas.

Também demandava um esforço metodológico em ordenar a análise sem um mapa conceitual prévio ou, pelo menos, que estivesse nos marcos dos cânones tradicionais da teoria sobre movimentos sociais. Mais que isso, exigia um mapeamento de movimentos de moradia e sem-teto, de suas ocupações e também do discurso e da recepção de suas ações e práticas, num momento de deslocamento de sua legitimidade pública.

Na segunda metade dos anos 1990, vemos a alteração de nomeação dos "movimentos de moradia" para "movimento de sem-teto", aos movimentos que surgem nessa década. A categoria "sem-teto" foi acionada substituindo a definição "movimento de moradia", enunciando a nomeação a partir da palavra "sem", o que significava um movimento que definia sua identidade pela ausência de um direito ou de um bem.

A assimilação da nomeação "sem-teto" assinala como os anos 1990 foram marcados pela retração das políticas públicas de caráter universalizante e pelo encolhimento do campo dos direitos ou sua flexibilização. Por outro lado, este também é o período de ampliação da participação dos movimentos de moradia e sem-teto na conformação das políticas públicas de habitação. A consequência das diversas lutas sociais urbanas anteriores foi a ampliação da participação nos espaços públicos, conselhos, fóruns, representações e conferências que conformam as políticas habitacionais e urbanas atuais.

Assim, dois movimentos simultâneos ganharam força como consenso sobre os movimentos sociais. Primeiro, o deslocamento da legitimidade de suas ações públicas, que pode ser localizado no processo de criminalização da greve dos petroleiros de 1995, por meio do discurso de defesa do Estado de direito democrático e de processos contra lideranças dos movimentos de sem-terra e de sem-teto. Segundo, o campo em que os próprios movimentos sociais passaram a participar dos mecanismos de gestão das políticas públicas ou de se organizarem a partir dessas políticas, o que ampliou a indistinção entre políticas públicas e políticas de gestão da pobreza, aparecimento político dos sem-teto e gestão de ocupações.

Portanto, há uma novidade no tratamento dos movimentos sociais a partir dos anos 1990: a criminalização se dava na medida em que se recorria à defesa do Estado de direito democrático. O registro não era ideológico, mas da "verossimilhança". O consenso se construía a partir do alargamento do campo de intervenção dos movimentos sociais na conformação das políticas de gestão e pela criminalização dos que procurassem operar por fora desse campo gravitacional.

Esta foi a década marcada pelo aparecimento de movimentos de sem-teto, que adotavam práticas questionadas quanto a sua legitimidade. Mas, aqui, a noção de "política" e "polícia" nos ajuda a interrogar a própria essência da democracia e seu escândalo. A lógica igualitária da democracia só se afirma no encontro com a lógica policial, ou seja, a democracia só se manifesta em seu "excesso". A igualdade nunca é um objetivo, é sempre um pressuposto da prática política, e o acontecimento se dá quando esta potência igualitária aparece em cena.[1]

Assim, os movimentos de moradia e sem-teto, apesar de uma efetiva ampliação de participação política, a partir da presença em fóruns públicos, conselhos e em espaços institucionais, na capacidade de negociação política com os poderes públicos, oscilam num pêndulo entre a criminalização e gestão. O primeiro é a reposição constante da face autoritária do Estado como agente de deslegitimação das ações organizadas das camadas mais pobres, e o segundo é a captura por uma governabilidade que coloca os sem-teto no lugar funcional da gestão da pobreza, em que a técnica e a gestão dos conflitos substituem – e, assim, eliminam – a possibilidade de invenção política.

---

1   As noções de "política" e "polícia" serão discutidas no capítulo II.

Esse contexto é diverso daquele em que eclodiram os principais movimentos de moradia em São Paulo na década de 1980. A denominação que se altera – movimentos de moradia para movimentos de sem-teto – pressupõe outra ação política, outro perfil da demanda e nova cena de expectativas de atendimento do Estado em relação às demandas sociais.

Só é possível definir um novo plano de referências conceituais à medida que consigamos captar uma narrativa que torne familiar o estranhamento causado. Daí a necessidade de uma descrição a partir de pequenas histórias, a necessidade de relatar a experiência nos seus pormenores, quando os conceitos não são mais suficientes para captar o real.

A alteração desse contexto demanda uma reinterpretação dos movimentos sociais, a partir da leitura das histórias narradas por seus participantes e pelos atores que os circundam. A tese arendtiana seria bom começo para iniciar a resposta (Arendt, 1999 e 1999a). Para captar e absorver este momento pós-desmanche, partimos das histórias contadas e delas brotam os novos conceitos que lhes conferem sentidos.

Assim, este texto tem um duplo caráter exploratório: por um lado, pretende-se investigar como os movimentos se inserem nesta dinâmica de criminalização e de gestão, e como as histórias vistas de baixo se constroem. Esta questão se desdobra em outra: como nesse campo restrito de possibilidades, homens e mulheres, integrantes de movimentos de moradia e sem-teto, vivem e sobrevivem? É a partir destas questões que se estrutura este texto.

* * *

O livro está dividido em cinco capítulos. As histórias narradas se inserem no contexto do desmanche e no plano do encolhimento do possível. Também trabalhamos, a partir da noção de "excesso democrático".

Inicio o capítulo I por um acontecimento-chave: as ocupações de sem-teto ocorridas em 2003 – para demonstrar que o contexto, por onde as ações dos movimentos de moradia e sem-teto são compreendidas e julgadas, se alterou profundamente a partir dos anos 1990. No capítulo II, procuramos definir o contexto do desmanche, seus pressupostos e como isso incide nos marcos políticos por onde os movimentos de moradia e sem-teto aparecem e conformam suas ações. Procuramos trabalhar com as noções teóricas de polícia, subjetivação política e excesso democrático. No capítulo III, retornamos para uma associação de moradores na Fazenda da Juta, onde as obras do mutirão terminaram e os moradores vivem no conjunto habitacional há mais de uma década. O que aconteceu no conjunto e quais as histórias que os moradores nos contam é o tema deste capítulo. No capítulo IV, deslocamos o nosso olhar para os movimentos de sem-teto no Centro de São Paulo, surgidos a partir de 1997. O surgimento desses movimentos, bem como o deslocamento do olhar dos pesquisadores e das prioridades de intervenção pública para a região, demonstra uma "vontade de saber" sobre o Centro. Por fim, no capítulo V, tratamos sobre o Movimento dos Trabalhadores Sem-Teto (MTST), surgido a partir de uma iniciativa do MST e que tem implicado na tentativa de novas práticas nos movimentos de moradia, a partir do que temos chamado de "experiências desterritorializadas".

* * *

Todo texto tem um contexto de sua escrita. E este não é diferente. Os agradecimentos refletem não apenas os amigo(a)s e companheiro(a)s que compartilharam esse percurso, mas também as tensões e as injunções que a realidade impôs ao texto.

Agradeço aos integrantes da União dos Movimentos de Moradia (UMM), Movimento dos Trabalhadores Sem-Teto da Região Central (MTSTRC), Movimento dos Sem-Teto do Centro (MSTC), Movimento de Moradia do Centro (MMC), Associação Sem-Terra Leste 1, Associação União da Juta, Movimento Nacional de Luta pela

Moradia (MNLM), Movimento dos Trabalhadores Sem-Teto (MTST) e Fórum da População de Rua, com quem, em algum momento da pesquisa ou da minha trajetória, acabei tomando contato.

Agradeço à Isabel, Conceição, Valdir e aos demais moradores da União da Juta pelas entrevistas; à coordenação do MTST, Guilherme, Marco, Helena e a outros por terem franqueado minha entrada nas ocupações, fornecido dados e informações, além de entrevistas esclarecedoras; à coordenação do Movimento dos Trabalhadores Sem-Teto da Região Central, Hamilton, Rônei, Conceição e Jorge, pelas entrevistas concedidas. Ao Sebastião, do Fórum da População de Rua, ao Melão e ao Aldo Santos, que ajudaram a recontar partes da história de São Bernardo do Campo.

A todos eles que aceitaram compartilhar comigo suas histórias com a mesma generosidade com que organizam a luta por um mundo melhor. Um agradecimento especial para Marco, que me recebeu, auxiliou-me a circular num espaço que desconhecia, apresentou contatos e me recebeu com enorme atenção e disposição.

Agradeço especialmente à Sandra, Tiago, Tia Maria, Célia, Jonas e Conceição, que foram encontrados nas ocupações que visitei. Infelizmente, para preservar a identidade de alguns entrevistados, precisei alterar todos os nomes, pelas situações de risco vivenciadas por alguns. Com eles, pude ouvir histórias no contexto do desmanche e também compreender melhor determinadas escolhas, numa cena de encolhimento do possível. Agradeço a eles pela disponibilidade e pela coragem das conversas.

Luiz Kohara, Margareth Uemura e Lúcia de Fátima Rodrigues Gonçalves me concederam entrevistas, forneceram documentos e contatos e contaram sobre o período na administração municipal em que sentiram as agruras de ser a "mão esquerda" do Estado. Agradeço a todos pela disponibilidade e por me fazerem compreender melhor os labirintos dessa gestão de carências do Estado.

Agradeço a Caio Santo Amore e André Drummond, da assessoria técnica Peabiru, que forneceram os contatos que me possibilitaram retornar a um campo de pesquisa difícil e sinuoso, e o iluminaram, num momento em que a escuridão do Centro atravessava meu caminho.

Diogo, Guilherme, Tatiana e Fábio foram interlocutores nas mesas de debates e estudos do grupo "Em busca da política", coordenado pela Profa. Dra Maria Célia Paoli. Nesse grupo, pude testar vários argumentos e refletir de modo menos solitário a experiência de pesquisa. Aos "embuscados", pois o trabalho intelectual repousa no contexto do seu tempo e nos debates com seus pares.

Miguel Carvalho, Marcelo Aguirre, Fernando Gameiro, Alberto Canuto, Sônia Arcanjo, Rodrigo Pereira e Márcio Bento, durante todo o período da tese, e Luiz Araújo, Afrânio Bopprè, Antônio Carlos Andrade e Edmílson Rodrigues, dentre outros, têm dividido comigo, nos últimos anos, as angústias de uma cena política encolhida. A eles e a todos que não pude citar, "meus irmãos de lutas e de sonhos", na esperança de que a reflexão nos ajude a compreender melhor esse "mundo misturado". Agradeço a todos pelo companheirismo, compreensão e pela "licença" para concluir a tese que deu origem ao livro.

Genildo Batista (*in memoriam*), "intelectual orgânico" que nunca se definiu como tal, me ensinou o sentido da combinação entre a militância e o trabalho intelectual, sem jamais ser um militante cabotino ou um cabotino acadêmico. Seu exemplo, sua integridade e clareza para encontrar os caminhos no "fazer-se da classe" são uma profunda ausência nesses "tempos sombrios".

Ivan Valente se lançou na árdua empreitada de construir o novo quando o velho ainda parece pulsar tão forte. Ivan serve ao povo brasileiro desde sua juventude, nos idos da ditadura militar, e tem ensinado a mim lições de coragem, coerência e solidariedade política. Sua disposição contagia as novas gerações e devolve à política seu sentido nobre. Agradeço pela firmeza na hora certa.

Márcio Funcia, amigo de muitos anos, tem o desprendimento de poucos. "Ouvindo" meu silêncio, me ligou e se ofereceu para revisar o texto "em processo", com a excelência profissional e disponibilidade fraternal que lhe são peculiares. Para ele, o agradecimento de buscar tornar menos árido os defeitos das "concordâncias" do autor.

Os amigos Dimitri, Carol e Chico ouviram minhas angústias e silêncios e, solidários na escuta, tornaram o trabalho menos solitário. Fábio Nogueira e Jaime Cabral trabalharam comigo quando ingressei no doutorado. Nossas conversas me ajudaram muito. Mesmo de longe, agradeço a colaboração de ambos.

Yukiko, minha mãe, e Márcia, minha irmã, sem nunca lerem uma linha do texto me apoiaram como poucas, através da solidariedade familiar. Meu pai, Seijo, veio a falecer nesse período. Sua força de vontade e exemplo de vida é uma ausência muito sentida.

Cibele Rizek participou da Banca de Qualificação e é minha mestra desde que ingressei no mundo acadêmico por meio de uma bolsa de pesquisa para estudar os trabalhadores no complexo químico paulista. Cibele me ensinou duas coisas: primeiro, a sensibilidade necessária ao pesquisador; depois, o compromisso ético com a pesquisa. Em tempos de encolhimento do possível, de um contexto em que muitos justificam "escolhas" pela "realidade reduzida", que tratam também de encolher, Cibele possui a grandeza e o sentido primeiro do compromisso com a universidade pública.

Maria Célia Paoli, minha orientadora, me presenteou com a epígrafe borgeana que prefacia o texto. Maria Célia tem a qualidade da "imaginação política", traço de uma intelectual que não se subordina ao "ajuste" embotador de consciências no meio acadêmico e que tem substituído a capacidade de pensar pelo "realismo" que encolhe o agir. A Maria Célia um agradecimento especial.

Meus meninos, Raul e Gabriel, acompanharam, sem compreender, o pai passar dias seguidos, finais de semana e feriados em frente ao computador. Para Raul e Gabriel, na esperança de um mundo melhor.

Joana, meu amor, me acompanha desde antes do ingresso no doutorado e é parceira de minhas escolhas, mesmo as mais difíceis. Joana leu todo o texto, debateu comigo e questionou meu desconhecimento de um mundo que ela própria conhecia melhor. Durante toda a pesquisa, e, principalmente, na fase final e mais decisiva, Joana assegurou o sossego da nossa casa, alimentou os meninos e os levou ao zoológico.

Joana cumpriu aquele tempo que, na maioria das vezes, é invisibilizado e desconsiderado como trabalho. Sem sua presença a tese que deu origem a este livro não seria possível. Por isso, o que está escrito também é parte de nossa vida, das disposições visíveis e invisíveis. Para Joana, minha querida, este livro é pouco.

A tese que originou este livro contou com o auxílio de uma Bolsa do CNPq, que financiou dois anos e nove meses da pesquisa. A publicação deste livro contou com recursos da Fapesp.

Capítulo I
São Bernardo, 2003

19 de julho de 2003, madrugada de sexta para sábado. Quatrocentas pessoas carregam pertences, bolsas ou apenas a roupa do corpo e se preparam para ocupar um terreno de 170 mil metros quadrados, de dimensões semelhantes ao estádio do Maracanã. Homens, mulheres, jovens, crianças e idosos entram, sem alvoroço, chegando em ônibus cheios. Na área, não há instalações. Somente terra vazia, poeira e escuridão.

A operação é rápida e eles entram no terreno imenso. Madeiras, pregos, martelos, caibros e plásticos dão forma à "cidade" que se transformará em acampamento nos próximos dias.

Em frente ao terreno, os carros circulam na rodovia movimentada em alta velocidade. A escuridão contrasta com a iluminação da pista. Luzes e a logomarca do outro lado lembram quem é a proprietária da área.

A movimentação será intensa. Nos primeiros dias, a atribulação será maior. A população crescerá em escala exponencial, mas o pequeno grupo de apoiadores encarregado de "resolver os problemas" não se ampliará na mesma proporção.

Os primeiros apoios aparecem. Fardos de arroz, feijão e óleo chegam de sindicatos da região. O pedido de banheiros químicos, água potável e remédios à Prefeitura não será atendido.

Três dias são suficientes para o acampamento crescer vertiginosamente. O boato da "invasão" se espalha pelos morros, vielas e favelas. Diante das dimensões da área, os primeiros a chegar resolvem convocar outros para engrossar a ocupação. Com alto-falante sobre uma Kombi, os manifestantes anunciavam a "boa nova" a quem estivesse disposto a demarcar um lote. E o resultado será a multiplicação por dez do número de indivíduos no terreno.

Alguns são atraídos pela "revelação". A imagem da "terra prometida" é forte e parece ainda frequentar o imaginário dos que não possuem terra ou casa:

> O gari desempregado Wellington Luciano Novaes, 25, estava em casa com a mulher e os dois filhos no sábado, dia 19, numa favela do bairro Ferrazópolis, em São Bernardo do Campo (Grande ABC), quando uma Kombi passou veiculando pelo alto-falante uma mensagem que ele encarou como uma revelação.
> "O carro de som chamava as pessoas que necessitavam de casa, e estavam dispostas a lutar por ela, para se engajarem na luta", lembrou Novaes (...) Novaes, que mora de favor no barraco de parentes porque não tem dinheiro para pagar aluguel, sentiu que estava bem próxima, a menos de dois quilômetros, a oportunidade da casa própria. Imediatamente, foi anunciar a revelação ao restante da família.
> No mesmo dia, Novaes, com a mulher e dois filhos – o mais novo de cinco meses –, mais sua irmã, também com dois filhos, seu irmão, pai de outras duas crianças, e a avó, de 65 anos, partiram rumo à terra prometida pelo alto-falante da Kombi (Folha de São Paulo, 27/07/2003).

A "terra prometida", contudo, era próxima e Wellington a habitava. Quando nasceu, há vinte e cinco anos, o bairro em que morava foi lugar para aqueles que vieram em busca da promessa de emprego nas indústrias da região e que não existe mais nas mesmas proporções.

As primeiras horas são de organização, demarcação dos lotes e distribuição de tarefas, compreendendo desde a organização das famílias, definição dos grupos, cozinha comunitária, formação política, disciplina, até as negociações com o Poder Público, a relação com a imprensa e garantia de infraestrutura.

O nome de batismo do acampamento será Santo Dias, operário assassinado por policial militar durante greve em plena ditadura militar, em 1979, na zona sul de São Paulo. A homenagem lembra o local do acampamento. Mas, das lembranças restará apenas o nome. O contexto e os atores não são os mesmos.

Nos próximos dias, a maioria que chegará terá pouca ou nenhuma experiência política. Durante os meses anteriores, as lideranças do movimento cadastraram famílias nas favelas da cidade. Mas, a maioria é recrutada depois da ação, através de carro de som que percorre os bairros pobres atraídos pela possibilidade da conquista do terreno que permitisse construir sua casa.

Os próximos vinte e um dias instaurarão uma cena e um campo de conflitos que permitem analisar o novo contexto do país, a partir dos anos 1990.

Rompendo os contratos

O vazio do terreno contrasta com o entorno. Mas a cidade não é vazia. Trata-se de São Bernardo do Campo,[1] município pujante do

---

1 São Bernardo do Campo, localizada na região do ABCD paulista, é a quarta maior cidade do Estado de São Paulo, com 792.617 habitantes (IBGE, 2007). No berço da indústria automobilística do país, o setor industrial responde por 41,7% dos vínculos empregatícios (2005), mas o setor de serviços absorve 43,01% da força de trabalho. São Bernardo também segue a tendência de ampliação de determinados serviços públicos nas periferias e nas cidades da Grande São Paulo, como abastecimento de água (98,03%), coleta de lixo (94,64%) e esgoto sanitário (87,11%). Contudo, o município também seguiu a dinâmica de ampliação da desigualdade social e do aumento de habitantes abaixo da

ABCD paulista, palco de poderosas montadoras de automóveis instaladas na região, nos anos 1960, e de sindicatos operários fortes. São Bernardo não tem o mesmo perfil do final da década de 1970, quando eclodiram as greves metalúrgicas que, no longo prazo, ajudaram a derrubar a ditadura militar e foram berço de criação do PT e da CUT, e cenário em que emergiu a liderança sindical e política de Luiz Inácio Lula da Silva (2003-2010), ex-presidente da República.

O terreno ocupado fica diante da fábrica da Volkswagen,[2] avistada do outro lado da Rodovia Anchieta. Nos tempos áureos, em meados dos anos de 1970, a planta de São Bernardo empregou quase 45 mil trabalhadores. Em julho de 2003, os números caíram quase à metade, para 24,8 mil, mesmo com a ampliação das atividades da multinacional alemã para mais quatro fábricas – além da planta do ABC, funcionam duas em São Paulo, em Taubaté e em São Carlos; uma no Paraná, em São José dos Pinhais; e outra no Rio de Janeiro, em Resende. Na planta de São Bernardo, há onze mil trabalhadores.

Os dias da ocupação do terreno coincidem com um anúncio da empresa que provoca apreensão. Em 21 de julho, a Volkswagen lança a Autovisão do Brasil que, segundo comunicado oficial, "é destinada a gerar empregos e negócios para intermediar a mão-de-obra excedente" e investir R$ 350 milhões no país. Segundo o vice-presidente de

---

linha da pobreza. A pobreza (medida pela proporção de pessoas com renda domiciliar per capita inferior a R$ 75,50, equivalente à metade do salário mínimo vigente em agosto de 2000) cresceu 56,05%, passando de 7,9% em 1991 para 12,3% em 2000. O Índice de Gini, que mede a desigualdade, passou de 0,51 em 1991 para 0,56 em 2000 (ver Atlas do Desenvolvimento Humano no Brasil).

2   A Volkswagen do Brasil é uma multinacional alemã que atua nos ramos de veículos, finanças e autopeças e está no país desde 1953. A receita bruta da empresa em 2004 foi de R$17.397,3 milhões, o que a coloca como 18.º maior grupo econômico do país e 9.º grupo industrial. Atualmente, tem perdido espaço para outra montadora, a Fiat do Brasil, localizada em Betim (MG), que hoje é a primeira do setor em termos de faturamento, da ordem de R$19.619,5 milhões (Valor Grandes Grupos, 2005).

MOVIMENTOS DE MORADIA E SEM-TETO EM SÃO PAULO   37

recursos humanos da Volkswagen do Brasil à época, João Rached, a nova empresa era inspirada na *Autovision* alemã e teria como objetivo fazer parcerias visando a requalificação e recolocação dos trabalhadores.

Contudo, o anúncio em evidência é o plano de realocação de 3.933 "trabalhadores excedentes" das plantas de São Bernardo e Taubaté. Segundo carta enviada a estes trabalhadores, a partir de 1º de setembro, 1.923 funcionários de São Bernardo e 2.010 de Taubaté seriam transferidos. Esses números se distribuíam em 40% do efetivo nas áreas administrativas e 60% em setores ligados à produção, representando 13% da fábrica Anchieta e 31% em Taubaté. Esses empregados seriam realocados para o "Instituto Gente", empresa a ser criada para "capacitar os trabalhadores antes de fazer sua realocação para outros projetos, como a Autovisão, que estimularia os operários a montarem negócios" (Nuzzi, 01/08/2003; Rolli, 01/08/2003).

O anúncio da Volkswagen é interpretado pelos trabalhadores como possibilidade de demissão e quebra de acordo firmado anteriormente entre o Sindicato dos Metalúrgicos e a matriz alemã. O eufemismo não passaria despercebido pelos trabalhadores, pelos sindicalistas e, inclusive, pelos humoristas.[3] O desencontro de informações e a transferência para uma empresa que não existia, responsável por uma "requalificação" que ninguém sabia o significado exato – nem os próprios executivos da companhia, do Brasil e da Alemanha – parecia a fábula do emprego no capitalismo mundializado, movido a produção excessiva de mercadorias e "excedentes" descartáveis. Notícias de retração dos lucros, anúncio de 450 possíveis demissões em outra montadora, a General Motors de São José dos Campos (Folha de São Paulo, 23/07/2003)

---

3   Macaco Simão em sua verve irônica escreveu: "e a penúltima derradeira final do Bestiário Tucanês. É que o diretor da Volks declarou que a montadora criará uma empresa "que ficará responsável pela recolocação do metalúrgico". Tucanaram a demissão em massa. Socorro! Chama o Oswaldo Cruz pra erradicar o tucanês. Tá mais fácil a volta do Fusca que erradicar o tucanês!" (Simão, 24/07/2003)

e abandono do projeto de construção de novo veículo pela Renault, em sua fábrica de São José dos Pinhais (PR), eram as notícias da época que só ampliavam o temor que tomava conta dos trabalhadores da Volkswagen. Um operário, consciente de sua "descartabilidade", dizia: "Depois de catorze anos de serviço, me sinto jogado às traças" (Rolli, 01/08/2003).

Os trabalhadores procuraram reagir e o sindicato cobrava, utilizando o jargão da moda à época,[4] o "cumprimento de contrato" pela empresa. No final de 2001, depois da ameaça de 3.075 demissões em São Bernardo e greve de uma semana, os sindicalistas viajaram para a Alemanha e negociaram diretamente com a matriz a solução do impasse. Na ocasião, os trabalhadores aceitaram o "plano de benefícios" e a "demissão voluntária" e a empresa prometera investimentos da ordem de R$ 500 milhões para a produção do polo modelo-exportação e a possibilidade de fabricação de novos produtos. A maioria dos trabalhadores aceitou a redução de 15% nos salários em troca da manutenção dos empregos e estabilidade até fevereiro de 2004, na fábrica de Taubaté, e novembro de 2006, em São Bernardo. Este foi o acordo firmado com a chancela da matriz alemã e o sindicato.

---

4 Um dos temas martelados na campanha presidencial de 2002 foi a possível "quebra de contratos" pela candidatura Lula. Esta quebra de contratos era a senha da mídia conservadora e do capital para a possibilidade de Lula, caso eleito, "ousar" fazer alterações significativas nos pilares da ortodoxia econômica. Durante a campanha eleitoral, o candidato Lula anunciou uma carta denominada "Carta aos Brasileiros", onde expressava um conjunto de compromissos com os investidores internacionais e com o capital, num momento em que as especulações de "quebra de contratos" tomavam corpo, numa onda especulativa que fez o dólar subir e as ações nas bolsas despencarem. Posteriormente, o governo adotaria o referencial da carta aos brasileiros substituindo o programa que fora aprovado anteriormente pelo Encontro Nacional do PT e continha elementos como "renegociação da dívida externa", "controle cambial" etc. E, por outro lado, "quebraria os contratos" com a base social que o elegera anteriormente, a partir da reforma da Previdência. Assim, no discurso, a liderança sindical do ABC utilizava o mesmo jargão, como dizer: o nosso governo cumpre os contratos com vocês e vocês cumprirão os contratos conosco?

Com os novos planos da Volkswagen para os 3.933 trabalhadores, o sindicato acusava a empresa de quebrar o acordo de 2001, de estabilidade no emprego, pois o tempo de carência ainda não havia vencido (Rolli, 22/07/2003). O presidente do Sindicato, José Lopes Feijóo, acusava a Companhia:

> Do mesmo jeito que temos certeza que a empresa jamais promoveria o rompimento de um contrato na Alemanha, esperamos que ela não faça isso no Brasil. Somos uma Nação soberana, onde as leis determinam que os contratos devem ser respeitados. Não somos uma colônia da Alemanha (Tribuna Metalúrgica, 30/07/2003).

O desencontro de informações era evidente. Em contraste com as evasivas dos executivos brasileiros, Bernd Pischetsrieder (presidente mundial da Volkswagen), anunciava a jornalistas alemães, longe do clima de comoção da fábrica e sem precisar fazer os malabarismos verbais dos colegas brasileiros, a "necessidade" em demitir 4000 trabalhadores no Brasil, para compensar a retração nas vendas e a queda de 49% dos lucros da companhia no mundo, no segundo semestre de 2003, se comparado ao mesmo período de 2002. E na entrevista não fazia nenhuma menção à criação da Autovisão para "administrar trabalhadores excedentes" (Rolli, 27/07/2003).

A estratégia de implantação da Autovisão era associada ao discurso da inevitabilidade da reestruturação da Volkswagen no Brasil. Era um momento de retração das vendas de automóveis no país, em que as demais companhias também sofriam com o cenário macroeconômico. Entretanto, a Volks perdia mais na comparação, pois as outras empresas se reestruturaram suficientemente e ela não. As outras perdiam, mas ela perdia mais. Esse era o discurso que fundamentava a implantação da Autovisão.

Assim, a primeira medida foi apresentar a implantação da Autovisão, como ação moderna e negociada pela direção da Volks com os trabalhadores, não apenas para não demitir, mas para "reciclar" e realocar a força de trabalho através de cursos e de manutenção no emprego, por determinado período. Essa primeira tentativa foi mal sucedida e desencadeou reações duras dos trabalhadores, com assembleias e paralisações.

Contudo, a estratégia inicial de não anunciar a demissão e retirar o trabalhador do local de trabalho era uma ação bem conhecida, com a finalidade de quebrar a solidariedade na fábrica com os possíveis demitidos. Jorge[5] nos explica como a empresa opera na destruição dos vínculos de solidariedade e a disputa no interior da fábrica acirra esse sentimento de "descartabilidade":

> Essa condição de isolamento já deixava a pessoa vulnerável. Você pega, por exemplo, eu que estou de férias. Esse tempo em casa já é suficiente para as pessoas esquecerem da gente, da rotina daquele dia-a-dia. Então essas pessoas fora legitimam.
> Você não tem companheiros?
> Tenho. Mas quando você está nessa relação de disputa esse esquecimento é muito mais rápido. Por que motivo? Se você está ali do meu lado e alguém te manda embora, a minha reação é uma. Se você tá de férias e te mandam embora, a minha reação é outra, enquanto companheiro de trabalho. Uma coisa é te ver saindo daqui. Essa coisa pega muito mais forte em mim. E a outra coisa é saber que você saiu, mas eu não vi você saindo. Mas, eu fiquei sabendo depois que você saiu. Então, essa coisa dói menos. Quando teve a questão da demissão e da Autovisão e a retirada desse pessoal do meio da produção isso daí já deu uma relaxada no pessoal (Jorge, 21/01/2008).

---

5   Este nome como os demais são fictícios a fim de preservar a identidade dos entrevistados. Jorge é trabalhador da Volkswagen em São Bernardo do Campo. A entrevista foi concedida em 21/01/2008.

A partir da retirada dos possíveis demitidos do local de trabalho, se recebia carta informando ao endereçado para dirigir-se ao setor de recolocação para receber a "indicação" em possíveis "cursos de reciclagem" ou permanecer em casa durante o período da transferência. Essa situação poderia levar à mudança de vínculo para outra companhia ou à possível demissão ao final do período. Jorge afirma que a Volkswagen seguiu inicialmente os procedimentos de demissão e só depois surgiu a proposta da Autovisão.

A recepção da Autovisão no interior da fábrica foi mudando com o desenrolar da situação e, gradativamente, foi aceita pelo sindicato e pelos trabalhadores como inexorável ao problema da reestruturação da Volkswagen. Essa mudança é assinalada por Jorge:

> A princípio foi demissão, ameaça de demissão, que o serviço dela não interessava mais pra fábrica. Depois é que veio a discussão da Autovisão, mais verdadeiramente. No primeiro momento, nós fizemos uma campanha contra a Autovisão, o sindicato veio junto. Nós fizemos plenária no sindicato, foi tirado encaminhamentos comuns. Fizemos várias manifestações internas na fábrica, contra a Autovisão. Cada dia a gente paralisava uma área. E vários dias. Campanha pesada contra a Autovisão. No meio desse processo, o sindicato inicia a negociação com a empresa e vai mudando sua postura gradativamente. Primeiro, trazendo o pessoal da IG Metal na Alemanha pra falar da experiência lá na Alemanha. Aí eles vêm com esse discurso que lá eles construíram um museu, que alocaram mão-de-obra nas empresas prestadoras de serviços da Volkswagen, que as pessoas não tiveram prejuízo salarial, que muitas pessoas estão ganhando mais que quando eram trabalhadores da Volks. Então, já foi o segundo passo: pegar duas pessoas, eleger na assembleia, um mensalista e um horista, para junto com a diretoria do sindicato ir conhecer a experiência na Alemanha. E o terceiro passo foi falar que: "olha, não tem jeito, essa é uma tendência que tá acontecendo, precisa acontecer e aqui também

não vai ser diferente. E no final das contas, empurrar o acordo da Autovisão, de terceirização de outros setores e ainda apresentá-lo como vitorioso (Jorge, 21/01/2008).

Para isso contou o apoio dos sindicalistas alemães da *Ig Metall*,[6] que acompanhavam atentamente o desenrolar da situação no Brasil.[7]

Novos tempos. A planta de São Bernardo da Volkswagen é considerada "atrasada" exatamente pelo "excedente de trabalhadores". A fábrica de caminhões existente até 1990 na área da ocupação dos sem-teto fora transferida para Resende, no Rio de Janeiro. O objetivo final da Volkswagen para a planta da Anchieta, em São Bernardo, é reduzir o número de trabalhadores a sete mil. E tem sido recorrente nos últimos anos o anúncio de demissões pela direção da empresa no Brasil. Em resposta à carta enviada pelo Sindicato pedindo esclarecimentos sobre as demissões, o vice-presidente mundial de recursos humanos da Volks, Peter Hartz, respondeu que "os acordos seriam respeitados", mas lembrava que a empresa precisava passar "por um processo urgente de redi-

---

6   O Ig Metall é o sindicato metalúrgico da Alemanha.

7   Em entrevista, o sindicalista alemão, coordenador geral do Conselho Mundial de Funcionários da Volkswagen, Werner Widuckel, criticou a possibilidade de demissões na Volkswagen do Brasil, mas elogiou o conceito de *Autovision* alemã, inspiradora da Autovisão brasileira. Na entrevista, ele diz que participou da concepção da *Autovision* na Alemanha e afirma que: "seu desenvolvimento e aplicação foram um processo de cooperação. Para este processo é preciso, entretanto, ter a compreensão de que não é possível manter todo posto de trabalho e em qualquer situação na Volkswagen, nem criar qualquer novo emprego na empresa. Isto vale também para o Brasil. Em que áreas e sob quais condições se pode organizar novas ocupações alternativas, tem de ser decidido e aplicado em cada país, conforme as condições econômicas e políticas em cada um deles. No caso do Brasil, acho que há chance" (Weichert, 29/07/2003).

Contudo, a chegada dessa proposta no Brasil, um ano depois de acordo firmado diretamente na matriz alemã, entre sindicato e a direção mundial da empresa, que trocaria estabilidade no emprego por diminuição de 15% nos salários, e defendido pelos sindicalistas como "uma conquista", aparentaria mais uma tentativa de edulcorar as possíveis demissões, quebrando o acordo definido anteriormente.

mensionamento como forma de readequar a companhia para manter a competitividade e garantir o próprio futuro".

"Festival de invasões"

Na mesma semana da ocupação no terreno da Volkswagen e do anúncio das demissões no interior da empresa, 3.100 sem-teto ocupavam quatro imóveis no Centro de São Paulo.

As ocupações eram lideradas pelo Movimento dos Sem-Teto do Centro (MSTC) e Movimento dos Trabalhadores Sem-Teto da Região Central (MTSTRC) com a participação de outros dez movimentos de moradia, de sem-teto e associações de moradores do Centro e outras regiões de São Paulo.[8] Apesar da filiação da maioria desses movimentos à União dos Movimentos de Moradia, as ações no Centro não eram endossadas por completo pela entidade, e as associações que organizaram as ocupações representariam, com o passar do tempo, uma outra articulação política, que se organizaria em torno da Frente de Luta pela Moradia (FLM).

Os movimentos de sem-teto desejavam inicialmente ocupar seis imóveis, mas a polícia evitou a entrada em dois deles durante a madrugada.[9] Assim, foram ocupados três hotéis e um prédio residencial:[10] os

---

8   Além do MSTC e do MTSTRC participaram das ocupações os seguintes movimentos e associações: Associação Comunitária Direito da Cidadania Bem Viver, Associação de Moradores Jardim São Judas Tadeu, Associação dos Trabalhadores Sem-Terra de Francisco Morato, Associação Morar e Preservar Chácara do Conde, Associação Oeste de Moradia Diadema, Movimento de Luta por Moradia Campo Forte, Movimento de Luta por Moradia Própria (MLMP), Movimento Sem-Teto de Heliópolis – Unas, Movimento Moradia Jardim Nova Vitória e Projeto Casarão Celso Garcia.

9   Os dois imóveis eram edifícios particulares localizados nas ruas Jaceguai e Rego Freitas, no Centro de São Paulo (Isidoro e Góis, 22/07/2003).

10   O Hotel Danúbio, propriedade da UniFMU (Centro Universitário das Faculdades Metropolitanas Unidas), ficava na Avenida Brigadeiro Luís Antônio; o Terminus, na

hotéis Danúbio, Santos Dumont e Terminus e o Edifício Santa Ignez (Isidoro e Góis, 22/07/2003; Lage, 24/07/2003).

Em manifesto assinado por doze movimentos e associações e dirigido às "autoridades" – os governos federal, estadual e municipal e aos poderes Legislativo e Judiciário – os sem-teto reivindicavam moradia para duas mil famílias no Centro; o atendimento emergencial de quinhentas famílias, por meio de carta de crédito, locação social ou outras formas de financiamento; o decreto de interesse social em prédios abandonados há mais de dois anos; e a disponibilização das terras, prédios, autarquias ou imóveis penhorados pelo Banco do Brasil e Caixa Econômica Federal para moradia popular. Ao final do manifesto, havia sentido novo, se comparado às ações dos movimentos de moradia da década anterior, e que se tornara uma das diferenças dos movimentos de sem-teto no Centro:

> Enquanto não houver atendimento definitivo, queremos morar nos imóveis que ocupamos (Movimento dos Sem-Teto do Centro e outros, 23/07/2003).

Apesar de ocorrerem quase simultaneamente, não havia articulação conjunta entre a ocupação de São Bernardo e as ocupações de São Paulo. A relação óbvia era a questão dos sem-teto e o problema social, e nada além.

A reação do Governo do Estado foi enérgica. O governador de São Paulo, Geraldo Alckmin, afirmava que se vivia um "festival de invasão" e as ações eram patrocinadas por "movimento político" e "profissional":

> Estamos vivendo uma situação muito preocupante. É o espetáculo da invasão. Agora é uma nova invasão a cada hora, não é

Av. Ipiranga; o Santos Dumont, na Rua Mauá, próximo à estação da Luz; e o edifício Santa Ignez, na Rua Aurora, 579. Todos os edifícios eram de propriedade particular.

mais nem por dia. É inadmissível. São ações articuladas por um movimento político, um movimento profissional (...). Eles estão rompendo com a lei. O número de prédios invadidos só não foi maior porque a polícia agiu durante a madrugada toda (Folha de São Paulo, 23/07/2003b).

Em poucos dias, os quatro imóveis teriam os mandatos de reintegração de posse expedidos pela Justiça. No mesmo dia, a UniFMU, proprietária do Hotel Danúbio, entrou com pedido de reintegração de posse do imóvel e obteve liminar no dia seguinte. Quatro dias depois, o juiz Nilson Wilfred Ivanhoé, da 35ª Vara Cível, autorizou a reintegração de posse do Hotel Terminus, executada pela Polícia Militar na manhã de 1.º de agosto. Em 11 de agosto, a juíza da 26ª Vara Cível de São Paulo, Fernanda Soares Fialdini, expediu mandado de reintegração de posse em favor dos proprietários do Hotel Santos Dumont. O último dos imóveis a ter a reintegração de posse cumprida foi o edifício Santa Ignez, na Rua Aurora. A ação deste imóvel foi mais demorada porque os proprietários não conseguiram comprovar a posse na solicitação da primeira liminar. Porém, em 15 de outubro, a Polícia Militar desalojou as últimas duzentas famílias (Lage, 26/07/2003; Estadão Online, 11/08/2003, 15/10/2003), dando fim à última ocupação.

Sob o risco de ação enérgica da polícia, os sem-teto decidiram sair da ocupação do Hotel Danúbio. 415 pessoas seguiram para a sede da Companhia de Desenvolvimento Habitacional e Urbano (CDHU), na Avenida Nove de Julho, no bairro do Itaim, e acamparam nas calçadas da repartição e no canteiro central da avenida, entre os corredores de ônibus de cada pista (Folha de São Paulo, 30/07/2003).

Diante do fato, nem o governo estadual e nem a Prefeitura se dispuseram a encontrar local que alojasse os sem-teto, que permaneceram acampados diante da companhia durante uma semana. No final, retirados à força pela Polícia Militar e levados para uma área em Artur Alvim, zona leste de São Paulo, pertencente à Secretaria de Estado de Assistência e Desenvolvimento Social, os sem-teto ficaram por semanas sob a lona de um circo abandonado (Folha de São Paulo, 31/07/2003a e 01/08/2003).

A reintegração de posse do hotel Terminus foi a mais violenta. Usando gás lacrimogêneo e balas de borracha, cerca de 200 policiais expulsaram os sem-teto às seis horas da manhã, concluindo a ação em uma hora. Expulsos, acamparam na Praça da República, diante da Secretaria de Educação do Governo do Estado (Leite, 02/08/2003).

Os 350 sem-teto que permaneceram no hotel Santos Dumont deixaram a ocupação em função da reintegração de posse e acamparam em rua paralela, no calçadão do parque da Luz e próximo à Pinacoteca do Estado (Folha de São Paulo, 27/08/2003).

Por fim, os sem-teto saíram da ocupação do edifício Santa Ignez. Não sem antes entrar em conflito com o comando do 13.º Batalhão da Polícia Militar, que pretendia reintegrar um edifício ocupado em 1999 por noventa famílias, na Rua Ana Cintra (Estadão Online, 15/10/2003).

"Movimento importado"

Em São Bernardo, o acampamento Santo Dias não parava de crescer. Em três dias, passava de mil para três mil pessoas.

Diante do aumento exponencial de famílias no terreno, a coordenação do movimento as divide em cinco grupos, em "brigadas", com os seguintes nomes: Che Guevara, Paulo Freire, Rosa Luxemburgo, Liberdade e Terra e Pátria Livre. A distribuição das funções e tarefas da ocupação se dão em várias comissões: saúde, educação, cozinha, disciplina, formação política e imprensa, e mais comissões serão criadas à medida em que o acampamento se organiza.

Uma batalha judicial e de versões sobre a posse do terreno tem início. A Volkswagen consegue liminar expedida pela juíza Maria de Fátima dos Santos, da 4.ª Vara Civil de São Bernardo, que autorizava a reintegração de posse da área quatro dias depois da ocupação. Uma semana depois, o desembargador Roque Mesquita, da 3.ª Câmara do 1º Tribunal de Alçada Civil de São Paulo, em decisão provisória, suspende a liminar. A alegação do desembargador era a ausência de provas convincentes de "atos possessórios do terreno", ou seja, o exercício da posse da área pela Volkswagen. Durante o período da ocupação, famílias antigas procuraram os sem-teto para afirmar que lutavam na Justiça há quarenta anos pela posse da área, alegando que a Volkswagen não era a real proprietária e que as áreas haviam sido anexadas pelas montadoras a partir de concessões ilegais (Gois, 06/08/2007). Contudo, em momento algum, isso ficaria comprovado.

Na área, funcionara de 1981 até 1990 a fábrica de caminhões da Volkswagen (Leite, 22/07/2003). Com o fechamento e transferência da fábrica para Resende (RJ), a empresa optara por demolir as instalações deixando o terreno vazio. Os sem-teto alegavam que a área seria concessão pública, enquanto a Volks afirmava sua posse, adquirida em 1979 de outra montadora, a Chrysler. Em comunicado, "exigia que seus direitos básicos fossem plenamente respeitados, entre eles o direito à propriedade" (Folha de São Paulo, 31/07/2003). A Prefeitura, por sua vez, anunciava que o terreno não era público e a política habitacional do município se voltava para a urbanização de favelas e não para a produção de conjuntos habitacionais (Lage, 23/07/2003).

As primeiras repercussões da ação dos sem-teto foram duras e exigiam "autoridade" e "pulso" do governo. Assumia destaque nas revistas semanais a filiação entre MST e MTST e o poder local chamava os sem-teto de "invasores importados". O prefeito de São Bernardo, William Dib (PSB) (Folha de São Paulo, 29/07/2003), dizia que não havia porquê negociar ou atender as famílias, por duas razões: a "ocupação era politicamente importada" e não haveria habitante sem-teto em São Bernardo do Campo, o que não motivaria o atendimento dos "invasores".

Outro fato se soma a esse contexto de criminalização dos sem-teto. Na tarde de 23 de julho, quinto dia da ocupação, o fotógrafo *free-lancer* Luís Antônio da Costa, conhecido como "De la Costa", que cobria o fato para a revista Época, é assassinado em frente à portaria principal do acampamento, em meio ao tumulto de repórteres que se preparavam para entrevistar as lideranças do movimento. Três homens que roubaram 62 reais de um posto de gasolina, a 50 metros da portaria do terreno, dez minutos antes, fugiram caminhando em direção à ocupação. O fotógrafo da revista cobria o início da assembleia, sem a permissão de fotografar pelo movimento, mas ainda assim fotografava discretamente com a lente da câmera abaixada (Godoy e Assunção, 24/07/2003). Na confusão, o ladrão procurou arrancar a máquina de outro fotógrafo, que puxou o material para próximo do corpo. De la Costa fez a mesma coisa, mas não teve a mesma sorte e foi assassinado com um tiro à queima-roupa.

As primeiras suposições sobre o crime dão conta de "manipulação política".

> O assassino pode ser alguém do acampamento, que mistura todo tipo de gente, de necessitados reais a cidadãos com carro, celular e casa própria, homens honestos a pessoas com passagens pela polícia. Assim como pode ter sido alguém interessado em enfatizar o suposto descontrole em que o país estaria mergulhado. Infelizmente, a dor costuma ser refém da manipulação política (Mansur, Azevedo, Mendonça, Cotes, 28/07/2003).

A única hipótese que a matéria não levantava e veio a se confirmar, posteriormente, era a constatação óbvia e primeira: o assassino era assaltante comum que, em meio à confusão, ao arrancar a máquina das mãos do fotógrafo, atirou por medo de ser reconhecido. Contudo, aquele dia selaria o destino dos sem-teto. Mesmo que o assassinato fosse fatalidade, a aproximação entre o assassinato e a ocupação propiciaria acelerado processo de criminalização perante a opinião pública.

Na ocupação, a consequência foi imediata. O efetivo policial tornou-se ostensivo, com carros passando em alta velocidade. O governo estadual passou a proferir o discurso da criminalização e identificação política do movimento, chamando os sem-teto de "movimento profissional", patrocinado por políticos. O Poder Público municipal, que não havia aberto canal de negociação, passou a atacar a ocupação como lugar de "invasores importados".

Os editoriais dos jornais passaram a endereçar cobranças diretas ao Governo Federal, numa tentativa de associar políticos do PT, o simbolismo de São Bernardo e as relações históricas do presidente da República com os movimentos sociais. Nessa direção, a mídia procurava utilizar o acontecimento de São Bernardo para produzir a "interpretação prévia"[11] (Rancière, 2004) à espera de um fato para sua autoconfirmação. Os movimentos sociais ainda não haviam se manifestado depois das eleições presidenciais e, portanto, não ocorrera um teste da relação entre o novo governo e sua base social. No entanto, sinais contraditórios começavam a aparecer. Se do ponto de vista dos investidores internacionais os "contratos" foram mantidos, em relação aos movimentos sociais a manutenção dos "contratos" era vista pela "maquinaria midiática" como perigosa. Emblemático à época foi o fato do presidente da República, semanas antes, colocar o boné do MST em solenidade. Os editoriais dos principais jornais e revistas nacionais viam riscos de desordem comprovada pela ação dos sem-teto. As manchetes não deixavam dúvidas: "falta de determinação" (Veja, 30/07/2003), "rota da desordem" (O Globo, 25/07/2003) e "caos

---

11 Logo à frente discutiremos essa noção.

social" (Folha de São Paulo, 03/08/2003) eram as manchetes que associavam "leniência" no campo, desordem nas cidades e risco para o Estado de direito.

> A política vive de símbolos, e é muito provável que o presidente Luiz Inácio Lula da Silva não tenha entendido a real dimensão do ato de receber o MST festivamente no Palácio do Planalto, e de usar um boné do movimento como se fosse um dos sem-terra e não o presidente de todos os brasileiros. É possível que líderes dos chamados movimentos sociais tenham decodificado o gesto como sinal de que as leis não são as mesmas para todos (...).
> A escalada da desordem chegou ao ponto de levar juízes, promotores e procuradores a ameaçarem com uma greve declaradamente ilegal. Deu-se o absurdo de guardiões da lei acenarem com o atropelamento da própria lei. É dentro desse clima que eclodem ações violentas do braço urbano do MST na região metropolitana de São Paulo. Não deve ser por coincidência.
> O governo Lula, ao tomar posse, entendeu corretamente que teria de conquistar a confiança dos mercados. E por isso, diante de grave surto inflacionário, executou uma dura política monetária e fiscal. Deu certo. Agora, é o momento de dar um outro choque, o da legalidade, para desfazer temores que o próprio governo semeou ao emitir sinais contraditórios em relação à defesa da ordem pública. Chegou o momento de dar demonstrações objetivas de que a lei vale para todos, sejam sem-teto, sem-terra, servidores públicos ou quem for. Os acertos na área econômica não apenas não compensarão os danos provocados pela leniência em fazer valer o Estado de direito como eles próprios serão prejudicados pela passividade diante da anarquia militante" (O Globo, 25/07/2003).

O que impressiona na descrição não é o que o editorial afirma: cobrança por "ordem" e rigor contra os movimentos sociais, comparação entre o choque de "confiança dos mercados" com a necessidade de "choque de legalidade", que deveria ser dado pelo governo, demonstrando que não toleraria a "anarquia militante" e "faria a lei ser cumprida por todos". O que chama a atenção são dois fundamentos dessa ordem consensual: um explicitado e outro nem citado. O primeiro fundamento é a cobrança de "ordem" e "choque de legalidade" em nome do Estado de direito, ou seja, os sem-teto em sua ação política estariam "excedendo" os limites da lei e adotando "lei à parte", que corresponderia às "ações violentas do braço urbano do MST".

O outro fundamento é a ameaça de milhares de demissões na Volkswagen. No momento mesmo em que se clamava por "demonstrações objetivas que a lei valia para todos", a Volkswagen anunciava a possibilidade de demissão de quase quatro mil operários, afrontando acordo previamente selado com a direção da matriz alemã da companhia. Esse fato aparece separado nos jornais e revistas, em cadernos e editorias diferentes. Enquanto a ocupação dos sem-teto é noticiada nos cadernos de "Cotidiano" ou "Cidades", as demissões da Volkswagen são referidas nos cadernos "Dinheiro" ou "Economia". Em pouquíssimas matérias e artigos os fatos aparecem relacionados. Até mesmo na Tribuna Metalúrgica a relação entre as duas situações é afastada. Assim, os dois fatos só se relacionam se aproximarmos os fios dessa trama numa mesma história. Lembrando afirmação de Munakata,[12] que hoje pareceria banal (Sader, 1988: 25-26), somos tomados por espanto semelhante: a ação dos sem-teto em São Bernardo e as demissões na Volks aparecem separadas, em cadernos jornalísticos diferentes, apesar de ocorrerem no mesmo período e serem protagonizadas pela mesma empresa.

Contudo, o espanto de hoje não é o mesmo de Munakata. O espanto não é o desaparecimento da greve como notícia nos principais

---

12 Munakata (apud Sader, 1988) afirmava que o principal acontecimento político de 1978 fora a irrupção do movimento grevista no ABC que se alastrou pelos centros urbanos e industriais do Estado para, em seguida, observar que as greves eram noticiadas no caderno de economia dos jornais e referidas separadamente pelos diferentes setores da produção em que ocorriam.

jornais, como principal acontecimento, de irrupção de antigos e novos movimentos sociais na cena pública do país, que nem o jornalismo e nem o mundo acadêmico[13] souberam, à época, detectar e assinalar sua importância. O espanto não é a ausência da notícia ou o lugar em que aparece. O espanto é a separação dos fatos e sua plausibilidade, não apenas para a mídia e para os agentes da "ordem consensual" (Rancière, 2005), mas para quem está no lugar da "desordem". O espanto se dá num contexto diverso do qual Munakata analisava as greves operárias do ABC. Mas o contexto referido não é evocado de forma "saudosista", nem para comparar épocas históricas diversas. É assinalado para demonstrar o deslocamento de lugares, palavras e coisas na história dos movimentos sociais no Brasil.

O espantoso é que nem a representação política dos operários procurava associar os fatos, pois a Tribuna Metalúrgica (30/07/2007) só noticiou a ocupação do terreno da Volkswagen cinco dias depois. Mesmo os discursos dos sem-teto apontavam o fosso entre os "desempregados de hoje" e os "operários de ontem", enquanto, na fábrica, se debatia o destino dos "desempregados de amanhã". A fala de uma liderança da ocupação aponta o descompasso:

> "O ABC é palco da luta operária que deu origem ao PT. Os metalúrgicos de ontem são os desempregados e sem-teto de hoje", resumiu Camila Alves, uma das coordenadoras da ocupação. "Nossa luta é para, a longo prazo, promover uma transição para o socialismo." (Mansur, Azevedo, Mendonça, Cotes, 28/07/2003)

Contudo, entre parcela significativa dos operários da Volks, havia profundo estranhamento em relação à ocupação, em função dos

---

13 As interpretações das greves operárias do final dos anos 70 também influenciaram um novo tipo de interpretação sobre os movimentos sociais e populares: tratava-se de estudar a sua presença e não a sua ausência. Sobre isso ver Paoli &, Sader, 1986.

MOVIMENTOS DE MORADIA E SEM-TETO EM SÃO PAULO 53

boatos e das notícias da mídia que chegavam no "chão de fábrica". Eram falas que circulavam e relatavam a presença de "oportunistas", de proprietários, de donos de padaria e comerciantes, de quem não precisava de moradia. Jorge, participante nos primeiros dias da ocupação assinala o fosso entre o chão de fábrica e a ocupação, do ponto de vista dos operários e as acusações que sofreu pelo apoio aos sem-teto: "disseram que eu ia pra lá pra conseguir lotes para mim".[14]

Esse descompasso de tempos e lugares aparece quando a "solução" do impasse se aproxima do final. A última tentativa de permanência na área e abertura das negociações buscou envolver o Governo Federal na abertura de canal de negociação, via Ministério das Cidades e do deputado federal, Vicentinho, ex-presidente da CUT e do Sindicato dos Metalúrgicos do ABC, com o diretor de recursos humanos da Volks, para tratar das demissões.

Na ocasião, ele levou o pedido dos sem-teto de abertura das negociações e de intermediação do Governo Federal. Contudo, isso era apenas o último suspiro da ação isolada de antemão. Negociar com os sem-teto era abrir a porta para a explosiva questão social urbana, para movimentos sem organização e para o descontrole. O próprio Governo Federal demonstrou preocupação com as ocupações e anunciou o lançamento de "pacote" emergencial de recursos habitacionais para conter a pressão dos sem-teto "sem organização formal", que poderiam provocar um clima de "desestruturação social, aumento da violência" e causar possível efeito negativo na popularidade do governo Lula:

> Na avaliação do Planalto, o movimento dos sem-teto tem crescido significativamente devido ao aumento do desemprego nas regiões metropolitanas e envolve questões mais complexas do que o dos sem-terra.

---

14 Entrevista com Jorge, 21/01/2003.

> Os sem-teto não têm organização formal, fazem suas invasões em áreas centrais urbanas, o que gera sensação de desestruturação social com aumento de violência, o que poderia causar um efeito negativo na popularidade do governo Lula.
>
> Na avaliação do Planalto, já os sem-terra, apesar do aumento do número de invasões, ainda não causaram tantos problemas como no governo anterior, quando chegaram a invadir a fazenda dos filhos do presidente Fernando Henrique Cardoso em Minas (Cabral e Dantas, 31/07/2003).

Sem acordos ou possibilidade de negociação, restava apenas esperar a reintegração de posse. Em 5 de agosto, três juízes da 3ª Câmara do 1º Tribunal de Alçada Civil do Estado acolheram o pedido da Volkswagen e concederam reintegração de posse, aceitando a contestação da empresa que afirmava que o exercício da posse seria comprovado pelo "cercamento da área e pela vigilância do terreno por guardas armados" (Góis, 06/08/2003).

Também do outro lado do terreno, no interior da fábrica, o clima de mobilização contra as demissões atingia o ápice com paralisações parciais. Durante a semana, os trabalhadores receberam as primeiras cartas de transferência. Em protesto, durante assembleia, vários funcionários queimaram e rasgaram cópias da carta e devolveram os originais ao departamento de recursos humanos. Em 6 de agosto, cerca de 1.200 trabalhadores do primeiro turno – que vai das 6h às 14h55 – atrasariam em três horas a entrada, seguido de manifestação com "apitaço" e passeatas internas, conduzidos pela comissão de fábrica. Nos dias seguintes, operários dos setores de manutenção, mecânica, ferramentaria e logística paralisariam novamente as atividades por três horas (Nuzzi, 05/08/2003; Tribuna Metalúrgica, 06/08/2003; Rolli e Mendonça, 08/08/2003). No dia seguinte, no mesmo momento da reintegração de posse do terreno em frente, os metalúrgicos faziam sua maior passeata interna, incorporando ainda mais trabalhadores ao ato, caminhando dentro da Volks em direção à Anchieta. Lideranças da comissão de fábrica ainda tentaram convencer os trabalhadores e o sindicato a emprestarem solidariedade aos sem-teto, a partir de possível paralisação da Rodovia por alguns minutos. Mas a possibilidade não pôde nem ser cogitada. A assembleia foi realizada no local onde costumeiramente aconteciam as reuniões dos trabalhadores da Volks, enquanto a reintegração de posse ocorria do outro lado da pista. Era como se entre os trabalhadores da Volks e os sem-teto não houvesse apenas a Rodovia Anchieta.

Do outro lado da rodovia, também eram momentos decisivos. Em 6 de agosto, a CDHU cumpriria o acordo de cadastramento das famílias de sem-teto. A alegação do cadastramento era conhecer a origem das famílias para que cada município se responsabilizasse com o Estado pela provisão de moradias. Mas, em verdade, dois objetivos seriam explicitados: mostrar para a opinião pública que os "invasores" seriam importados, transparecendo que, em São Bernardo, não havia sem-teto, e facilitar o despejo pela Polícia Militar.

Em entrevista à rádio CBN, o Secretário de Segurança Pública do Estado de São Paulo, Saulo Abreu de Castro, revelou o sentido da ação: a realização de cadastramento na área pelos funcionários da CDHU, no dia anterior à reintegração de posse, teria apenas a finalidade de "enganar as famílias", aproveitando a ilusão da integração em demanda de programa habitacional, identificar as lideranças e facilitar o despejo pela Polícia Militar.

Sem acordo e negociação, a Polícia Militar se preparou para a guerra, em moldes semelhantes a outras ocupações ocorridas no passado.[15]

---

15 Os episódios de reintegração violenta de terrenos e imóveis tem sido uma constante em São Paulo. Em 1997, três sem-teto foram mortos em uma ação da Polícia Militar na Fazenda da Juta (Folha de São Paulo, 13/04/1997, 22/05/1997, 22/05/1997a, 24/05/1997, 05/07/1997), mas ninguém foi responsabilizado. Em 2000, uma violenta reintegração de posse foi executada no Jardim São Carlos, em Guaianases, a partir

Foram mobilizados 800 homens da Tropa de Choque, 70 da cavalaria, 30 cães, dois helicópteros e 140 veículos. Os sem-teto ainda tentaram fazer cordão humano e gritar palavras de ordem, mas o efeito visual e a orientação do comandante da Tropa de Choque em não negociar fizeram com que os quatro mil sem-teto saíssem sem resistência:

> A informação de que a polícia iria cumprir o mandado de segurança obtido pela empresa anteontem chegou no acampamento pouco antes das 6h, embora na noite de anteontem as lideranças do MTST já acreditassem que juridicamente não haveria mais nada a fazer para mantê-los na área.
>
> Às 6h, a polícia fechou a rua. A tropa de choque chegou às 8h. "Vamos negociar somente o tempo para eles deixarem o local", informou o coronel Cangerana, que, depois de falar com as lideranças do acampamento, concedeu 30 minutos para a saída.
>
> Antes de deixarem o local, alguns barracos foram incendiados. Às 15h, depois de a tropa de choque entrar na área e destruir as barracas já vazias, o terreno voltou a ser da Volkswagen (Góis, Penteado e Silva, 08/08/2003).

Assim, sem negociação, conquista ou qualquer promessa, os sem-teto foram despejados. Em poucas horas, começaria verdadeira "errância" por São Bernardo e depois em direção a São Paulo. Vinte e cinco ônibus da Volkswagen levaram os sem-teto para a primeira parada: a igreja São José, que, em 1980, fora esconderijo provisório de Lula e dos sindicalistas, durante a intervenção dos militares no sindicato. Outros sete caminhões saíram com os pertences dos sem-teto em direção ao Paço municipal.

---

de "um mandado da Justiça de um número não identificado de casas pedido por um suposto posseiro" (Agegé & Góis, 20/05/2000). Nos últimos anos, o Dossiê do Fórum Centro Vivo (2005) denunciou a escalada de reintegrações de posse violentas e violação dos direitos humanos em ocupações da região central de São Paulo.

O padre da época, ainda responsável pela paróquia, disse que não fora avisado e se recusou a alojar os desabrigados em função do espaço: "só se eu colocar gente embaixo da minha cama" (Gois, Penteado, Silva, 08/08/2003). Sem aval do padre e sem condições de permanecer no local, os sem-teto se dirigiram ao Paço Municipal para juntar-se a trezentas pessoas, que continuaram em frente ao terreno e, em vez de se dirigirem à igreja, rumaram em passeata em direção à Prefeitura.

Os caminhões com os pertences e outra parte dos sem-teto foram interceptados pela Polícia Militar na Rodovia Anchieta e impedidos de continuar sua rota. Os sem-teto foram retirados e agredidos com bombas de efeito moral e cassetetes e obrigados a saírem dos veículos. Para proceder à expulsão dos "invasores", a Polícia Militar se baseava no levantamento realizado pela CDHU, no dia anterior, que afirmava que somente trezentas famílias não tinham para onde ir e o restante retornaria para as favelas ou casas de parentes. A advogada do movimento questionava a credibilidade e legitimidade do levantamento, pois sua finalidade não havia sido determinada anteriormente e várias famílias de sem-teto não foram cadastradas no decorrer do dia.

No Paço Municipal, as lideranças dos sem-teto se reuniram com o Secretário Municipal de Habitação e Meio Ambiente, Osmar Mendonça, e o Coordenador de Ações Comunitárias, Ademir Silvestre. A reunião acabou em ameaças e troca de acusações. O governo municipal disse que não teria condições de arrumar uma área para que os sem-teto acampassem provisoriamente e questionou a legitimidade do movimento. O argumento de "invasores importados" foi utilizado novamente pelo secretário de habitação:

> Esse movimento foi importado. Não existia antes na cidade (Folha de São Paulo, 08/08/2003).

Ao final, os sem-teto foram expulsos pela segunda vez. A Prefeitura de São Bernardo obteve liminar concedida pelo juiz Celso Alves Rezende, da 2ª Vara Cível de São Bernardo do Campo, de "reintegração de posse da praça pública". Deste modo, os sem-teto foram expulsos do Paço Municipal, por ordem judicial, acusados de dano ao patrimônio público e incitação ao crime. No final da tarde de 8 de agosto, recolheram os pertences e foram dormir em frente à igreja matriz de São Bernardo, local que abrigou as manifestações sindicais em 1978 e 1980 e alojou a diretoria do Sindicato dos Metalúrgicos cassada durante a greve. As portas da igreja, neste dia chuvoso, porém, permaneceram fechadas. Nenhum espaço cedido pelo Poder Público, pela Igreja ou pelo Sindicato de São Bernardo permitiu que os sem-teto fossem abrigados. Somente na noite de 10 de agosto, houve a permissão de abrigo na quadra da escola de samba Gaviões da Fiel, no bairro do Bom Retiro, em São Paulo. Assim, em dez ônibus, oito caminhões e seguidos pela Guarda Municipal e a Tropa de Choque, os sem-teto se dirigiram para São Paulo.

* * *

Benjamin diz que "nunca houve monumento de cultura que não fosse monumento de barbárie" (Benjamin, 1994: 225). Quem percorre a Rodovia Anchieta avista na margem esquerda o centro de distribuição das Casas Bahia, um dos maiores varejistas de eletrodomésticos e móveis do país, inaugurado com a presença do presidente Lula em 2006 e financiado com recursos do Banco Nacional de Desenvolvimento Econômico e Social (BNDES) (Folha de São Paulo, 29/04/2006).

As dimensões do centro de distribuição impressionam. A região onde está situado fica no bairro de Ferrazópolis e tem vários morros, em que se avistam construções populares e favelas e um piscinão ao lado direito da área, obra inaugurada antes da ocupação. Do lado esquerdo, localiza-se o complexo viário, um viaduto, o hipermercado Walmart, a lanchonete do Mcdonald´s e o terminal de ônibus de Ferrazópolis. Acima, fica uma das principais ruas de São Bernardo, a Marechal Deodoro. Na rua de cima está a sede do Sindicato dos Metalúrgicos do ABC.

Não há sinais de que a área foi palco dessa ocupação. A inauguração do centro de distribuição foi marcada pelo clima pré-eleitoral das eleições presidenciais de 2006 acerca da paternidade do projeto e por embates entre sindicalistas que vieram recepcionar o presidente Lula e militantes do PSDB, que foram protestar contra o governo. Os militantes tucanos, procurando ressaltar a ambiguidade do PT e de Lula diante da ocupação dos sem-teto em 2003, erguiam cartazes protestando contra a presença do Presidente da República. No meio do protesto, a situação acabou em briga e os cartazes foram arrancados das mãos dos tucanos pelos sindicalistas petistas.

Às vésperas das eleições, os tucanos queriam ressaltar o contraponto entre a ação do governador Geraldo Alckmin, candidato do PSDB, e o Presidente da República no episódio dos sem-teto, salientando a tibieza de Lula e o "pulso firme" de Alckmin. E a inauguração do centro de distribuição das Casas Bahia era o palco simbólico que demonstrava quem estava comprometido com a pacificação dos movimentos sociais em perspectiva diversa.

Excesso democrático

Este acontecimento que associa ocupações dos movimentos de moradia e sem-teto em São Bernardo do Campo e São Paulo, demissões na principal montadora do país, cobrança de ordem social e determinação do governo eleito, organização de demanda mais empobrecida e sem tradição organizativa, divórcio entre a representação operária e a representação dos sem-teto e explosividade da questão urbana condensa, em determinado momento, um "campo de conflitos"[16] revelador do contexto do "desmanche" em que os movimentos sociais passaram a atuar. São sem-teto que ocupam a área de uma fábrica de caminhões cujas instalações foram desativadas e transferidas para outra região. É uma multinacional que, alegando crise financeira e necessidade de re-estruturação, anuncia a demissão de 3.933 trabalhadores e, para isso, procura utilizar a criação de instituto de "recolocação profissional e criação de novos negócios" para seus trabalhadores. São operários que, antes orgulhosos em trabalhar na principal montadora do país, hoje se sentem "jogados às traças". São sindicalistas que, diante de demissões, exigem o cumprimento dos contratos pela empresa, mas se veem ano a ano às voltas com ameaças de demissões. São jornais que exigem "ordem", "pulso", utilizam a linguagem da "polícia" e veem ameaça de crise política em qualquer momento em que a questão social emerge. São governos em que a aliança entre a "oligarquia econômica" e a "oligarquia política" garante a manutenção da ordem. E o impressionante dessa cena e seus agentes: tudo isso funciona e parece estabelecer um "campo de conflitos" familiar aos sujeitos.

Por mais familiar que se tenha tornado essa cena, é necessário fazer o movimento inverso, partindo da seguinte questão: por que esta

---

16 A referência à noção de campo de conflitos é de E. P. Thompson. Apesar de conhecida, transcrevo a passagem: "Ao analisar as relações gentry-plebe, nos encontramos não tanto com uma renhida e inflexível batalha entre antagonismos irreconciliáveis, mas como um campo de forças societal. Estou pensando num experimento escolar em que uma corrente elétrica magnetiza uma placa coberta de pequenos pedaços de ferro. As limaduras, que estavam uniformemente distribuídas, se amontoavam desordenadamente em um pólo ou em outro, enquanto nesse ínterim as limaduras que permaneciam em seu lugar tomavam o aspecto de separações dirigidas a um ou outro pólo oposto" (Thompson, 1998). A noção de campo de conflitos pressupõe a ideia de "campo de forças", em que consentimento e coerção se combinam na relação de forças entre dominantes e dominados. Aqui, utilizamos a noção "campo de conflitos", mesmo que saibamos que há um questionamento das noções que pressupõem o conceito gramsciano de hegemonia para compreender como o consenso se processa em tempos atuais. A respeito ver Oliveira, 2007a.

cena tão estranha, se tomarmos a história que começa no nascimento de Wellington, o gari do início, que teve a visão da "terra prometida" nas margens da Rodovia Anchieta, tornou-se familiar? Que contexto fez com que a promessa para Wellington estivesse do outro lado da Anchieta e não mais no interior da Volks? Por que o lugar plausível da interpretação e fabricação dos fatos é esse? Por que essa "fabulação verossímil" tem lugar e pode construir a interpretação que afirma o absurdo e a inexistência da questão social em São Bernardo?

Próximo do simbolismo óbvio[17] – São Bernardo como berço do Partido dos Trabalhadores, da Central Única dos Trabalhadores, da representação operária – o que deve ser ressaltado é que São Bernardo instaurou uma cena provisória que ilumina a mutação na legitimidade política, pela qual passaram os movimentos sociais no Brasil dos anos 1990. O surgimento de movimentos sociais, a alteração de suas práticas políticas e a atração de agentes, até então distantes dessa cena, mostra esse novo campo de conflitos em que o acontecimento aparece.

Necessita-se expor o acontecimento dos sem-teto para afirmá-lo como risco à democracia. Não se esconde, ao contrário, dá-se o máximo de visibilidade ao acontecimento da pobreza que irrompe nas cidades e

---

17 Esse simbolismo hoje está colocado em xeque. Durante algum tempo permaneceu uma visão laudatória do papel do sindicato dos metalúrgicos do ABC como movimento com "capacidade de universalização", laboratório avançado de propostas políticas dos trabalhadores, sem procurar conhecer detidamente o perfil dos operários e a trajetória de suas lideranças. Sobre isso, é interessante ver como há um componente forte de ascensão social na relação entre sindicato e história de vida dos dirigentes sindicais metalúrgicos. Sobre isso é interessante uma análise detalhada nas histórias de vida dos presidentes de Sindicato dos Metalúrgicos da região do ABC. O que impressiona nas trajetórias não é a chegada ao sindicato em função de descontos para convênio médico, no supletivo, na assistência odontológica, na colônia de férias, de resto a porta de entrada para milhares de lideranças sindicais que no processo viram afluir a militância sindical. O que impressiona é todos os presidentes do sindicato contarem a mesma história, destacarem coisas semelhantes e organizarem a trajetória em função de alguém que "saiu de baixo e venceu na vida" A respeito, ver site Sindicato Metalúrgicos do ABC (http://www.smabc.org.br).

o palco de São Bernardo é propício a interpretações fáceis e rápidas do que se quer dizer. O fato tem lugares definidos na máquina de fabricação e interpretação dos acontecimentos e é ali que se deve ficar: o lugar da criminalização e dos "maus pobres" que não sabem esperar.

As ocupações dos sem-teto, em São Bernardo e em São Paulo, são os fatos esperados e aguardados para colocar as balizas da "boa democracia". Do ponto de vista da máquina de interpretação, isso era esperado e aguardado. Esse fato colocava em funcionamento a "máquina social de fabricação e interpretação dos acontecimentos" (Rancière, 2004) exigindo o "cumprimento dos contratos" com a "ordem social" pelo governo, do mesmo modo que se cumpriam os contratos com a ordem econômica.

São Bernardo foi uma cena política instaurada na ditadura militar, quando as greves operárias organizaram a alteração do lugar privado da fábrica para o mundo público do trabalho, deslocando falas e lugares na tradição da história de "invisibilidade" dos trabalhadores no Brasil. Em 2003, São Bernardo é palco de uma cena política diversa, em que a prática política dos movimentos sociais não encontra o mesmo contexto de legitimidade.

Poderíamos sair pela resposta óbvia da prática autoritária, conforme o recorrente pêndulo histórico que trata a questão social como "caso de polícia". Mas parece haver algo mais. Nesse contexto, as práticas democráticas se inserem no fio da navalha entre a criminalização, a gestão e a técnica como formas de controle. Entre uma situação e outra, os movimentos de sem-teto que procuram sair dessa lógica se deparam com uma situação em que a democracia, para poder se tornar visível, aparece no seu fundamento primeiro, o "excesso democrático" (Rancière, 2005).

Os últimos anos, apesar dos anúncios de ampliação do gasto social, de maior visibilidade para a questão da pobreza e de atendimento à parcela da população mais pobre, são marcados pela retração dos "gastos sociais", conforme relatórios do próprio Ministério da Fazenda, pela "mudança da natureza do gasto governamental".[18] A proporção no orçamento federal, em relação ao PIB da dívida pública, aumentou de 30,6%, em 1995, para 51,8%, em 2004, e o superávit primário aumentou mais de dezesseis vezes, passando de 0,27% para 4,5%. Essa mudança da política macroeconômica governamental ocorreu no contexto de crescimento extremamente reduzido do PIB (média de 2,2% ao ano), de aumento do desemprego e diminuição da participação do trabalho na renda nacional. Mas, além disso, o que se infere dos dados do Ministério da Fazenda é a regressão no orçamento social do Governo Federal. Essa diminuição dos gastos sociais atingiu 9,9%, de 2001 a 2004. E a maior retração foi liderada pelos gastos com habitação e saneamento (55,6%), seguido do Sistema "S" (31,1%) e de benefícios aos servidores (27,7%) (Pochmann, 2005).

A década foi marcada pela retração dos gastos sociais, com destaque principal exatamente para habitação e saneamento. Assim, os movimentos de moradia e sem-teto passaram a atuar em outro contexto político, aqui denominado "contexto do desmanche" que altera o solo sobre o qual os sujeitos atuam e se movimentam.

* * *

É nesse contexto que circulam as entrevistas, os relatos e as trajetórias investigadas nos movimentos de moradia e sem-teto que compõem nosso trabalho. Nos próximos capítulos, procuraremos observar como esse contexto incide na trajetória e nas histórias contadas. O esforço por contar essas histórias e investigar esse contexto, a partir de baixo, das práticas e ações dos integrantes dos movimentos de moradia e sem-teto, em momentos diversos, tem uma razão: diante desta situação é

---

18 O que é considerado "gasto social" pelo Ministério da Fazenda é relativamente amplo, incorporando itens duvidosos quanto a sua natureza social. Ainda assim, com esses números, houve uma substancial retração dos "gastos sociais" no orçamento federal desse período.

necessário palavras novas, é preciso contar histórias para fazer com que conceitos brotem daí, do chão da experiência social.[19]

São histórias que se inserem no contexto do desmanche. O campo de pesquisa se desenrola em três movimentos de moradia e sem-teto tomados em momentos distintos, a partir da década de 1990.

Os movimentos de moradia e sem-teto que constituem o campo de pesquisa são: a Associação União da Juta, criada em 1992 e responsável pelo mutirão que construiu 160 apartamentos na Fazenda da Juta, em Sapopemba; o Movimento dos Trabalhadores Sem-Teto da Região Central (MTSTRC), criado em 1999 e atuante no Centro de São Paulo; e o Movimento dos Trabalhadores Sem-Teto (MTST), criado em 1997, a partir de uma iniciativa do Movimento Sem-Terra (MST), e que tem priorizado a ação em grandes glebas nos municípios da Região Metropolitana de São Paulo (RMSP), denominados pelo movimento como "latifúndios urbanos".

A escolha metodológica por estudar esses três movimentos de moradia e sem-teto privilegiou tomá-los em conjunto numa amostra diversa de inserção espacial, temporal e política. Interessou-nos menos uma etnografia em profundidade e mais colocar as várias histórias contadas e organizadas num feixe que tornasse possível observá-las e mapeá-las a partir do contexto de escolhas possíveis. Assim, podemos correr o risco de não reter as especificidades de cada movimento, bem como a singularidade de cada um em relação aos demais. E há o

---

19 "Pois o mundo não é humano simplesmente por ser feito por seres humanos, e nem se torna humano simplesmente porque a voz humana nele ressoa, mas apenas quando se tornou objeto do discurso. Por mais afetados que sejamos pelas coisas do mundo, por mais profundamente que possam nos instigar e estimular, só se tornam humanas para nós quando podemos discuti-las com nosso companheiros. Tudo o que não possa se converter em objeto de discurso – o realmente sublime, o realmente horrível ou o misterioso – pode encontrar uma voz humana com a qual ressoe no mundo, mas não é exatamente humano. Humanizamos o que ocorre no mundo e em nós mesmos, apenas ao falar disso, e no curso da fala aprendemos a ser humanos" (Arendt, 1999: 31).

risco de um "olho solar", uma perspectiva do alto que, como nos diz Certeau, "transforma o mundo enfeitiçante" em um texto que se oferece à leitura, permitindo ao leitor se tornar um "Olho Solar", olhando para baixo como um Deus. Uma visão do alto, que produz suas categorias analíticas e impõe indagações teóricas que só podem ser tomadas se confrontadas com uma pesquisa de campo rigorosa. Contudo, esses cuidados também servem para nos alertar que é preciso fazer um duplo movimento de deslocamento do olhar para uma perspectiva que tome os movimentos de moradia e sem-teto em seu contexto. Pois, se o contexto mudou substantivamente, analisar apenas suas singularidades pode não nos permitir uma leitura capaz de compreendê-los.

Colocadas lado a lado, as histórias narram situações e trajetórias que circulam num outro contexto e em outro plano de referências. Podemos afirmar, a partir das entrevistas e das trajetórias nos movimentos de moradia e sem-teto analisados, que a ação política e as trajetórias estão inseridas num contexto de *encolhimento do possível*. Hannah Arendt tratou do conceito de "perda da realidade"[20] quando expôs uma das características essenciais do totalitarismo para destacar a indistinção, que marcaria a perda da realidade da experiência e a incapacidade de distinguir o verdadeiro do falso e o certo do errado, refletida na perda da "capacidade de julgar". Não achamos que, no caso dos discursos e práticas que mapeamos nas ocupações e nos movimentos de sem-

---

20 Para Arendt, a perda da realidade é definida pela não circulação da experiência e perda da capacidade de julgar, numa indistinção entre o fato e a ficção, o verdadeiro e o falso: "Do mesmo modo como o terror, mesmo em sua forma pré-total e meramente tirânica, arruína todas as relações entre os homens, também a autocompulsão do pensamento ideológico destrói toda relação com a realidade. O preparo triunfa quando as pessoas perdem o contato com os seus semelhantes e com a realidade que as rodeia; pois, juntamente com esses contatos, os homens perdem a capacidade de sentir e de pensar. O súdito ideal do governo totalitário não é o nazista convicto nem o comunista convicto, mas aquele para quem já não existe a diferença entre o fato e a ficção (isto é, a realidade da experiência) e a diferença entre o verdadeiro e o falso (isto é, os critérios do pensamento)" (Arendt, 1990: 526).

teto, haja uma "perda da realidade" nos termos expostos por Arendt. É verdade que a racionalidade técnica que invade a política, os mecanismos de gestão da pobreza e a lógica da "baixa polícia" (Rancière, 1996) que criminaliza a questão social, são formas de indistinção que levam à perda da realidade. Mas, acreditamos ser mais adequado a proposição de uma realidade com horizontes e perspectivas restritas, e que passa a determinar escolhas num possível limitado. Assim, o encolhimento do possível é essa redução de horizontes dada pela redução das escolhas (elas existem, mas num horizonte político cada vez menor) e se inserem nessa lógica policial que ordena o consenso estabelecido e uma realidade pré-fabricada, através dos mecanismos de gestão da opinião pública. É por isso que, nesse contexto, a política só é possível quando aparece como um escândalo, em seu excesso. Num contexto de *encolhimento do possível*, a política só pode aparecer necessariamente no seu fundamento, o *excesso democrático*.

O esforço para contar esse contexto procura ir além de sua descrição: a partir das histórias narradas queremos indagar como os sujeitos conferem sentidos às ações e quais as suas práticas nesse mundo "pós-desmanche".

Assim, quatro são os eixos da nossa análise:

Em primeiro lugar, um eixo temporal que estrutura as questões. Analisamos três movimentos de moradia a partir da década de 1990, aqui denominado contexto do desmanche. O desmanche é a profunda mutação nas relações sociedade e Estado, em bases econômicas e sociais.

Em segundo lugar, essa reorganização das relações entre sociedade civil e Estado e entre movimentos sociais e Estado acarretou a modificação das práticas políticas, das formas de organização e ações e das próprias nomeações.

Em terceiro lugar, a ideia de desmanche embute a do pós-desmanche, ou seja, o que se remonta e estabelece sentidos nesta cena, confere significados e faz os sujeitos viverem num mundo onde as possibilidades se alteram. Neste caso, trata-se de retomar a lição da antropologia e tornar o familiar estranho apresentando um mundo que se reorganiza no pós-desmanche, cujos sujeitos se movimentam em outro contexto e assumem práticas diversas.

Em quarto lugar, esse mundo que se organiza no pós-desmanche só pode ser captado em histórias que o retratam e condensam situações. Ou seja, o que queremos investigar é como esse desmanche é visto de baixo.

No próximo capítulo, procuraremos situar o leitor nas noções empregadas que estruturam essa pesquisa. É sobre o "contexto do desmanche" que trataremos a seguir.

Capítulo II
O contexto do desmanche

Polícia e subjetivação política

A cena de 2003 estava inserida no contexto do desmanche, de encolhimento da legitimidade pública dos movimentos sociais. Foi essa a mutação da cena pública que antecedeu o aparecimento dos sem-teto e pôde conferir plausibilidade a essa criminalização da questão social.

Antes de prosseguirmos, porém, será necessário definirmos qual é esse contexto que permitiu uma determinada interpretação sobre os movimentos de moradia e sem-teto. O que essa cena nos revela sobre o funcionamento dos mecanismos dessa ordem policial consensual? Também cabe perguntar, por outro lado, se os sem-teto instauraram um "modo de subjetivação política" como um novo campo de experiência política?

Questões difíceis de responder e que exigem uma medicina da palavra e uma precisão daquilo que se quer dizer. Partimos da definição de política em Rancière:

> a política é o encontro da lógica policial com a lógica igualitária (Rancière, 1996).

Aqui é necessário desviar-se de dois erros sobre o que se entende por "polícia". Antes de Rancière, Foucault já fizera a genealogia do conceito e demonstrara como a polícia, enquanto técnica de governo definida pelos autores do século XVII e XVIII, se extendia a tudo aquilo que se referia à "felicidade dos homens", regulava suas relações sociais e o que estivesse vivo (Foucault, 1990). Essa conceituação de Foucault demonstra como o objetivo e o escopo da polícia não era o controle dos homens, a partir do desenvolvimento das técnicas de repressão. Aqui se desenvolve um sentido positivo, de cuidado de si, de emprego de técnicas que objetivam a vida enquanto finalidade da polícia. Foucault mostra o significado da polícia num compêndio francês do século XVIII e seu sentido positivo:

> Em poucas palavras, a vida é o objeto da polícia: o indispensável, o útil e o supérfluo. É missão da polícia garantir que as pessoas sobrevivam, vivam e façam mais que viver (...) O único objetivo da polícia é conduzir o homem a maior felicidade que possa gozar nesta vida. De novo a polícia vela sobre as vantagens exclusivas que oferecem a vida em sociedade (Foucault, 1990).

Rancière retoma esta noção de polícia e a associa com a política. Assim, o sentido da polícia se amplia, pois a política é o encontro da lógica igualitária com a lógica policial. O policial, neste contexto de ampliação das funções da polícia, está fadado a tornar-se "conselheiro e animador" tanto quanto agente da ordem pública (Rancière, 1996: 41).

Assim, desviemos-nos do primeiro erro. Aquilo que comumente é associado ao termo "polícia" é "apenas a forma particular de uma ordem sensível mais geral, na qual os corpos estão distribuídos em sociedade". É a fraqueza e não a ordem que amplia em certos Estados as funções da "baixa polícia".

O segundo erro confunde política com polícia, ao associá-la ao aparelho de Estado. Um mesmo conceito pode designar uma estrutura de agir político e uma estrutura da ordem policial. Portanto, não há algo intrinsecamente policial, assim como nenhuma coisa em si é essencialmente política. Para que uma coisa seja política "é preciso que suscite o encontro desta lógica policial com a lógica igualitária, a qual nunca está pré-constituída" (Rancière, 1996: 44).

No entanto, ao desviar dos dois erros, é preciso prosseguir na distinção conceitual. Rancière nos lembra novamente Foucault, para precisar a definição de política e sair da "conclusão niilista", segundo o qual "se tudo é político, nada o é". Assim, há diferença entre as polícias e situações e contextos preferíveis a outros, polícias piores e outras melhores, o que não significa traçar uma escala evolutiva para as sociedades reguladas pela "ciência dos legisladores", sondagens de opinião pública e mecanismos de gestão de populações, mas para aquelas as quais os arrombamentos da lógica igualitária afastaram o consenso de sua lógica "natural". Ou seja, onde o encontro da lógica igualitária com a lógica policial modificou os patamares do conflito anterior, deslocando os lugares dos corpos, tornando visível o que antes não era visto e fazendo ouvir um discurso onde só se ouvia "barulho".

A polícia pode ser "doce e amável", mas continua sendo o contrário da política e cabe circunscrevê-la nesse movimento de distinção conceitual.

Por que escolhemos partir da definição de Rancière sobre polícia e não de política, como é comum nas apropriações que fazem do autor? Porque compreendemos que a definição de polícia em Rancière está diretamente entrelaçada com a definição de política. Não há política sem polícia, porque a política é constituída por um dano primeiro, o escândalo da parcela dos sem-parcela, sem títulos ou riquezas entrarem na contagem das partes. A política só pode aparecer como revelação do dano que se dá no momento em que a lógica igualitária e a lógica policial se encontram.

Se a política só pode aparecer quando a polícia aparece, também nos cabe investigar como se dispõe esta lógica policial, como ela organiza os corpos e distribui as falas, o que é essa ordem consensual, e também identificar os momentos de subjetivação política – que sempre serão contingentes – em que a lógica igualitária se defronta com a lógica policial. Essa noção rancieriana, da "igualdade contingente", ajuda-nos a perscrutar nas histórias do desmanche e nas efêmeras ações dos movimentos de moradia e sem-teto, o aparecimento efêmero da política, mesmo que diante de um mundo em que as "polícias estatais da gestão" e a "polícia mundial do humanitário" são cada vez mais a regra.

A noção de subjetivação política em Rancière pressupõe a relação entre sujeitos, ou melhor, entre "modos de subjetivação". Por subjetivação, Rancière compreende:

> produção, por uma série de atos, de uma instância e de uma capacidade de enunciação que não eram identificáveis num campo de experiência dado, cuja identificação portanto, caminha a par com a reconfiguração do campo da experiência (Rancière, 1996: 47).

Dois conceitos que nos permitem travar o diálogo entre o campo conceitual e a pesquisa: "capacidade de enunciação não identificáveis" e "reconfiguração do campo da experiência". Rancière aqui remete a dois postulados: o primeiro, relaciona a subjetivação política como um processo de "invenção política"; o segundo, estabelece que a subjetivação caminha a par com a "reconfiguração do campo da experiência". A subjetivação política é uma "invenção" porque produz um múltiplo que não era dado na lógica policial e instaura um novo campo da experiência.

É conhecida a questão da experiência em Benjamin (1994). Também podemos explorar essa dimensão a partir de Thompson

(1989 e 1998) ou mesmo em Tocqueville (1977) que assinala como a democracia tem como suposto os costumes de um povo e a inscreve na sua dimensão cultural.

Queremos ressaltar o campo da experiência enquanto um novo recorte do sensível, que aparece quando do encontro de uma lógica igualitária e a lógica policial. Os anos 1980 no Brasil tiveram essa sucessão de "experiências políticas" que questionaram os lugares previamente estabelecidos e definiram um contexto diferente da tradição autoritária brasileira. Mas, se por um lado os anos 1980 tiveram essas características, sua capacidade de universalização cessou enquanto acontecimento e invenção.

Ainda que a subjetivação política crie uma identidade pelo processo que enuncia nova contagem, ela é o contrário disso. É um processo de "desidentificação" que cria um novo campo da experiência, a partir do espaço contingente em que a parcela e sua ausência se relacionam:

> desidentificação, o arrancar à naturalidade de um lugar, a abertura de um espaço de sujeito onde qualquer um pode contar-se porque é o espaço de uma contagem dos incontados, do relacionamento entre uma parcela e uma ausência de parcela (Rancière, 1996).

Expliquemos melhor esse postulado. A política é um assunto de sujeitos e um movimento social faz política não no processo de identificação coletiva para daí reivindicar uma parcela. O sujeito político não é aquele que reclama apenas sua parcela, mas quem questiona a distribuição hierárquica dos lugares e das partes nesta reclamação singular. Só existem sujeitos políticos neste movimento de particularização e universalização. Aquilo que Rancière denomina como a "universalização das capacidades de um qualquer" (Rancière, 2007a).

Assim, um modo de subjetivação não cria sujeitos do nada. Ele os cria transformando identidades definidas da repartição das funções e lugares em experiências do litígio. A subjetivação política se dá na relação da potência igualitária com a lógica policial, na capacidade de inventar uma cena e ainda deslocar os lugares estabelecendo relações de mundos em litígio.

É exatamente por isso que o termo "exclusão" é outro nome da operação consensual e policial nos tempos atuais, que anula o representável e cria a pressuposição de inclusão de todas as partes e seus problemas, e ainda proíbe a subjetivação política de uma parcela-dos-sem-parcela, uma "contagem dos incontados".

A exclusão é o contrário do "excesso" constitutivo da política. É a manifestação desse excesso em ato que faz com que a lógica igualitária se encontre com a lógica policial. A lógica que diz que os pobres não devem habitar determinados lugares, que o problema da moradia deve obrigatoriamente inserir-se num programa habitacional delimitado e segmentado, que excluirá no processo todo e qualquer excedente não previsto, que a moradia só pode ser resultado de um sacrifício indizível, mesmo que lastreada pelo fundo público suportado com recursos de todos e não apenas de alguns, são modos como o consenso policial se apresenta.

A exclusão anula a contagem das partes não contadas e impede a subjetivação política. Rancière nos fala da França, mas o exemplo bem serve para a busca desesperada por soluções mágicas, por classificações precisas diante de perguntas pobres e parciais, de um campo para um "agregado de assistidos":

> Nessa sociedade "sem classes" a barreira é substituída por um continuum das posições que, do mais alto para o mais baixo, mimetiza a mera classificação escolar. A exclusão não se subjetiva mais nele, não se inclui mais nele. Apenas, para além de uma linha invisível, impossível de ser subjetivada, saiu-se do campo, doravante calculável somente no agregado dos assistidos: agregado daqueles que não padecem simplesmente da falta de trabalho, de recursos

ou de moradia, mas da falta de "identidade" e de "vínculo social", incapazes de ser esses indivíduos criativos e contratantes que devem interiorizar e refletir a grande performance coletiva. Para aqueles, o poder público faz um esforço de saturação suplementar, destinado a preencher os vazios que, ao separá-los de si mesmos, os separam da comunidade (Rancière, 1996).

A política é uma torção e um encontro entre diferentes mundos. Sua revelação do dano só pode aparecer como acontecimento. Mas, da teoria propriamente dita, que não reverbera automaticamente no mundo, como expor a questão do acontecimento? Por quê o acontecimento político, que afirma toda contingência da ordem desigual, é raro? Como pensá-lo para além do seu momento efêmero?

Defrontado com esse problema – a possibilidade da política como acontecimento reproduzir-se – Rancière não adota a visão da irrupção. Para ele, os acontecimentos não são irrupções, mas transformações na paisagem comum. Deste prisma, ele procura sair da oposição entre o acontecimento como uma irrupção e a organização social, que seria algo mais sólido. A questão paradoxal que se põe, portanto, é saber como fazer para "universalizar a capacidade de um qualquer".

É esse movimento de singularização e universalização que faz o acontecimento político. E nesse duplo movimento não cabe a divisão social do trabalho político, comum nos tempos atuais e que não é nada mais que o funcionamento da lógica consensual.

A política não persegue objetivos, mas aparece na exposição da fratura entre dois mundos, tomando o pressuposto igualitário como potência que deve ser exposto, tornado visível no encontro com a lógica policial. Rancière critica a separação de assuntos de "gestão" e aqueles referentes aos "movimentos sociais" e declara que se deve procurar criar movimentos que se pronunciem sobre "qualquer coisa":

A consequência disto é uma espécie de divisão, em que encontramos gente que diz: nós rechaçamos a política oficial; nós fazemos uma política real das pessoas, uma política sobre o terreno etc. Isto cria às vezes formas de eficácia muito fortes, mas declaram que sua força reside em que só se ocupam de si mesmas. Um exemplo disso temos no movimento contra a expulsão das famílias "sem papéis" que leva a cabo o governo francês nesses meses. Se trata de um movimento muito forte, que se constituiu em torno das escolas que acolhem as crianças das famílias "sem papéis" com ordem de expulsão, isto é, em relação a casos precisos: em tal escola há uma criança de uma família que vai ser expulsa. Se produz uma implicação muito forte em torno dessa batalha concreta e que consegue resultados, mas no fundo o faz precisamente dizendo: 'nós só nos ocupamos disso'; não nos ocupamos do resto da sociedade oficial, das eleições etc. Esta é a situação. Mas, no meu modo de ver, se trata de chegar a constituir movimentos que sejam capazes de dizer algo, de expressar-se como força política sobre absolutamente qualquer coisa. Tanto sobre os "sem papéis", as revoltas das "banlieues" ou as eleições presidenciais. Rompendo essa espécie de divisão entre o que seria a cena oficial e a cena do que seria a ação concreta (Rancière, 2007a).

No nosso caso, esta separação e delimitação, numa espécie de divisão social do trabalho político nos movimentos sociais, são analisadas a partir de um contexto que monta uma dupla cena: de um patamar de deslegitimação política como resultado da ordem consensual, em que os movimentos fazem suas ações, assim como formas de gestão e controle que aparecem como modos de regulação urbana.

Compreender os movimentos de moradia e sem-teto no contexto do desmanche nos demanda perceber a presença da lógica policial como disposição mais ampla de deslegitimação das "capacidades de um qualquer", seja através da gestão de carências e sua captura tecnicizante de demandas de públicos-alvo específicos ou através da "baixa polícia", que no nosso caso ordena o "consenso". Essa perspectiva nos dá a tarefa de analisar esse consenso policial, onde está presente e de que modo se estrutura por dentro mesmo da lógica política. Essa recomendação é essencial para não tomarmos as histórias dos movimentos sociais como uma virtuosidade em si, num antagonismo falso entre a lógica policial dos agentes externos, como o Estado, e a lógica igualitária dos movimentos sociais. Mas, por outro lado, não nos desloca para o campo de uma análise descomprometida, falsamente neutra que se põe num lugar superior e sem posição, pois, ao alinharmos uma a uma algumas histórias desses movimentos de sem-teto, podemos ver a contingência igualitária presente em lampejos, como potência que se encontra com a lógica policial.

Superfluidade política e funcionalidade econômica

As ações de 2003 se inserem num contexto de criminalização e deslegitimação pública dos movimentos de moradia e sem-teto. Os lugares previamente determinados não foram deslocados no contexto em que a interpretação da mídia estava previamente estabelecida. Como essa situação foi construída? Qual o contexto que permitiu a legitimação da criminalização da questão social, por trás da cena do aparecimento das ações desses movimentos de moradia?

O contexto que invisibiliza a ação e o aparecimento desses movimentos de sem-teto é o "contexto do desmanche neoliberal" que define e determina o tipo de ação desses movimentos de sem-teto e seus participantes.

O contexto é a própria cena em que aparecem esses movimentos e que determina o impacto e a recepção pela sociedade e pela literatura acadêmica. A palavra contexto é empregada teoricamente nos Estudos Literários e na Geografia e menos na Sociologia, que não possui uma definição conceitual precisa da noção. Do ponto de vista de sua etimologia a palavra vem do latim *contextus* e significa "entrelaçar, reunir tecendo", "tratar de um assunto" e "compor um discurso, escrever um livro". Na acepção corrente contexto significa "a) inter-relação de circunstâncias que acompanham um fato ou uma situação; b) o conjunto de palavras, frases, ou o texto que precede ou se segue a determinada palavra, frase ou texto, e que contribuem para o seu significado; o encadeamento do discurso; c) o que constitui o texto no seu todo; d) o conjunto de condições de uso da língua, que envolve, simultaneamente, o comportamento linguístico e o social, e é constituído de dados comuns ao emissor e ao receptor; ambiente". (Houaiss, 2001)

No sentido empregado no texto, o contexto se refere à tessitura dos fatos que confere significado às ações políticas dos movimentos de moradia e sem-teto. O contexto é a cena política, social e econômica que estabelece os sentidos e as interpretações acerca das ações dos agentes políticos.

O contexto determina na maioria das vezes a interpretação dos fatos, antes deles ocorrerem. Não há fato ou acontecimento isento de interpretação, no momento mesmo em que surge.

Arendt explora essa noção quando compreende o fenômeno totalitário como "perda de realidade" do mundo. A ausência de contexto público ou contexto que impossibilita aos indivíduos formularem categorias de julgamento público e os impede de partir da experiência social concreta é um traço do totalitarismo para Arendt. O contexto totalitário seria marcado, deste modo, pela perda da realidade do mundo em dupla dimensão: em primeiro lugar, a fragmentação das ações em pequenos procedimentos burocráticos, que impedem a visão do todo; em segundo lugar, a invisibilidade pública e o desaparecimento para a insignificância política de amplos contingentes de indivíduos, que se retiram para a esfera da vida privada, afastados de qualquer tipo de participação ou vínculo social. É isso que abre espaço à barbárie e ao extermínio de judeus.

Arendt assinala que o fenômeno totalitário não surgiu do dia para a noite e pode ser visto como "normalidade" construída. As raízes são encontradas na crise do Estado-nação e dos direitos do homem. Arendt vai buscar essas raízes e as situa cronologicamente no último terço do século XIX, nos primórdios do movimento antissemita moderno.

O termo supérfluo nos leva a uma interpretação errônea de algo sem função, de contingentes populacionais relegados à própria sorte e objetos da ajuda humanitária. Aqui, devemos precisar que o contexto do desmanche combina a construção de uma superfluidade política e de uma funcionalidade econômica. É por isso que podemos interpretar, por exemplo, que no foco principal dessa "vontade de saber" (Foucault, 2005a), que provoca uma multiplicação de intervenções públicas e estudos sobre o Centro de São Paulo, estão as populações mais vulneráveis como objetivo positivo de políticas sociais que convertem a região num duplo lugar: espaço de deslocamento de uma nova fronteira de acumulação, como assim demonstra a quantidade de investimentos nos últimos anos em sua "requalificação", e em laboratório de políticas de gestão da pobreza. É também nesse espaço, em que a lógica policial organiza os corpos e define os lugares, que se encontrou o acontecimento das ocupações dos imóveis vazios da cidade, num átimo de tempo que redefiniu essas modulações,[1] que organizavam as percepções do lugar.

---

1   Uma das principais dificuldades durante a pesquisa de campo foi a transformação relativamente rápida das ocupações e dos espaços das ações dos sem-teto. Outra dificuldade também foi verificar a transformação do espaço a partir das ações do próprio Estado, como no caso da União da Juta. Isso me levava, muitas vezes, a não encontrar um ponto de referência nas ocupações que logo desapareciam e, sim, nas histórias possíveis, narradas em condições difíceis dos interlocutores que não fossem apenas aqueles da "voz oficial" dos movimentos. Uma das maneiras de procurar resolver conceitualmente

Assim, superfluidade não é ausência de funcionalidade econômica. Não é exclusão que estanquiza socialmente, é exclusão no sentido político, que procura criminalizar ou transformar em objeto dos programas de gestão da pobreza. Por isso que o termo "exclusão" é a operação da ordem policial de nomear para impedir a subjetivação política.

Para retomarmos Arendt, não se trata de um processo de exclusão econômica somente. É exclusão num sentido mais forte, de uma desnecessidade da política como elemento que regula a vida em sociedade, vista como desimportante num mundo em que as histórias revelam uma privatização cada vez maior, comandada por experiências radicalmente privatizadas.[2] Mas, também não se trata de dizer que não há escolhas. Elas existem, porém são determinadas por um

---

esse problema da pesquisa de campo que nos levava a um problema teórico foi empregar o conceito de modulação, em Deleuze, para entender as ocupações como moldes cujas modulações variariam. Aqui, destaco a passagem em que Deleuze explicita essa definição: "Os confinamentos são moldes, distintas moldagens, mas os controles são uma modulação, como uma moldagem autodeformante que mudasse continuamente, a cada instante, ou como uma peneira cujas malhas mudassem de um ponto a outro" (Deleuze, 2000: 221).

2   "Não ter raízes significa não ter no mundo um lugar reconhecido e garantido pelos outros; ser supérfluo significa não pertencer ao mundo de forma alguma. O desarraigamento pode ser a condição preliminar da superfluidade, tal como o isolamento pode (mas não deve) ser a condição preliminar da solidão. Se a tomarmos em sua essência, sem atentar para as suas recentes causas históricas e o seu novo papel na política, a solidão é, ao mesmo tempo, contrária às necessidades básicas da condição humana e uma das experiências fundamentais de toda vida humana. Até mesmo a experiência do mundo, que nos é dado material e sensorialmente, depende do nosso contato com os outros homens, do nosso senso comum que regula e controla todos os outros sentidos, sem o qual cada um de nós permaneceria enclausurado em sua própria particularidade de dados sensoriais, que, em si mesmos, são traiçoeiros e indignos de fé. Somente por termos um senso comum, isto é, somente porque a terra é habitada, não por um homem, mas por homens no plural, podemos confiar em nossa experiência sensorial imediata. No entanto, basta que nos lembremos que um dia teremos de deixar este mundo comum, que continuará como antes, e para cuja continuidade somos supérfluos, para que nos demos conta da solidão e da experiência de sermos abandonados por tudo e por todos" (Arendt, 1990: 528).

campo cada vez mais restrito. Não há uma "perda da realidade", mas seu encolhimento, que determina um contexto político restrito e que regula a ação individual a partir de um campo de escolhas menores.

Movimentos de sem-teto e excesso democrático

Rancière retorna ao elemento primeiro do Estado consensual em sua forma acabada, o Estado policial. Vale a pena transcrever essa passagem:

> Ora, ali onde o Estado abandonou suas funções de regulação social e dá livre curso à lei do capital, o consenso adquire uma face aparentemente mais arcaica. O Estado consensual em sua forma acabada não é o Estado gestionário. É o Estado reduzido à pureza de sua essência, ou seja, o Estado policial. A comunidade de sentimento que o sustenta e que ele administra em seu proveito, com a ajuda dos meios de comunicação de massa que não têm nem sequer necessidade de pertencer ao Estado para sustentar sua propaganda, é a comunidade do medo (Rancière, 2003).

Essa "comunidade do medo" se torna o princípio arraigado de onde o Estado policial retira sua legitimidade. Expliquemos melhor. Não se trata de um princípio que visa prevenir riscos e evitar a insegurança. Não estamos retornando ao Estado protetor. Rancière se refere a um Estado que mantém esse princípio da insegurança, que retira sua legitimação desse quadro de subjetividade anti-pública. Assim, trata-se de evocar um número maior de inseguranças em várias dimensões da vida social para alcançar a legitimidade perante os cidadãos.

Esse Estado, que tem na insegurança um princípio, passa a extrair ou induzir fatos que levam à legitimação da insegurança como modo de gestão da vida coletiva. Nesta ordem consensual, a política se torna perigosa, pois seu elemento de imprevisibilidade é "excesso" e "insegurança". E esta insegurança, que precisa ser extirpada para devolver tranquilidade ao corpo social, garante o funcionamento dessa maquinaria que legitima a ação do Estado no seu princípio primeiro, sua dimensão policial protetora.

Esse Estado, que tem o consenso estabelecido pelos mecanismos de gestão da insegurança, é que administra a política. A todo excesso o retorno ao consenso primeiro é evitar a propagação da insegurança pelo corpo social, eliminando a imprevisibilidade e a incerteza.

Insegurança e gestão estariam interligadas nesse "Estado policial protetor". Contudo, aqui é o caso de perguntar como estas duas dimensões ordenam o consenso sobre o lugar dos movimentos sociais. Não caberiam distinções, em nossa ordem consensual, numa realidade social e política, onde a ausência de proteção social é a tônica e não a regra, onde o Estado de bem-estar foi um Estado de mal-estar inacabado, atravessado por clientelismos e desmanchado antes mesmo de se afirmar em sua completude? Aqui, as duas dimensões associadas são a segurança e a gestão, no compasso em que as políticas sociais se convertem em gestão de precariedades. Como esse consenso se produz e como se relaciona com a parcela dos que não têm parcela?

É possível perceber, a partir da segunda metade da década de 1990, a mudança na nomeação dos "movimentos de moradia" para "movimentos de sem-teto". A categoria sem-teto equivale à palavra inglesa "*homeless*", próxima à população de rua e distante da nomeação "movimento de moradia". Vários movimentos sociais surgidos no decorrer dos anos 1990 foram denominados a partir da palavra "sem", talvez inspirados pelo movimento dos sem-terra procurando a nomeação a partir da falta.

Essa é uma discussão incômoda para a questão do sujeito político e sua nomeação, e também para a legitimidade do que Rancière define como "modos de subjetivação política". Esse debate não é novo e atravessa a nomenclatura inaugural que o marxismo denominou "lúmpen proletariado". O que parece ser novo é a desmedida dessa pobreza que recoloca novamente esse debate sobre a subjetivação política.[3]

A assimilação da nomeação sem-teto já aponta a década como de retração das políticas públicas, perda de direitos ou sua flexibilização, adoção de parâmetros do mercado como medida, privatização etc. O contexto de aparecimento desses movimentos é o final dos anos 1990, marcado pelo encolhimento da cena pública, em que a ação dos movimentos sociais passa a ser questionada, nos termos de sua legitimidade e legalidade.[4]

---

3 Para uma discussão interessante sobre a nomeação dessa pobreza ver Barros, 2004. No capítulo IV, trataremos dessa questão.

4 A greve dos petroleiros em maio de 1995 foi um marco nessa nova cena. Durou trinta dias e representava o primeiro embate entre o governo de Fernando Henrique Cardoso e o movimento sindical. Mas, vista em perspectiva, acabou se tornando acontecimento-chave para definir a constituição da governabilidade da nova coalizão de poder que governaria o país pelos oito anos seguintes. Os motivos da paralisação dos petroleiros remontavam ao descumprimento de acordo assinado entre a Federação Única dos Petroleiros (FUP) e o presidente da República Itamar Franco, que garantia aumento salarial em troca do encerramento de outra greve, ocorrida às vésperas das eleições de 1994. Esse acordo foi descumprido no governo Fernando Henrique, o que motivou a greve de maio.
A greve teve dois significados principais: em primeiro lugar, soldou a governabilidade da nova coalizão de poder recém-eleita; em segundo lugar, sua derrota abriu espaço para as reformas de cunho privatizante, flexibilização de direitos sociais e privatização de empresas estatais nos ramos das telecomunicações, da mineração, da navegação de cabotagem, da eletricidade, do setor financeiro, dentre outros. A própria Petrobrás teve o monopólio flexibilizado, em processo que abriu a possibilidade de transferir parte do controle aos setores privados. Os contornos de isolamento gradativo do movimento foram dramáticos. Conforme a evolução do movimento, o governo desencadeou uma estratégia de repressão e criminalização da greve: primeiro, abasteceu os estoques de combustível através de importações preventivas; depois, reteve estoques de gás de cozinha pelas distribuidoras e ganhou o embate na opinião pública, sobretudo, em parcela da população mais pobre, mais atingida; em seguida, de posse da decretação da ilegalidade da greve pelo Tribunal Superior do Trabalho, utilizou-a como forma de legitimação para a ocupação de quatro refinarias pelas tropas do Exército.
A greve acabou com a derrota dos petroleiros e aplicação de pesadas multas sobre a categoria e teve impacto no conjunto do movimento sindical e em suas representações retraindo as ações no período seguinte. A respeito trato disso em minha dissertação de mestrado (Miagusko, 2001).

86 EDSON MIAGUSKO

A forma mais visível de aparecimento político desses movimentos de sem-teto foi a ocupação. A própria nomeação é um litígio constitutivo: a terminologia "ocupação"[5] é parte de uma disputa simbólica desses movimentos pela nomeação da ação, em contraposição ao termo "invasão", confrontando os limites da propriedade privada e dos espaços em que a política aparece. O termo ocupação já carrega um excesso porque antepõe o direito à moradia nos limites do direito à propriedade privada. Aqui, se colocam lado a lado dois direitos que se encontram nesse campo litigioso, em que esse deslocamento de lugares já é um "excesso".

Aqui cabe uma pequena digressão. Não há em Rancière o emprego sistemático da noção "excesso". A palavra aparece quando se trata do novo ódio à democracia instalada no coração das sociedades ditas democráticas (Rancière, 2005). Esse "novo ódio" afirma que o problema democrático não está nas instituições, mas que o governo democrático

---

5 A disputa pela palavra demonstra o quanto a lógica policial aparece nessa disputa pela nomeação da ação e num confronto entre dois direitos: o "direito à propriedade" e o "direito à moradia" que, em boa parte dos casos, se confunde com o próprio "direito à vida". Se tomarmos o significado das duas palavras e colocá-las lado a lado veremos que enquanto o substantivo "ocupação" define "a) ato de apoderar-se de algo ou de invadir uma propriedade; posse b) ato de trabalhar em algo; o próprio trabalho a ser executado ou que se executou; serviço; c) atividade, serviço ou trabalho principal da vida de uma pessoa; d) obrigação a cumprir, papel a desempenhar em determinados setores profissionais ou não; cargo, função, ofício; e) ato de colocar-se em (um cargo, emprego, função etc., que estava livre); preenchimento"; a palavra "invasão" é utilizada de maneira pejorativa e é apropriar-se de algo ilegalmente, utilizando-se da força. Os sentidos empregados são: a) ato de penetrar (em local, espaço etc.), ocupando-o pela força; b) migração acompanhada de violência e devastações; c) ato de alastrar-se e difundir-se maciça e rapidamente; d) difusão de largo alcance, propagação de alguma coisa de cunho abstrato; e) desrespeito, desconsideração, em relação à vida pessoal de outrem; usurpação; f) terreno, área ilegalmente ocupada por moradias populares; g) entrada, sem prévia autorização, de forças armadas estrangeiras em território de um Estado; h) crime que consiste na entrada, sem autorização, em estabelecimento de trabalho com o objetivo de prejudicar as atividades normais ou danificar o próprio estabelecimento" (grifos meus) (Houaiss, 2001).

é mal quando se deixa corromper pela sociedade democrática, que deseja que todos sejam iguais e todas as diferenças sejam respeitadas. E do contrário, o governo é bom quando mobiliza os indivíduos da sociedade democrática para defender os valores dessa civilização, que são os da luta entre civilizações (Rancière, 2005).

As formas de aparecimento da palavra "excesso" nas definições de Rancière são "o excesso de atividade democrática", "excesso de vitalidade democrática", "duplo excesso da atividade coletiva", "reino do excesso", "excesso da política", "excesso do *démos*", "excesso democrático", e "excesso constitutivo da política" (Rancière, 2005). Assim, Rancière explicita que esse excesso é constitutivo da política e sua manifestação no excesso de atividade democrática.

Para Rancière, o fundamento da política é a própria democracia, que reenvia toda dominação a sua ilegitimidade primeira. Seu exercício transborda inevitavelmente todas as formas institucionais de representação do povo. Essa forma de compreender a democracia antepõe a palavra ao seu paradoxo. Assim, o bom governo é aquele que consegue limitar esse "excesso democrático" e manter a desordem democrática sob controle a fim de evitar sua ruína. O paradoxo é que a causa da crise do governo democrático é a própria intensidade da vida democrática. O enunciado é revelador:

> democracia como forma de vida política e social é o reino do excesso. Esse excesso significa a ruína do governo democrático e deve ser reprimida pela lei (Rancière, 2005: 25).

Portanto, na prática do "bom governo" esse excesso deve ser contido e combatido. Esta noção, presente na maioria dos discursos atuais, que ressaltam a democracia como reino dos desejos ilimitados dos indivíduos da sociedade de massas moderna, distingue a "boa" e a "má" democracia. A boa democracia seria o "governo dos melhores" e a ordem da propriedade. A má democracia remeteria ao excesso da prática democrática, da participação que extravaza as "instituições democráticas", contesta as autoridades e os saberes constituídos ou o abandono do "indivíduo democrático" de suas obrigações, preocupado em satisfazer os desejos ilimitados, a partir do hedonismo consumista que abandona a perspectiva da vida em comum para se recolher ao mundo privado.

É por isso que o discurso de defesa da democracia é utilizado para combater seu acontecimento. É como se todo o excesso levasse à perda da democracia. Assim, podemos desdobrar que o excesso é constitutivo da política e está entrelaçado como princípio da atividade democrática. Mas, de algum modo, é o próprio excesso que é utilizado como argumento contrário à democracia, ou seja, que a democracia em excesso provoca sua ruína. É este o argumento principal de deslegitimação dos movimentos sociais e, particularmente, para aqueles que, como os sem-teto na sua ação política privilegiada, acabam deslocando os lugares anteriormente estabelecidos.

A forma como a ordem consensual deve ser produzida para conter esse "excesso democrático" varia conforme a lógica policial se organiza em cada sociedade e como a lógica igualitária se encontra nesse acontecimento. Em nosso caso, a forma como a ordem consensual se reproduz incorpora a ação da "baixa polícia" e dos mecanismos de gestão política.

A "baixa polícia" é o retorno da questão social para uma das formas mais comuns de tratamento da ordem consensual no Brasil, como caso de polícia, a partir da anulação de sua existência. Uma das formas como a lógica policial se ordenou em 2003, em São Bernardo e São Paulo, foi esta: a ideia da inexistência de uma questão social e a ameaça de desordem pelo seu próprio aparecimento.

Por outro lado, podemos explorar a tese dos modos de gestão que adquirem forma no encontro entre as energias participativas e a ascensão da desresponsabilização das políticas sociais pelo Estado, denominado por Foucault como a resposta neoliberal ao problema do "governar em excesso", e o deslocamento da problemática liberal do ato de governar para a sociedade (Foucault, 1994).[6]

Os anos 1990 marcam a ascensão e a maior presença dos movimentos de moradia e sem-teto na conformação das políticas públicas de habitação. A consequência das diversas lutas urbanas foi a ampliação da participação dos movimentos de moradia nos espaços públicos, tais como conselhos, fóruns e representações tripartites. Em certa medida, esta profusão e energia participativa envolveram não apenas os movimentos de moradia, mas articulações diversas como associações profissionais, acadêmicas etc., gestaram espaços na conformação das políticas públicas e nos diversos conselhos de política habitacional e urbana.

Contudo, a cena seguinte foi um deslocamento de parcela significativa das políticas habitacionais para programas de gestão de preca-

---

6 Foucault trata do neoliberalismo em apenas um texto no conjunto de sua obra. Nesse pequeno texto "o nascimento da biopolítica", Foucault compreende o liberalismo como uma "prática", uma "forma de atuar" orientada pela consecução de objetivos e que se nutre de uma reflexão continuada. Assim, o objeto da racionalização liberal é o exercício do governo e como responder ao problema que está no seu princípio: o "governar demasiado", "governar em excesso". O liberalismo, deste modo, altera o problema principal da teoria política. Não se trata de refletir a partir do princípio da "razão de Estado", que desde o final do século XV na Europa havia buscado sua existência no reforço do Estado como uma finalidade suscetível de justificar uma governamentalidade crescente. O problema liberal, que o neliberalismo aprofundará em demasia, é como contornar o "excesso de governo", princípio de toda prática governamental. O problema muda e não se coloca a partir do objetivo de governar o mais possível com os menores custos políticos e sociais. É a sociedade, e não o Estado, que passa a ser o fim último do governo, a partir de uma nova questão: "por que governar?", o que é necessário fazer para que exista um governo e que finalidade ele deve perseguir em relação à sociedade para justificar sua existência? Assim, a fim de contornar todo excesso inerente ao ato de governar, o neoliberalismo desloca seu foco para a sociedade, procurando torná-la ativa em atos capazes de produzir uma governamentalidade inerente ao próprio ato de se autogovernar (Foucault, 1994 e 2005).

riedades, definindo públicos-alvos específicos e atendendo populações empobrecidas sem a perspectiva de financiamento habitacional.[7]

Assim, duas dinâmicas adquiriram força como "consenso" sobre os movimentos sociais. Primeiro, o deslocamento da legitimidade de suas ações em que a greve dos petroleiros de 1995 pode ser tomada como um acontecimento dessa nova ordem consensual. Segundo, um campo em que os próprios movimentos sociais passaram a participar dos mecanismos de gestão das políticas públicas ou se organizarem a partir destas políticas. Portanto, este consenso deu-se pelo alargamento do campo de intervenção dos movimentos sociais, na conformação das políticas de gestão e pela criminalização daqueles que procurassem operar por fora desse campo gravitacional.

Como é a maneira adequada de compreender esse consenso? Por que os mecanismos da "baixa polícia" se combinam com a gestão?

Em primeiro lugar, cabe recuperar a definição de Ranciére sobre movimento político ou sobre "a parcela dos sem-parcela". Movimento político é sempre aquele que desloca as fronteiras, os lugares e as falas estabelecidas, o que não define determinado movimento social com um *a priori* capaz de instaurar o acontecimento político. E a existência dessa parcela dos sem-parcela não é resultado da situação socioeconômica, mas produzida pela capacidade de deslocamento das fronteiras políticas, o que confere ao modo de subjetivação característica política. Assim, não é o lugar econômico e social que define os sem-teto como sem-parcela, mas sua capacidade de contestar politicamente os lugares estabelecidos.

Em segundo lugar, quando Rancière se refere ao "excesso democrático", está colocando o acento nas formas que o consenso é estabelecido e nos mecanismos que associam o bom governo à capacidade de proteger cidadãos da insegurança, em todos os sentidos. Quanto

---

7   Por enquanto cabe enunciar esta tese, explorada melhor quando tratarmos dos programas habitacionais em São Paulo.

maior a insegurança, maior a necessidade de um governo capaz de gerir a desordem provocada pelas ameaças ao corpo social através dos mecanismos de gestão. Nessa chave, a política seria um tipo de insegurança. Ora, é possível dizer que, a partir da interpretação prévia à cena a lógica policial já estabelece lugar pré-determinado para os movimentos de sem-teto, vistos como desviantes da lógica democrática, inimigos do Estado de direito democrático. A interpretação prévia exige que sem-teto apareçam como excluídos, deslocados à margem da sociedade. Daí que duas imagens são comuns na figuração dos sem-teto nos tempos atuais: o aparecimento como a ameaça à propriedade privada, como provocadores da desordem, o que exigiria a contrapartida do Estado para garantir segurança aos proprietários através da criminalização de movimentos de sem-teto, que ultrapassassem as fronteiras da ação política tolerável. Por outro lado, o aparecimento como "curiosidade" por uma vida desviante que se passa em prédios precários, vidas em suspenso, em batalhas contra a polícia. Ora, parece-nos que tanto esta quanto aquela leitura deslocam o lugar político desses movimentos de sem-teto. Tanto essa quanto a outra interpretação ajustam-se ao lugar inicial dos sem-teto, um lugar não político.

O deslizamento que aproxima os sem-teto à pauta policial, no sentido comum que é empregado ao termo, é uma das lógicas pela qual esse consenso se processa. A utilização larga de imagens de prédios ocupados, famílias desajustadas e crianças em condições precárias, colocam os sem-teto em lugar fora da política. A constância da utilização violenta da força é determinante para figurar o lugar policial em que essa parcela dos sem-parcela deve estar. Por isso, a baixa polícia é componente fundamental de organização dessa lógica policial.

Em terceiro lugar, o Estado que sedimenta esse consenso é aquele que gesta as inseguranças, define a baixa polícia como componente fundamental da lógica policial e à pureza de sua essência, o Estado policial.

É possível observar a construção do discurso que deslegitima as ações dos movimentos sociais a partir da defesa do "Estado de direito democrático", que provém do "excesso" desses movimentos. Pois, esse fundamento e sua revelação parecem ser cada vez mais a única possibilidade capaz de romper o cerco de um Estado que retira seu consenso a partir de seu fundamento primeiro: o Estado policial.

A década do desmanche

Roberto Schwarz (1993), em artigo seminal, denominou a combinação de globalização e desregulamentação ocorridas na América Latina, na década de 1990, a partir da noção de desmanche. Para Schwarz, ao resenhar o livro de Robert Kurz,[8] a concorrência global havia dado salto mortal na produtividade contemporânea, tornando obsoleta grande parcela das atividades produtivas do planeta. Apesar disso, o debate ideológico não se fixara nessa "queima", mas nas pretensas virtudes do modelo do mercado livre, entendido como modelo abstrato. Contudo, apesar do que diz(em)iam os ideólogos, o modelo não seria para todos.

Esse impasse colocava no plano da obsolescência e do anacronismo os esforços desenvolvimentistas empreendidos pelos países do Terceiro Mundo que, antes mesmo de começarem a produzir, mesmo ao custo de esforços humanos e sociais gigantescos, já estariam condenados previamente. O resultado do "fracasso" levaria ao aparecimento na década de 1990 de sociedades pós-catástrofe "onde o desmoronamento daria a tônica". Nas suas palavras, poderíamos caracterizar a situação em vários países da América Latina como de "desindustrialização endividada", com populações de "não pessoas-sociais", ou seja, de "sujeitos

---

8   A respeito Robert Kurz (1993) O colapso da modernização – da derrocada do socialismo de caserna à crise da economia mundial, 3.ª ed., Rio de Janeiro: Paz e Terra. A resenha prefacia o livro.

monetários desprovidos de dinheiro". Ainda assim, a ilusão da "normalidade" desse novo sistema não se extinguiria, na medida em que haveria quem operasse com lucro nesse mercado mundial, mesmo ao preço de viver "atrás de guaritas".

As pistas de Schwarz poderiam ser desdobradas na seguinte direção: se esta normalidade pós-desmanche já ordenaria a vida e a conduta daqueles que "operariam com lucro no mercado mundial", ela também poderia ordenar e determinar as possibilidades e a conduta dos "sujeitos monetários desprovidos de dinheiro". Numa economia cujo sangue seria a financeirização, os pobres também entrariam nesse circuito do "homem endividado".[9]

Schwarz identificava, a partir dessa "normalidade", o funcionamento de outro mundo, pós-desmanche, em que a massa da população passaria a depender de organizações sociais de auxílio, em caso de assistência social em escala planetária. Nesse mundo "drogas, máfia, fundamentalismo e nacionalismo representariam outros modos póscatástrofe no contexto modernizado" (1993: 185).

A noção de desmanche inspirou estudos que procuraram interpretar essas transformações a luz de novas categorias analíticas. E avançaram ainda mais em suas dimensões políticas e sociais.

---

9   Notícia de O Globo aponta o quanto o número de cartões de crédito cresceu nos últimos anos. Segundo pesquisa do Banco Itaú, o número de cartões aumentou 91% entre 2002 e 2006. Nesse período, a quantidade passou de 42 milhões pra 79 milhões, ampliando a participação das operadoras de cartões no PIB brasileiro em 82,4%, subindo de 3,4% para 6,2% (O Globo, 29/04/2008). Deleuze na passagem das sociedades disciplinares para as sociedades do controle destaca esse "novo homem": "O homem não é mais o homem confinado, mas o homem endividado. É verdade que o capitalismo manteve como constante a extrema miséria de três quartos da humanidade, pobres demais para a dívida, numerosos demais para o confinamento: o controle não só terá que enfrentar a dissipação das fronteiras, mas também a explosão dos guetos e favelas" (Deleuze, 2000: 224). Talvez Deleuze não imaginasse que em algumas plagas a dívida passasse também a estruturar a vida deste pobre financeirizado nas "favelas e guetos", como demonstram algumas entrevistas nos próximos capítulos.

Francisco de Oliveira também buscaria construir novas categorias de análise para explicar esses processos. A política, para Oliveira, seria matizada por um campo circunscrito em que dominados e dominantes processariam seus conflitos. A hegemonia, assim, nada mais seria que a produção conflitiva do consenso. Teríamos adentrado num período de indeterminação inaugurado por três fatores principais, que explodiriam a forma anterior: os efeitos da financeirização do capitalismo, a explosão da dívida externa e a perda de centralidade do trabalho, provocada pelo avanço tecnocientífico da Terceira Revolução Industrial. Aqui, estaria o cerne do desmanche.

A partir da combinação da Terceira Revolução Industrial, ou molecular-digital, com o movimento de mundialização do capital, a produtividade do trabalho havia dado "salto mortal" em direção à "plenitude do trabalho abstrato". O trabalho em nossa sociedade teria perdido a forma, numa aceleração que combinaria mais-valia absoluta e relativa. Esse encurtamento de distância entre o tempo de trabalho total e o tempo de trabalho da produção seria resultado da fusão entre mais-valia absoluta e relativa. Teoricamente, nas palavras de Oliveira, tratar-se-ia de transformar o tempo de trabalho em trabalho não-pago.

Expliquemos, seguindo seus passos:

> na forma absoluta, o trabalho informal não produz mais que uma reposição constante, por produto, do que seria o salário; e o capital usa o trabalhador somente quando necessita dele; na forma relativa, é o avanço da produtividade do trabalho nos setores *hard* da acumulação molecular digital, que permite a utilização do trabalho informal. A contradição: a jornada da mais-valia relativa deveria ser de diminuição do trabalho não-pago, mas é o seu contrário, pela combinação das duas formas. Então, graças à produtividade do trabalho, desaparecem os tempos de não-trabalho: o tempo de trabalho é tempo de produção (135-136).

Essa síntese entre mais-valia absoluta e relativa é explicitada logo abaixo:

> Marx chamou os salários de "capital variável", exatamente porque se trata de um adiantamento do capitalista aos trabalhadores; é "variável" porque sua resultante na formação da mais-valia depende das proporções de emprego da mão-de-obra e dos tempos de trabalho pago e não-pago. Além disso, no lucro como recuperação da mais-valia, ela depende da realização ou não do valor. Ora, a tendência moderna do capital é a de suprimir o adiantamento de capital: o pagamento dos trabalhadores não será um adiantamento do capital, mas dependerá dos resultados das vendas dos produtos-mercadorias. Nas formas da terceirização, do trabalho precário, e, entre nós, do que continua a se chamar "trabalho informal", está uma mudança radical na determinação do capital variável. Assim, por estranho que pareça, os rendimentos dos trabalhadores agora dependem da realização do valor das mercadorias, o que não ocorria antes; nos setores ainda dominados pela forma-salário, isso continua a valer, tanto assim que a reação dos capitalistas é desempregar força de trabalho. Mas o setor informal apenas anuncia o futuro do setor formal. O conjunto dos trabalhadores é transformado em uma soma indeterminada de exército da ativa e da reserva, que se intercambiam não nos ciclos de negócios, mas diariamente. Daí, termina a variabilidade do capital antes na forma de adiantamento do capitalista. É quase como se os rendimentos do trabalhador agora dependessem do lucro dos capitalistas. Disso decorrem os novos ajustamentos no estatuto do trabalho e do trabalhador, forma própria do capitalismo globalizado. Como "capital variável", os salários eram um "custo"; como dependentes da venda das mercadorias/produtos, os rendimentos do trabalho, que não são mais adiantamento do capital, já não são "custo" (Oliveira, 2003: 136-137).

Essa "tendência moderna" em abolir o adiantamento de capital para a força de trabalho através da forma salário, mas invertendo a equação, colocando o resultado das vendas dos produtos-mercadorias na frente do pagamento, acarretaria a profunda mutação na forma do trabalho. Assim, é como se a tendência moderna levasse o conjunto dos trabalhadores a transformar-se no indistinto exército da reserva e da ativa, que se intercambiasse diariamente e não mais nos ciclos de negócio. Essa situação levaria os conceitos de trabalho formal e informal à inadequação para descrever a situação da força de trabalho, pois a indistinção entre um e outro seria a nova regra. E levaria à explosão da sociabilidade anterior gestada pelo trabalho.

Francisco de Oliveira aponta que a mutação dessa ordem no plano econômico teria graves implicações para a política. Após constatar a transferência de propriedade de um quarto do PIB do Brasil, nos processos de privatização ocorridos depois do governo Fernando Henrique Cardoso (Oliveira, 2007: 32-33), ele conclui que, em termos políticos, as consequências seriam a explosão da forma política e suas representações.

A política com essa mutação tornaria-se irrelevante e destituída de sentido.

> Há uma forte "privatização" no sentido arendtiano: os indivíduos são jogados aos seus espaços privados, à solidão, à insegurança, que decorre exatamente da "privação" do espaço público e da alteridade. A esfera pública é sempre uma suspensão do Estado hobbesiano: sua dissolução significa a volta aos conflitos primitivos, em que o objetivo é eliminar o inimigo. Quando se trata do capitalismo contemporâneo, então é o retorno à lei da força bruta. Não pode haver "política", nem "polícia": há apenas a administração (Oliveira, 2007: 29).

Assim, este "ornitorrinco" brasileiro levaria à completa mudança na política, enfraquecendo os movimentos sociais e tornando o jogo político a contenda entre apenas um dos jogadores. A política que, nos termos de Rancière, é a relação entre dois agentes e não apenas um ato, seria colocada no plano da irrelevância, nos marcos da pura "administração" em que não existiria nem política, nem polícia. A tese de Oliveira é ousada e provocativa e faz refletir. É como se os dominados não pudessem, a partir dos seus movimentos, superar esse impasse nas formas usualmente conhecidas. A financeirização capitalista, a erosão do mercado de trabalho e a explosão de sua forma anterior, a explosão da dívida pública, que esgarçaria a capacidade fiscal do Estado, levando-o a gerar brutais superávits para garantir o autofinanciamento, levariam à indeterminação na política.

Esta explosão de formas e da representação política leva à ruptura no nível dos significados entre dominantes e dominados. Leitor atento de Chico, Gabriel Cohn, sublinha esse aspecto original e paradoxal da sua análise:

> a crítica consiste em mostrar que o que ocorre contemporaneamente não é a constituição de um cimento da sociedade, pela criação de um consenso que assegura a persistência dos dominantes em relação aos dominados. O que está em jogo não é algo realmente original historicamente. Longe de consenso, longe da amálgama do conjunto do não-consenso que assegura uma dominação, o que se tem é uma ruptura fundamental. Uma ruptura no nível dos significados entre dominantes e dominados. Você tem uma forma de unificação paradoxal, que se faz pela ruptura e não pela postura via consenso. É uma espécie de paradoxo. Você tem um todo, que é um todo altamente coeso em seu funcionamento, que é mantido pela cesura, pela ruptura, pela quebra, mais do que pela amarração consensual. O que significa que não há mais palavra comum, pouco importa se a hegemonia assegura e reproduz dominantes e dominados. A hegemonia cria um consenso, que gera, de alguma maneira, uma palavra comum; permite, pelo menos, que haja as bases para um entendimento geral. Se você tem essa ruptura fundamental, a palavra comum, se não foi abolida, foi posta à distância. O que é

> uma consequência extremamente importante, porque junto com a eliminação da palavra comum, se elimina o dissenso, se elimina a possibilidade da palavra do desvio fundamental em relação ao consenso (...) a anti-hegemonia não dá margem a isso. E gera uma situação em que a pessoa só tem presente. Você abole o passado e bloqueia o acesso ao futuro. O que, em outros termos, mais uma vez significa abolir a dimensão política que se nutre de uma aprendizagem e de uma memória social e que se nutre da capacidade de projetar programa para o futuro. Congela-se o presente. Portanto, tem-se a destruição do significado comum, junto com a destruição do significado não compartilhado, o significado oposto. Isso é fundamental. Ambas são simultaneamente destruídas, as bases do consenso e do dissenso (Cohn, 2007).

Contudo, antes de assinalarmos a resposta para o problema – se há política ou não, se a administração tomou o lugar da política e da polícia –, é necessário que procuremos responder quais são os modos de inserção dos sem-teto e como eles organizam e constroem sua vida e relações a partir desse contexto pós-desmanche. É fato que a experiência social não se processa mais segundo as categorias que plasmaram as formas da experiência social anterior.

O contexto e a literatura sobre movimentos sociais

Nos estudos sobre movimentos sociais, o lugar, a temática e a interpretação mudaram, apropriando-se de novas dimensões interpretativas. Podemos observar o deslocamento na interpretação, interrogação e valorização dos movimentos sociais como sujeitos para a compreensão dos

MOVIMENTOS DE MORADIA E SEM-TETO EM SÃO PAULO   99

fenômenos sociais, e também o deslizamento no diagrama conceitual que permitiu representá-los e explicá-los na cena política brasileira.[10]

Esse contexto é diverso dos anos 1980, quando a maioria da literatura sobre os movimentos sociais foi produzida. Nos anos 1980 houve *boom* na Sociologia e em áreas afins dos estudos dos movimentos sociais (Brant, 1980; Singer, 1980; Doimo, Doxsey & Beling, 1986; Jacobi, 1987; Paoli, 1987; Kowarick, 1984). Essa temática se autoexplicava: o país vivia o contexto de abertura democrática e os diferentes atores e movimentos sociais apareciam publicamente, conquistando visibilidade através das reivindicações e na luta pelos direitos.

Nesse momento, a categoria explicativa fundava-se na visão da democracia inscrita nos costumes de um povo, saindo do puro registro das instituições políticas como medida democrática e passando para o plano de uma "cultura política", associando democracia à sociabilidade política (Tocqueville, 1977).

Assim, não apenas a história dos movimentos sociais era reinterpretada e vista sob novos ângulos, como os conceitos seriam redefinidos, numa busca para explicar melhor o momento. Tal mudança fez-se necessária uma vez que as categorias analíticas utilizadas anteriormente ressaltavam mais a incompletude da experiência política dos

---

10 Kauchakje afirma que não houve diminuição substantiva em termos quantitativos das dissertações e teses defendidas na USP e Unicamp com o tema "movimentos sociais" (Kauchakje, 2002). Para isso, prova em termos numéricos que o número de teses e dissertações sobre movimentos sociais se comparado a outras temáticas das ciências sociais até se ampliou. Contudo, uma análise dos grupos de trabalho e das sessões temáticas da ANPOCS, que congrega os principais trabalhos nas áreas das Ciências Sociais, compreendendo um período de dez anos, de 1998 a 2007, revela a migração do interesse dos cientistas sociais das diferentes áreas e suas preocupações teóricas: não houve nenhum grupo de trabalho ou sessão temática que contivesse o nome "movimentos sociais". Apenas um com o título "Processos e movimentos sociais no campo", entre 1998 a 2000, talvez influenciado pelo aparecimento público do MST durante o governo Fernando Henrique (1995-2002). Sobre os movimentos sociais urbanos, não houve nenhum grupo que se deteve especificamente sobre o tema que, se tratado, está diluído em grupos ou sessões com outras temáticas principais (ver www.anpocs.org.br).

movimentos sociais, numa sociedade marcada pela forte presença do Estado, que subsumia a sociedade civil, do modo como esses constituíam suas experiências e práticas.

A maioria dos movimentos de moradia surgidos na Região Metropolitana de São Paulo configura-se nesse contexto. A principal entidade que congrega grande número dessas entidades populares em São Paulo, com representação e organização nas regiões, é a União dos Movimentos de Moradia, que funciona como uma federação de movimentos de moradia e sem-teto em São Paulo.

As formas de organização, os discursos, os parceiros, com destaque para a Igreja Católica da Teologia da Libertação através das Comunidades Eclesiais de Base (CEB's), decorrem do contexto dos anos 1980, apesar de seus laços constitutivos não estarem tão bem delineados, à medida que observemos apenas as práticas atuais. Esse era o caso da Associação União da Juta, associada ao Movimento dos Sem-Terra Leste 1 e vinculada à UMM, demanda originária dos grupos de origem da Mooca, Brás, Belém, até a periferia de São Mateus e Sapopemba, no quadrante sudeste da capital.

Além da UMM, existem a Federação das Associações de Moradores de São Paulo (FACESP), vinculada à Confederação Nacional de Moradores (CONAM), cujas entidades filiadas aproximam-se das Sociedades de Amigos de Bairro (SAB's), surgidas nos anos 1940 e 1950;[11] o Movimento dos Sem-Terra Leste 2,[12] na região de São Miguel e Ermelino Matarazzo, filiada à UMM, que rompeu esses la-

---

11 Sobre um histórico dos movimentos de moradia antes do surgimento dessas entidades confrontar o texto de Singer (1980), em que o autor resgata a história das SAB's.

12 As formas de ação e práticas do Movimento dos Sem Terra Leste 2 diferem pouco dos que se congregam na União dos Movimentos de Moradia. A principal bandeira das associações e movimentos que se congregam em torno dos Sem Terra Leste 2 não difere dos Sem Terra Leste 1, associação mãe que congrega a associação União da Juta. Sobre isso, ver o estudo de caso de Fortunato (2002) sobre o Fórum dos Mutirões e o desdobramento da Leste 2.

ços em 1994, mas assume os mutirões como bandeira principal; e o Movimento Nacional de Luta por Moradia (MNLM), entidade nacional presente em dezesseis estados, mas relativamente frágil em São Paulo.[13] No decorrer dos anos 1990, surgiram vários movimentos de sem-teto em São Paulo, sobretudo a partir de 1997, com o deslocamento tanto quantitativo como qualitativo das ações com maior visibilidade política para o Centro de São Paulo. A maioria dos movimentos de sem-teto participa da UMM, mas nos últimos anos suas ações adquiriram maior independência e delimitaram novas articulações políticas, como a Frente de Luta pela Moradia (FLM), que reuniu diversos movimentos de moradia e sem-teto do Centro e de outras regiões.

Além disso, como parte da dinâmica de inserção do Movimento dos Trabalhadores Sem-Terra (MST) nas cidades, resultado da construção da Marcha Popular a Brasília em 1997, surge o Movimento dos Trabalhadores Sem-Teto (MTST), primeiro como desdobramento do

---

13 Os poderes públicos tendem a reconhecer a UNMP, MNLM e CONAM como as entidades nacionais representativas. A distribuição das 86 vagas no Conselho das Cidades, em 2004, "uma verdadeira instância de negociação em que os atores sociais participam do processo de tomada de decisão sobre as políticas executadas pelo Ministério das Cidades, nas áreas de habitação, saneamento ambiental, transporte e mobilidade urbana e planejamento territorial" composto por ongs, entidades profissionais, acadêmicas e de pesquisa, entidades sindicais e governamentais, obedeceu a seguinte composição: 49 representantes de segmentos da sociedade civil e 37 dos poderes públicos federal, estadual e municipal, com mandato de dois anos. Dos 49 representantes da sociedade civil, 20 eram de entidades dos movimentos populares e de moradia (7 da CONAM, 6 da UNMP, 5 da Central de Movimentos Populares e 5 no MNLM) (ver www.cidades. gov.br). Assim, é evidente o problema desse tipo de organização como representativo da dinâmica dos movimentos de moradia e sem-teto que atuam nos centros urbanos e a dificuldade de correlacionar isso em representação nos órgãos de formulação de políticas públicas. Além disso, nos últimos anos, o próprio questionamento desses conselhos como órgãos privilegiados na elaboração dessas políticas tem colocado óbices neste tipo de representação. Isso fica claro quando o Governo Federal precisou negociar com as organizações de sem-teto nas ocupações de 2003 e reconheceu que nas cidades não há movimentos e organizações de sem-teto que falem pelo conjunto.

MST e investimento da ação dos sem-terra nas cidades e, posteriormente, com dinâmica autônoma.

Apesar dessa diversidade de entidades gerais, é necessário ressaltar que parcela significativa das associações de moradores e dos movimentos de moradia na capital não se organiza em nenhuma entidade nacional ou regional.

* * *

A literatura sobre movimentos sociais está inscrita num contexto em que as lutas pela redemocratização do país tinham papel destacado e influenciavam a produção acadêmica, inserida no processo de aposta política, que seria o marco da sociedade civil e dos movimentos sociais, ou em chave republicana ou democrática radical, das possibilidades abertas pelo processo de democratização do Brasil. Assim, havia um contexto que produzia e era produzido pelas apostas políticas possíveis. Esse contexto alterou-se significativamente e a história contada sobre os movimentos sociais abre-se para nova discussão.

Não queremos dizer com isso que a alteração do contexto invalida toda a produção teórica anterior sobre os movimentos sociais. O que ressaltamos é que a alteração de contexto leva-nos a reelaborar e reapropriar-se dessa história. Aqui, procuramos seguir as recomendações metodológicas de Homi Bhabha (1998), e não se condenar a contar uma história apenas de um único ponto de vista. Assim, queremos dizer que a história dos movimentos sociais, contada no contexto dos anos 1980, a partir do fio condutor da ampliação da participação popular nos mecanismos de gestão das políticas públicas do Estado, da pedagogia e da inserção popular em canais políticos antes proibidos ao povo, talvez nos exija, a partir do contexto do desmanche da última década, outra forma de contá-la. O desmanche pressupõe o deslocamento temporal de nossa percepção histórica: se as categorias que estruturavam o mundo estão desfeitas, significa não apenas que outro mundo se articula, mas que a história do mundo anterior, de suas apostas, também deve ser refeita.

A ação dos movimentos sociais e dos movimentos de moradia e sem-teto, em particular, acontece no contexto de privatização do público, retração das políticas sociais e desmanche do Estado, e reconfiguram as representações e os sentidos de sua atuação e do julgamento público advindo de suas ações.

Em certo ponto é isso que faz com que as mesmas ações desencadeadas pelos movimentos de moradia no período anterior tenham desdobramentos diversos no momento atual. Teríamos um "deslizamento semântico" (Arantes, 1998), onde a gramática dos anos 1980 encontraria as transformações dos 1990, e o que aparecia com sinais invertidos se aproximaria discursivamente numa "confluência perversa"[14] entre a desresponsabilização do Estado e o "protagonismo da sociedade civil". Assim, o discurso da participação é utilizado como enquadramento da ação heterônoma que interessa ao Estado manter e legitimar. Por outro lado, repõe-se um tipo de autoritarismo presente na história brasileira, da ação que criminaliza esses movimentos e os coloca para fora de qualquer possibilidade de ação legítima.

A questão, contudo, parece ser mais complicada e o que se percebe nos territórios da pobreza, nos lugares onde se articulam os movimentos de moradia e sem-teto não é exatamente a ausência do Estado ou de outros atores políticos. O que parece existir é a presença de "programas sociais", de agentes políticos estatais dos três níveis de governo, ongs, agentes da

---

14 A respeito da definição: "confluência perversa que hoje caracterizaria a disputa política dentro da aparente consolidação democrática no continente. Essa confluência designaria o encontro entre, de um lado, os projetos democratizantes que se constituíram no período da resistência contra os regimes autoritários e continuaram na busca do avanço democrático e, por outro lado, os projetos neoliberais que se instalaram, com diferentes ritmos e cronologias, a partir do final dos anos de 1980. A perversidade estaria no fato que, apontando em direções opostas e até antagônicas, os dois conjuntos de projetos utilizam um discurso comum" (Dagnino, Olvera e Panfichi, 2006: 16).

filantropia privada, religiosa e da caridade, ou seja, não se constata a ausência e sim a presença de diversos agentes num campo de forças complexo.

Assim, o contexto é diverso daquele em que eclodiram os principais movimentos de moradia em São Paulo. Uma nova cena se articula pela qual aparecem e circulam antigos e novos movimentos de moradia e sem-teto. A denominação que se altera – movimentos de moradia para movimentos de sem-teto – pressupõe outra ação política, outro perfil da demanda e nova cena de expectativas de atendimento do Estado em relação às demandas sociais.

Esse contexto modificou e transubstanciou as categorias, os diagramas e a forma como os movimentos sociais fazem a experiência e incidem no debate público, alterando os termos da ação política. Mas não basta apenas constatar essa mudança – que seria um achado.[15] É preciso, para fugir da "sociologia da ausência", fazer com que as armas da crítica procurem remontar esse mundo e os conceitos explicativos, cujas formas ainda não estão totalmente claras. É um mundo cuja descrição necessita a invenção de conceitos para captar o real, para dar sentido à experiência que não pode ser descrita com os conceitos de antes.

Portanto, será necessário contar uma história, ou melhor, contar várias histórias que consigam circular nesse conjunto de experiências sem formas definidas, numa cena pública destituída de categorias explicativas. Narrativa que possa, movendo-se por estes labirintos, através

---

15 A própria utilização de termos como desmanche ou construção democrática leva a constatações completamente diversas de análise sobre os movimentos sociais. Em relação a isso, há uma produção teórica expressa pelo Grupo Construção Democrática sobre movimentos sociais. A tese central parte da noção de projeto político e aponta a disputa, mesmo que marcada por tensões inerentes ao deslizamento das práticas dadas pelo novo contexto, entre os diferentes projetos políticos. Assim, uma prática colocada no campo político do projeto político "democrático-participativo" seria necessariamente diferente do colocado pelo campo "neoliberal" ou "autoritário". Contudo, apesar das tensões que também são constatadas pelos pesquisadores do grupo, ao final há uma espécie de saída pela crença na capacidade intrínseca dos movimentos sociais em retomar o papel na resolução desses impasses. A respeito ver Dagnino, Olvera e Panfichi, 2006.

do ato de narrar e nomear o que vê, estabelecer seus sentidos. Narrativa em "tempos sombrios" (Arendt, 1999) que procure, mais que descrever impossibilidades, iluminar com a luz do discurso em contraponto aos silêncios gestados.[16]

---

16 Arendt afirma que para os antigos gregos "o mundo só se torna humano quando objeto de discurso" (Arendt, 1987).

Capítulo III
União da Juta e o contexto da experiência democrática revisitado

Primeira aproximação: a Juta vista de cima

A na mora sozinha num apartamento de dois quartos, sala e cozinha americana, na Fazenda da Juta. O conjunto se confunde com a paisagem, pouco se diferenciando dos bairros de ocupação recente e criados pelo Estado na periferia de São Paulo.[1]

Olhando de perto percebemos, porém, as diferenças do conjunto habitacional de Ana em relação à "banalidade" dos demais. Os prédios foram construídos em tijolo aparente, o que altera significativamente a monotonia de cores da vizinhança. Ao lado dos prédios, funciona o centro comunitário, local da creche, da associação de moradores, das oficinas do Projeto Jovem e da padaria comunitária.

---

1 Aproximadamente 900 mil moram em "conjuntos habitacionais de interesse social" na região metropolitana de São Paulo. Desde a década de 1970, 210 mil unidades foram construídas, 130.574 unidades pela Companhia Metropolitana de Habitação de São Paulo (COHAB-SP) e 79.270 pela Companhia de Desenvolvimento Habitacional e Urbano do Estado (CDHU). Em 1999, a COHAB havia produzido 68% de suas unidades no extremo leste de São Paulo e três outros municípios da região metropolitana (Itapevi, Carapicuíba e Guarulhos) (Meyer, Grostein & Biderman, 2004: 66-67).

Aproximando-se, subindo as escadas até o segundo andar, entrando no apartamento e ouvindo Ana percebemos que a história do condomínio União da Juta é incomum: das fundações aos apartamentos, da gestão dos recursos financeiros à assessoria técnica[2] necessária, as obras foram executadas em seis anos pelos próprios moradores através de mutirão autogestionário. A história conjunta dos moradores é de no mínimo oito anos, se contabilizarmos desde a formação da demanda, a partir dos diversos grupos de origem[3] dos movimentos de moradia, até os dias atuais.[4]

A Fazenda da Juta não lembrava um bairro quando Ana pôs os pés pela primeira vez na terra. Hoje o entorno é diferente. Mas Ana,

---

2   A assessoria técnica responsável pelo acompanhamento da obra da União da Juta foi a USINA, organização não governamental composta por arquitetos, sociólogos, engenheiros e advogados que prestam assessoria técnica aos movimentos de moradia na formulação de projetos, nas negociações com o Poder Público, na organização das associações de moradores e na execução das obras, sobretudo, na construção em regime de mutirão autogestionário. A USINA surge em 1991 depois de vários de seus fundadores atuarem junto aos primeiros movimentos de moradia de São Paulo nos anos 1980. Essa experiência os levou a fundar uma assessoria técnica como várias outras criadas na efervescência dos movimentos de moradia dos anos 1980. O ápice e marco fundador das assessorias técnicas foi a primeira administração petista, de 1988 a 1992, como resultado da criação do Programa FUNAPS Comunitário que estabelecia a possibilidade de gestão dos recursos de uma obra em regime de mutirão pelas associações de moradores que, para isso, poderiam contratar assessoria técnica de sua escolha. A respeito das assessorias técnicas ver Silva, 1994; Ronconi, 1995; Felipe, 1997; Guerra, 1998; Arantes, 2002; Rizek & Barros, 2006; Carvalho, 2007.

3   É através dos grupos de origem que a Associação Sem Terra Leste 1 e suas associações filiadas organizam e selecionam a demanda. Todos que queiram participar do movimento devem entrar nos grupos de origem, em geral organizados em torno de paróquias da Igreja Católica. O grupo de origem é uma espécie de porta de entrada para o movimento e o objetivo de todo participante é sua seleção para algum mutirão conquistado, conforme a conquista de projetos de habitação junto aos órgãos públicos.

4   O tempo de participação em algum tipo de movimento de moradia de alguns entrevistados é maior que esses oito anos. Eneida, uma de nossas entrevistadas, nos disse que sua primeira ocupação foi em 1982 e desde 1981 se preocupava em conquistar a moradia própria. Eneida tem 46 anos. Do tempo dos grupos de origem até a conclusão das obras do mutirão foram dezessete anos.

ao contrário do momento em que pensava o que fazer para a Juta se transformar num bairro, do período que se esforçava diuturnamente para estimular as famílias a acelerarem o cronograma das obras, das manifestações do movimento e dos projetos dos equipamentos comunitários, pretende retornar para sua terra natal, no estado do Rio Grande do Norte.

O que ocorreu nesses dez anos depois do encerramento das obras do mutirão e de ocupação da Juta?

Esse é o ponto de partida para investigar a história de um conjunto habitacional feito em sistema de mutirão autogestionário, na periferia leste de São Paulo. Pode parecer na atualidade algo banal, dado ao fato que os mutirões foram saudados como "práticas bem-sucedidas" pelo Habitat da ONU (Bonduki, 1996), conquistaram prêmios e se instituíram como programas habitacionais de relativa complexidade.

Há um ponto de aceleração do tempo para o pesquisador que retorna. O espanto com as mudanças só não é maior do que a rapidez das transformações de um bairro periférico de São Paulo, nos últimos anos. O espanto maior, porém, não é com a alteração da paisagem e os deslocamentos espaciais, de resto previsíveis num espaço em que existia apenas conjuntos habitacionais e hoje assinalam a chegada dos serviços públicos, de hipermercados, de linhas de transporte e terminais de ônibus, de conjuntos habitacionais construídos posteriormente ao fim das obras na União da Juta.

O que impressiona são as histórias dos moradores e como elas são modificadas em perspectiva temporal de maneira tão rápida. São as lideranças principais que saem do conjunto para morar em outro lugar ou fazer o caminho de volta, décadas depois, para a terra natal, outras anunciam um discurso que combina o antigo associativismo comunitário com as necessidades de "parcerias" para obtenção de recursos sempre insuficientes, buscados nos "projetos" financiados por ongs, pela iniciativa privada, pela filantropia ou por quem mais financiar projetos de cunho social. São histórias que demonstram que as antigas distinções entre o "nós" e o "eles", que serviam para estabelecer as diferenças entre o conjunto e a vizinhança, agora estão embaçadas ou desfeitas pela presença da violência e do embaralhamento das fronteiras do trabalho e das relações comunitárias.

* * *

O fio que organiza a narrativa de vários de nossos entrevistados não é o trabalho ou o pertencimento ao grupo. É o sofrimento que estabelece a coerência da trama discursiva e organiza fatos inexplicáveis por sua aleatoriedade.

Algumas entrevistas foram realizadas com a mesma pessoa em momentos diferentes.[5] Essa diferença temporal permitiu perceber o realinhamento biográfico, o sentido da trajetória, as apostas que se abriram e se fecharam, e a constatação diante de problemas mais fáceis ou difíceis de resolver. É como se a entrevista fosse um processo reflexivo de recontar o passado e a experiência vivida, procurando conferir sentidos explicativos para a própria trajetória e dos demais que se associaram no decorrer do projeto.[6]

---

5   Devo a Maria Célia Paoli a sugestão em relação ao campo de pesquisa. A realização de entrevistas em diferentes momentos, longe de estabelecer uma descontinuidade temporal da pesquisa, na medida em que fiquei longe do campo de estudo, manteve um certo distanciamento e espanto com as mudanças temporais que se realizaram, o que num contato cotidiano mais próximo não seria possível. Para os entrevistados, não há nada que espante. Há uma "normalidade" que regula a vida e faz com que a vivência de algumas possibilidades que se estreitam, enquanto outras se ampliam seja visto com absoluta familiaridade. Mas, é nessa metodologia que estranha e familiariza que podemos captar o sentido das mudanças, não captados pelos próprios entrevistados.

6   As entrevistas com a mesma pessoa em momentos temporais distintos permitem constatar a mudança reflexiva de apostas realizadas ou desfeitas, de partes do passado refeitas constantemente diante do impacto de apostas não realizadas procura, muitas vezes, alterar o próprio sistema de significados para conferir coerência e plausibilidade a trajetória. Berger faz uma discussão interessante acerca da biografia, em que afirma que esse processo de reinterpretação é parcial e semiconsciente: "uma pessoa só retifica as partes do passado que necessitam

Daí decorre o descompasso entre dois tempos: do mutirão e da vida atual no conjunto. A narrativa do mutirão se organiza a partir do sofrimento para conquistar o apartamento, das lutas do movimento de moradia, do cotidiano do final de semana na obra, dos labirínticos caminhos do Estado para liberação dos recursos financeiros e da vinda do vizinho estranho que ocupou os apartamentos prontos.

O tempo da vida atual, no conjunto, é permeado por histórias que narram a tentativa de fazer da Juta um bairro possível de se morar, dos equipamentos comunitários, do esforço em manter os jovens afastados da violência e das drogas – mesmo que isso seja cada dia mais difícil –, da alteração das relações na associação, de sua mudança de "vocação". Essas histórias, mais difíceis de contar, são relatadas de modo fragmentado, obrigando o pesquisador a fazer uma colagem que não se encontra somente indagando de maneira mais profunda nossos entrevistados da Juta. É preciso ir além, ajustar o nosso foco, voltá-lo para uma dimensão mais ampla e olhar os processos de longe, inseridos no contexto do desmanche e ao lado de outros movimentos de moradia.

Aqui é preciso escapar de duas narrativas comuns quando se pesquisa bairros e comunidades pobres: sair da condenação dupla que, além de inserir o entrevistado no círculo de relações precárias do trabalho e da moradia, condena-o a reagir passivamente diante da restrição de possibilidades, ao anunciar apenas o contexto macro. Por outro lado, é preciso escapar da narrativa que vê micropoderes, resistências e sociabilidades que reinventam armas e enfrentam essa situação. Aqui é preciso dizer, sem complacência, que as "armas dos fracos", nessas situações, costumam ser fracas, mas é preciso compreendê-las a fim

---

de retificação, deixando intactas aquelas que puder incorporar à sua autoimagem atual" (Berger, 1995: 72).

de verificar como o "consenso" é construído e como num campo de possibilidades restrito operam-se as ações destes sujeitos.[7]

É preciso controlar os mecanismos que transformam conceitos em "valises", prontas a receber todo o tipo de noções preconcebidas quando se vai estudar ou analisar uma comunidade pobre em um bairro periférico com "fama de violento". Devemos indagar como, em meio a um mundo no qual as referências anteriores se desmancham, a trama das sociabilidades é refeita, como se estruturam estratégias para "sobreviver", como se reordena a sociabilidade, o trabalho, a política, enfim, como se vive nesse mundo. Não se trata de um olhar externo que julga, mas procura compreender os sentidos construídos para sobreviver, seja por um desordenamento de situações liminares, seja por estratégias que procuram enfrentar um mundo em que as referências anteriores são rapidamente desfeitas e os habitantes procuram desvencilhar-se dos "efeitos do lugar" (Bourdieu, 2001). Isso num contexto em que as possibilidades se reduziram, onde o emprego já é precário, em que o estigma é produzido. Contudo, longe de adotar uma postura de condenar a vítima à passividade, a fotografia retrata trajetórias que procuram escapar dessas determinações diante do encolhimento das possibilidades.

A aceleração do tempo para o observador externo impressiona. Por isso, será necessário contar o entrelaçamento das histórias da União da Juta com o contexto.

---

7 "É necessário contornar a dupla cilada da leitura miserabilista, que se comove e se compadece com o espetáculo de miséria, e seu contrário, a leitura populista que exalta as virtudes e a invencibilidade do dominado e apresenta como estratégia heroica de resistência o que em geral não é senão uma tática econômica de autopreservação face a uma ordem de dominação tão total e brutal que afinal não é mais percebida como tal nem posta em causa" (Wacquant, 2001: 183-184). Aqui, apenas acrescentaríamos que também é preciso compreender as razões dessas "táticas econômicas de autopreservação", que faz com que a dominação onde elas estão inseridas não seja mais posta em causa.

Assim, o objetivo deste capítulo será recontar a história de um mutirão autogestionário no contexto de desmanche neoliberal dos anos 1990. O que ocorreu com seus moradores e como eles passaram a estruturar suas vidas a partir dessas possibilidades e impossibilidades abertas? Quais os atores que apareceram nesse momento de pós-ocupação?

* * *

O conjunto habitacional União da Juta, cujo nome oficial é Itaquera B-4,[8] fica no distrito de Sapopemba, região sudeste de São Paulo. Ao sul, o córrego Oratório divide os limites de São Paulo com Santo André e a região do ABCD. Ao norte, a Avenida Sapopemba margeia a Fazenda da Juta e seus empreendimentos habitacionais.

O distrito de Sapopemba,[9] onde está a Fazenda da Juta, compreende três subdistritos: Vila Prudente, São Lucas e Sapopemba. Em 2000, Sapopemba era o segundo distrito mais populoso de São Paulo, com 523.676 habitantes, perdendo apenas para a Capela do Socorro. (IBGE).

A União da Juta integra uma gleba de 730 mil m², a Fazenda da Juta, que possui 17 conjuntos habitacionais e 4.706 habitações construídas em várias modalidades pela Companhia de Desenvolvimento

---

8   Itaquera B-4 é a denominação oficial dada pela CDHU para o conjunto habitacional União da Juta, nome escolhido pelos antigos mutirantes para denominar sua associação e o condomínio inaugurado em 1998. As denominações e numerações desses conjuntos – Itaquera B-5, B-6, B-7 etc. – já foram referidas por um jornalista como um "campo de concentração" (Gaspari, 22/05/1997). O nome União da Juta será a denominação utilizada no texto.

9   Em Sapopemba, funcionam 61 escolas públicas, oito creches diretas e oito indiretas, dois hospitais conveniados com o SUS e dezesseis ambulatórios de saúde. Em termos de equipamentos culturais, há uma biblioteca pública, quatro centros desportivos municipais e duas escolas de samba. Há, ainda, dezessete equipamentos de assistência social no distrito: onze Espaços Gente Jovem, um equipamento para portadores de deficiência, um projeto comunitário, um centro de proteção jurídica e social e um centro de convivência.

Habitacional e Urbano (CDHU). Desse total, 2.806 habitações foram construídas em sistema de mutirão e 1.900 por empreiteiras contratadas pelo governo do Estado. A União da Juta foi o primeiro mutirão executado com recursos do Governo do Estado, na Fazenda da Juta. Antes havia a Associação 26 de Julho, que construiu 561 sobrados por mutirão, com recursos da Prefeitura de São Paulo, através do programa FUNAPS Comunitário.

Na União da Juta moram 800 pessoas distribuídas em 160 apartamentos de dois dormitórios, e com três tipologias de 60 m². A obra durou seis anos, entre 1992 e 1998, mas a demanda foi constituída dois anos antes, a partir dos diversos grupos de origem do movimento de moradia na região leste de São Paulo. Apesar do adensamento populacional no distrito, a ocupação do entorno do conjunto habitacional é recente. A vinda dos antigos mutirantes ocorreu quando não havia serviços e equipamentos públicos próximos à União da Juta.

Desde que os mutirantes entraram pela primeira vez na terra, muita coisa mudou. A primeira e mais evidente é a existência dos prédios de tijolos aparentes, construídos em seis anos em sistema de mutirão autogestionário e concluídos há dez. A segunda é o entorno. Apesar do inacabamento, característico de um bairro em construção, serviços públicos e o pequeno comércio se instalaram no local. A Unidade Básica de Saúde (UBS) apareceu logo após o final das obras, a Escola Estadual Fazenda da Juta demorou mais alguns anos para ser inaugurada, e a 3ª Companhia do 38.º Batalhão da Polícia Militar Metropolitano (BPM/M) foi entregue há menos de dois anos.

Além dos equipamentos públicos, o conjunto conta com os equipamentos comunitários, resultado da organização das famílias na associação. O centro comunitário é sede da creche conveniada, da padaria comunitária e dos vários cursos do projeto Sonho Jovem, que atendem adolescentes e crianças em "situação de risco".

Segundo os indicadores do Mapa da Vulnerabilidade Social de São Paulo (2004), Sapopemba é classificado na situação de média e alta privação socioeconômica. Os principais indicadores que pioram esse "desempenho" estão na habitação e nas taxas de homicídio entre jovens de 15 a 29 anos. Há 34 favelas no distrito e as taxas de homicídio entre jovens é de 112,9 entre 100 mil pessoas. O número é elevado em relação à média do município (93,8), e coloca o distrito em quinto lugar em assassinatos nessa faixa etária, se comparado a outros da zona leste. Este dado praticamente determinou o sentido de vários programas de assistência na região e conformou o "problema social" principal e a vocação das associações e organizações comunitárias, no atendimento aos jovens e crianças que cometeram crime ou infração, nomeadas como "em situação de risco".

A imagem do bairro nos jornais é marcada pela "fama de violento", e é através dos problemas de desagregação familiar ou na infraestrutura urbana que é retratado no discurso midiático. Esse discurso parece não se encerrar apenas na mídia e constrói o par problema-diagnóstico a partir da taxa de homicídios entre jovens, gravidez na adolescência e o número de habitações precárias e favelas.

Esse discurso-diagnóstico estabelece um círculo vicioso entre o problema social focado, os programas do Estado definidos para enfrentá-lo, o "público-alvo" determinado e os vários discursos (políticos, midiáticos, das ONGs, dos religiosos, dos movimentos de moradia) que apresentam soluções para os problemas do bairro. Os problemas de infraestrutura urbana e da violência são os temas principais quando o bairro aparece na mídia; as matérias parecem estar construídas para apenas comprovar aquilo que já se sabe. Dois artefatos estatísticos são sempre ressaltados: a violência que vitimiza os mais jovens e a gravidez precoce entre adolescentes.[10] Contudo, apesar do sensacionalismo, os ciclos de violência obedecem um certo ordenamento e são expostos na fala de vários de nossos entrevistados, o que mostra um código que ordena a vida, porém, não exposto de maneira clara.[11]

Esse discurso determina na Juta o "efeito de lugar" (Bourdieu, 2001) que bloqueia estratégias, define trajetórias e encerra imagens do lugar e seus moradores. Nesse aspecto, é entre os jovens que esses efeitos aparecem de forma mais intensa, uma vez que estão distantes do universo de sacrifício dos pais e nascidos, ou entretecidos, nas redes de sociabilidade que permeiam o conjunto. Uma pesquisa realizada pela Folha de São Paulo mostrou que 24% dos moradores têm vergonha de morar no bairro, o que confere média superior ao restante da cidade.

---

10 O contexto brasileiro é distinto do norte-americano, que deu origem ao termo *underclass*. Esse conceito culpabiliza a vítima pela situação de pobreza em que vive, associando à palavra uma carga de desagregações sociais de toda espécie, como desemprego crônico e estrutural, recurso à ajuda social, desorganização conjugal, gravidez precoce, famílias desestruturadas, fracasso escolar, encarceramento, delinquência, tráfico de drogas e criminalidade violenta (Wacquant, 2001:108). É fato que, numa sociedade em que o termo "loser" é o pior xingamento possível, o conceito assuma ares de classificação acadêmica, quando não passa de um artefato estatístico acusatório. Apesar de não termos um conceito semelhante a este nas Ciências Sociais brasileiras, é impressionante que, ao juntarmos as matérias jornalísticas, vemos como a visão dos jornalistas está impregnada de uma aproximação com o termo. Não se fala em *underclass*, mas se constrói os mesmos pré-requisitos necessários: violência juvenil, gravidez precoce, famílias desestruturadas e desemprego crônico.

11 Optamos em apenas citar como o discurso da violência produz artefatos na construção de bairros ditos violentos. Em várias entrevistas realizadas na Juta este tema aparece. Contudo, decidimos por não desenvolver a fundo esta questão, em função de que isso abriria uma vertente importante, mas que levaria o trabalho à necessidade de aprofundar um tema complexo que conforma um outro campo de estudos. Logo à frente expomos um pequeno episódio sobre um pretenso "toque de recolher" na Juta, para demonstrar quanto esse fato violento pode ser visto e interpretado de maneira distinta a depender do lugar. Os trabalhos de Telles têm procurado apresentar uma perspectiva interessante de análise dessa "gestão da ilegalidade" que atravessa territórios da pobreza e que redefine as fronteiras entre "legal" e "ilegal", "formal" e "informal". A respeito, ver Telles, 2002; Telles & Cabanes, 2006; Zaluar, 2006.

Isso faz com que os mais jovens, quando vão procurar emprego, procurem colocar, no local de moradia, o bairro de Jardim Santo André no lugar de Fazenda da Juta (Lage, 25/01/2004).

Em termos político-eleitorais, o distrito é considerado um "cinturão vermelho" e um dos redutos eleitorais de maior votação dos candidatos do Partido dos Trabalhadores (PT). Tomando a série de eleições de 1996, 1998 e 2002, os candidatos do PT atingem um desempenho sempre acima da média. Em 2000, 45% dos votos que levaram Marta Suplicy ao segundo turno da Prefeitura vieram de Sapopemba e Parelheiros, na zona sul (Marreiro, 07/08/2004).

* * *

O apartamento de Ana não tem "luxos", mas o acabamento é cuidadoso. Azulejos e piso constantemente encerados, a cozinha americana dá sensação de amplitude maior para os espaços da casa e os quartos pintados e bem arejados demonstram o investimento em melhorias do apartamento, após o término das obras. Os eletrodomésticos, a televisão, o aparelho de som na sala e a geladeira nova mostram a melhoria das condições materiais da ex-mutirante.

Da janela do apartamento avistamos o condomínio. A igreja católica de dois andares se situa no espaço entre a padaria comunitária e a sede da associação, com uma cruz no topo e a imagem de Nossa Senhora Aparecida pintada no mural de azulejos, encravados na entrada com os seguintes dizeres: "Maria Mãe Aparecida conduz teu povo a Jesus". A igreja foi levada para lá com recursos de missionários combonianos italianos, há vários anos na Fazenda da Juta desenvolvendo projetos sociais com jovens e adolescentes, além do trabalho de proselitismo católico.[12]

---

12 O nome da creche "Daniel Comboni" homenageia o primeiro bispo da África Central, fundador da ordem dos missionários combonianos e canonizado pelo Papa João Paulo II, em 2003. Na Fazenda da Juta, há padres e freiras que fazem o trabalho religioso e prestam auxílio em projetos de assistência social, sobretudo com adolescentes e jovens.

Nos últimos quinze anos, a vida de Ana se confundiu com a vida da associação. Inicialmente motivada por uma desilusão, Ana escolheu ingressar no mutirão para ter algo que desse muito trabalho e sofrimento e a fizesse esquecer uma desilusão anterior. Com o passar da obra, Ana se afirmou como liderança das famílias do grupo de origem do Brás e assumiu postos mais destacados. Primeiro foi escolhida como auxiliar de escritório. A saída da antiga compradora, acusada de desvio de recursos e problemas na prestação de contas, motivou a substituição do nome por alguém "em quem se poderia confiar". Assim, os coordenadores a escolheram e garantiram sua indicação perante as famílias. As várias tarefas no mutirão testaram sua confiança e foram o principal critério de escolha.

Da metade para o final da obra, Ana assumiu o papel estratégico de "compradora", o que a tornou liderança mantida com os recursos das famílias para administrar a obra e negociar com o governo e com a assessoria técnica. Ana cumprirá esse papel mesmo no pós-ocupação, vindo a ser a presidente da associação na fase dos projetos sociais. Mais recentemente, dez anos depois de concluída a obra, Ana parece estar mais afastada, na fala de outra liderança, e desmotivada em relação aos rumos da União da Juta.

Os olhos fundos de Ana, escondidos atrás das lentes pesadas dos óculos, a fala rápida e a franqueza de atitude antecipam as respostas a várias questões. Entretanto, os olhos ficam miúdos e a voz diminui quando pergunto sobre a atualidade da Juta. Para algumas perguntas, a resposta é o silêncio, como se não soubesse ou não quisesse responder às ironias da vida na Juta dezesseis anos depois. A narrativa do mutirão é organizada pelo sofrimento. E, a partir daí, se conforma a experiência que dá sentido aos seis anos passados na terra, nos incontáveis finais de

---

Alguns projetos sociais da União da Juta têm o auxílio dos combonianos. A igreja católica construída na entrada do conjunto, junto ao centro, à creche e à padaria comunitária, é conduzida por um padre pertencente a esta ordem.

semana da obra. Contudo, a vida no condomínio e as relações com o bairro são mais difíceis de contar.

Antes de seguirmos a fala de Ana, teremos que fazer breve excurso sobre uma questão e sua história, sobre a multiplicidade de sentidos do mutirão autogestionário e como ele reaparece hoje em outra chave.

Mutirão autogestionário: a história de uma questão

A questão dos mutirões não é recente e há diferentes estudos que procuram compreender seus significados (Ronconi, 1995; Felipe, 1997; Guerra, 1998; Sachs, 1999; Barros & Miagusko, 2000; Fortunato, 2002; Arantes, 2002; Rizek, Barros & Bergamin, 2003; Carvalho, 2004; Ferro, 2006; Lopes, 2006; Oliveira, 2006; Rizek & Barros, 2006; Carvalho, 2007), analisando desde os programas habitacionais propriamente ditos, ao significado do mutirão como possibilidade emancipatória no projeto participativo, às dimensões da relação entre arquitetos e mutirantes no canteiro, até as políticas de financiamento.

O trânsito entre as várias dimensões do mutirão é visto em perspectivas diversas, atravessando um campo de pesquisa no qual os próprios pesquisadores se inserem na prática profissional analisada. Nas Ciências Sociais, o foco é posto nas relações entre os movimentos de moradia, a produção da casa e do projeto participativo, que apontam práticas autônomas e emancipatórias nestas dimensões. A maioria dos estudos destaca o aspecto emancipatório do mutirão em contraponto às políticas habitacionais impositivas do Estado.

Dos vários ângulos em que se observe a literatura dos mutirões, há uma multiplicidade de interesses de análise. A profusão de estudos, porém, parece não se livrar de certa "mitologia emancipatória" do mutirão autogestionário, e até mesmo reproduz uma "fábrica de mitos e noções" sobre suas práticas efetivas (Rizek & Barros, 2006).

Se tomarmos o início dessa história, constatamos que a crítica ao mutirão se desdobrou da relação e funcionalidade entre o problema da autoconstrução e do trabalho. É célebre a passagem de Oliveira (1976), na Crítica da Razão Dualista.[13] O argumento principal é que o mutirão rebaixava o custo de reprodução do trabalho, assumido pelo trabalhador na construção de sua moradia como trabalho gratuito ou sobretrabalho. Um trabalho extra que, não sendo agregado como custo da força de trabalho, desobrigava o capital em garantir os custos de sua reprodução (Oliveira, 1976).

A constatação de Oliveira decorria da "descoberta", a partir de pesquisa sobre condições de habitação dos pobres em Santos, de aspecto intrigante da produção de moradias: a maioria das moradias era própria e construída pelas famílias. Ora, diante do dado, o que se constatava era que o processo de urbanização e acumulação capitalista se assentava na privatização dos custos da habitação pelas famílias de baixa renda. E a forma como isso aparecia era através do mutirão nos finais de semana e da poupança privada para a compra dos materiais de construção.

Por outro lado, havia a argumentação que partia da crítica ao desenvolvimentismo e repercutia em outros campos da produção intelectual e estética, e questionava no campo da arquitetura (Rizek, Barros, Bergamin, 2003: 31), como crítica ao projeto moderno, aos projetos padronizados

---

13 A propósito, a passagem: "Uma não-insignificante porcentagem das residências das classes trabalhadoras foi construída pelos próprios proprietários, utilizando dias de folga, fins de semana e formas de cooperação como o 'mutirão'. Ora, a habitação, bem resultante dessa operação, se produz por trabalho não-pago, isto é, supertrabalho. Embora aparentemente esse bem não seja desapropriado pelo setor privado da produção, ele contribui para aumentar a taxa de exploração da força de trabalho, pois o resultado – a casa – reflete-se uma baixa aparente do custo de reprodução da força de trabalho – dos quais os gastos com habitação é um componente – e para deprimir os salários reais pagos pelas empresas. Assim, uma operação que é, na aparência, uma sobrevivência de práticas de 'economia natural' dentro das cidades, casas - e admiravelmente bem com um processo de expansão capitalista, que tem uma de suas bases e seu dinamismo na intensa exploração da força de trabalho" (Oliveira, 2003: 58).

das habitações populares, ao lugar social do arquiteto, às possibilidades de democratização do país e à compreensão dos movimentos sociais e das lutas urbanas. Esses debates encontravam o mutirão a partir da dimensão do trabalho do arquiteto, discussão das assessorias técnicas, da autogestão do trabalho no canteiro[14] e nos projetos das habitações a serem discutidos com os movimentos de moradia e futuros moradores.

Ocorre que a autoconstrução aparece pela primeira vez como possibilidade de ordenamento em dois contextos distintos: no contexto nacional como contraponto às políticas do BNH, centralizadas e direcionadas à classe média no período ditatorial, nas recomendações "participativas" e no elogio à autoconstrução – como solução para o problema de moradia para as camadas mais pobres – que o Banco Mundial e o BID faziam em países da América Latina. No Brasil, as políticas alternativas, como o mutirão, questionavam as políticas do BNH no ciclo anterior (Sachs, 1999), excludentes para as camadas de baixa renda, tanto no financiamento como nos projetos. Mas, no entorno latino-americano, as políticas de autoconstrução eram estimuladas por organismos internacionais, como o Banco Mundial, em resposta ao problema da moradia.[15] Ficou famoso o livro de Turner em que ele praticamente explicita a palavra de ordem do Banco: "todo poder ao usuário".

Esse aspecto contraditório da política que se pretendia emancipatória será pouco observado. Contudo, vai ficando mais claro conforme se altera o contexto político da relação entre Estado, movimentos sociais, programas habitacionais e financiamento público, e se avança

---

14 Texto relevante à época é "O canteiro e o desenho", de Sérgio Ferro (1977).

15 Mike Davis (2006) comenta que a abdicação dos países do Terceiro Mundo da batalha contra a expansão das favelas na década de 1970 levou o Banco Mundial a assumir um papel preponderante na determinação dos parâmetros para a política habitacional urbana na América Latina. E o dado fundamental é que o Banco estimulou as "ilusões do construa-você-mesmo" como recomendação da política habitacional em várias cidades latino-americanas.

no contexto de desresponsabilização do Estado, retração das políticas sociais, ajuste fiscal e "ajuste urbano" (Harvey, 2001).

No final dos anos 1980, a partir de experiências pontuais e embrionárias, o mutirão se converte em programa habitacional com um arranjo institucional baseado no tripé financiamento do governo, gestão dos recursos pelas associações e responsabilidade das obras por assessorias técnicas.

O cenário será, sobretudo, a cidade de São Paulo, onde havia uma teia complexa de agentes: movimentos de moradia com força de mobilização e enraizados em suas comunidades, assessorias técnicas criadas a partir da interação de arquitetos e outros profissionais com esses movimentos e um governo de esquerda em São Paulo.[16]

Carvalho (2004) traça essa genealogia e divide os mutirões em "três gerações". Primeiro, ele assinala um período embrionário de experiências pontuais, para inaugurar a periodização da primeira geração de mutirões, na administração petista (1989-1992); a segunda geração de mutirões corresponde às gestões Paulo Maluf (1993-1996) e Celso Pitta (1997-2000), e a terceira geração, os quatro anos da gestão Marta Suplicy (2001-2004).

Recuperando esta periodização, podemos caracterizar os mutirões da primeira geração como a "fase heroica", em que o mutirão se transforma em política pública, na primeira gestão petista da Prefeitura de São Paulo, através do programa FUNAPS Comunitário, baseado no tripé associação de moradores, assessoria técnica e Poder Público.[17] Esse momento lança as bases do mutirão, afirmando modelo e concepção, o

---

16 No Brasil, o mutirão é da tradição das camadas pobres, na aquisição da casa a partir da autoconstrução. Como programa habitacional sua influência maior se deu em São Paulo. Mas, sua influência também se extendeu a outras cidades e contextos, como Fortaleza e Belo Horizonte.

17 O resultado final dessa política são mais de cem convênios assinados para a produção de 12 mil unidades habitacionais. A respeito, ver Ronconi (1995), que recupera em detalhes a história da conformação do programa FUNAPS Comunitário.

arranjo institucional, a proposta política do movimento de moradia e o campo profissional das assessorias técnicas. A segunda geração é marcada pela interrupção e questionamento dos programas de mutirão, depois da vitória de Paulo Maluf e a eleição do sucessor Celso Pitta. No período malufista, os vários convênios firmados anteriormente são questionados judicialmente e, aproveitando-se de brechas formais, o governo retém os recursos financeiros, as obras são interrompidas e nenhum novo convênio é assinado. Os mutirões financiados pelo município são retomados apenas no final da gestão Celso Pitta (1997-2000), com a assinatura de oito contratos. Esse período é denominado "infértil" por Carvalho, pois as obras permanecerão paralisadas por anos.

Carvalho contextualiza somente os mutirões financiados pela Prefeitura de São Paulo para traçar esse histórico. Entretanto, se considerarmos o financiamento do governo estadual, veremos que essa "infertilidade" é relativa. O próprio movimento se afirmou em meio a essa contradição na relação entre as esferas municipal e estadual, e até mesmo um dos programas estaduais tinha o nome Programa de Mutirão UMM, no governo Fleury. O governador Mário Covas se autodenominou "pai dos mutirões". As portas estavam fechadas na Prefeitura, mas, no governo estadual, a disputa não era acerca da possibilidade do mutirão como forma de provisão habitacional. A disputa se relacionava aos pesos relativos e atribuições entre os diferentes atores, que envolviam a CDHU, as associações de moradores, as assessorias técnicas e as empreiteiras. O ponto da divergência não estava no mutirão, mas em qual seria o papel de cada um, o poder no controle dos recursos e a paternidade da conquista aos olhos da população. O fechamento de portas para qualquer tipo de diálogo, pela administração municipal, levou o movimento de moradia a voltar as baterias para o Governo do Estado e procurar arrancar ainda mais conquistas de unidades habitacionais por mutirão, restando a disputa sobre o caráter da autogestão e a liberação dos recursos.

Assim, cada uma dessas gerações de mutirões corresponde a um momento diferenciado do mutirão, enquanto política pública, e não deve ser tomada como escala evolutiva de aperfeiçoamento dos mutirões. Ao contrário, cada fase corresponde a contextos políticos diferenciados e são marcadas por novos problemas que se sobrepõem aos antigos.

A terceira geração corresponde à gestão Marta Suplicy (2001-2004), que, já em seu programa de governo, não prioriza os mutirões, optando por dois programas que terão maior incidência no governo: a regularização fundiária e a mescla de programas habitacionais no Centro de São Paulo, que iria dar carta de crédito individual, moradias transitórias e locação social, dentre outros. Essa fase é de baixa prioridade em relação aos programas de mutirão, num cenário em que partido, governo e movimento se entrelaçam.[18]

O aspecto relevante da genealogia e classificação das três gerações de mutirões é a importância do contexto como determinante para verificar como se alteram os sentidos dos mutirões autogestionários, ainda que permaneça sua "mitologia emancipatória" (Rizek & Barros, 2006).

Esse "quase acordo" da literatura especializada sobre o tema leva Carvalho a procurar "contar outra história", exatamente porque ela contada é feita com poucas variações, e sempre retornando à história mítica, vista do ângulo do ofício e do encontro entre os movimentos de moradia e de uma prática emancipatória e comprometida, a partir da dimensão técnica do projeto e do canteiro. Em busca dessa "outra história", Carvalho associa a produção habitacional por mutirões com o contexto de desmanche dos anos 1990. Esse contexto, seguido a partir da dinâmica do mutirão como política pública, que se inicia nos anos 1980 e tem seus "momentos heroicos", coincide com o avanço da participação

---

18 Esta também é uma das hipóteses da dissertação de Cavalcanti (2006) sobre as relações da União dos Movimentos de Moradia em São Paulo durante a gestão Marta (2001-2004). Exploraremos essa questão à frente.

popular, a partir dos instrumentos criados na constituição de 1988 e colocados em prática pelos movimentos sociais e administrações do campo progressista, no mesmo momento em que as políticas neoliberais de desresponsabilização do Estado se ampliam.

Neste contexto, aproximam-se velhas e novas questões sobre os mutirões. A problemática do sobretrabalho reaparece e se agrava pela situação de erosão do mercado de trabalho em vários dos assentamentos e ocupações, em que a relação entre o trabalho mutirante e a excepcionalidade do trabalho formal são condições diretamente relacionadas.

Sobre isso, é necessário destacar as questões problemáticas no mutirão. Oliveira (2006) afirma que o conflito se publiciza antes do mutirão, quando os movimentos reivindicam a moradia, mas, quando o mutirão acontece, o conflito se privatiza. Esta privatização do conflito não ocorre porque o mutirante irá construir sua casa, mas porque o trabalho executado se tornará invisível.

Esse trabalho invisível é a questão mais relevante e problemática do mutirão enquanto política habitacional. O trabalho do mutirante não apenas não pode ser mensurado ou contabilizado, como não possui estatuto político ou jurídico. Assim, nos custos finais da produção da moradia por mutirão, o custo do trabalho desaparece. Este trabalho é invisibilizado pelos órgãos financiadores e pelos movimentos de moradia, e não é visto pelos mutirantes como trabalho.

Esse problema aparece na dimensão temporal[19] do mutirão. É comum que parcela dos mutirões se desenvolva em vários anos, resultado da paralisação dos convênios pelos poderes públicos e atrasos nas libe-

---

19 Bessin aponta a dimensão de poder no controle do tempo e como isso define a hierarquia das relações: "a arte de fazer esperar, de convocar, de ditar os programas, de prometer, de fixar um prazo, de agir ou de decidir são parte integrante do exercício do poder e dos conflitos que dele emanam. Viver em um tempo orientado pelos outros é a propriedade mesma da submissão. O poder absoluto se exprime então no momento em que não é possível qualquer antecipação, não permitindo aos outros qualquer capacidade de previsão" (Bessin, 2006).

rações das parcelas, o que obriga, muitas vezes, as associações a percorrerem os labirínticos corredores do Estado e à sustentação privada dos mutirantes para permanecer na terra por longos anos. Carvalho calcula o investimento das famílias para conclusão das unidades no momento em que as obras dos mutirões foram completamente paralisadas, no governo malufista, e retomadas somente anos depois. A conta impressiona e alcança, em alguns casos, o montante de 50% do valor do financiamento que as famílias investiram para concluir a casa sem, no entanto, aparecer como valor investido ao longo do tempo de paralisia das obras. Assim, a variável tempo desaparece e mais da metade do valor do financiamento da obra é assentado em trabalho mutirante.[20]

Essa "confluência perversa" (Dagnino, 2006) entre uma política do campo da autonomia e da participação com as políticas de ajuste fiscal e retração de direitos configurou o novo quadro em que se inserem os mutirões autogestionários. Além das questões relativas ao sobretrabalho e a invisibilização do trabalho, vem à tona o problema da participação e de sua funcionalização para as políticas de exceção embutidas no mutirão. (Oliveira, 2006).

Mesmo o projeto participativo, relacionado à dimensão do trabalho do arquiteto, da possibilidade de democratização da relação do

---

20 "... há um rebaixamento geral dos níveis salariais, uma vez que o trabalhador dever arcar com sua própria força de trabalho, sacrificando seu tempo livre (de lazer ou simples ócio) na construção de sua moradia. Os mutirões não fogem a essa determinação, a despeito dos contra-argumentos de que no mutirão o trabalhador se encontra com o produto do seu trabalho, ou de que a produção individual e não voltada para o mercado dá à casa um valor de uso. Naqueles onde as obras foram paralisadas, por exemplo, um cálculo tosco demonstrou que mais da metade do valor do financiamento da unidade habitacional é trabalho mutirante em função de um tempo maior de trabalho. Nos procedimentos utilizados atualmente para a elaboração dos orçamentos para alcançar os valores dos financiamentos, também ficou claro que o "desconto" dado pela empreiteira no processo licitatório é compensado pela eliminação de itens sob a rubrica "mão-de-obra especializada". Isto é, no mutirão, o desconto é conseguido através do trabalho gratuito" (Carvalho, 2004).

morador com a casa, é relativizado, à medida em que as condicionantes técnicas e o repertório dos mutirantes determinam campo restrito de possibilidades e tipologias.

O impressionante não é que a passagem sobreviva. O elemento mais perturbador é que sobreviva como realidade agravada pelo contexto político, que funcionalizou ainda mais o mutirão como política de exceção.

Assim, podemos dizer que o mutirão se consolida como "boa prática" em contexto de "confluência perversa", em que uma política do campo da autonomia se afirma em sua heteronomia.

A seguir, veremos como esse contexto incide na história depois do mutirão para os moradores da União da Juta.

Os primórdios da Juta: das grandes ocupações à terra de ninguém[21]

O contexto das obras do mutirão União da Juta foi marcado por dificuldades com a CDHU, financiadora e fiscalizadora do empreendimento, pela derrota do breve projeto do governo municipal petista que, ao perder as eleições, era substituído pelo governo malufista, de orientação contrária aos mutirões, e por mudanças na economia com impacto direto nos recursos e na previsão orçamentária da associação.

A orientação do Governo do Estado era favorável aos mutirões, mas contrária à participação dos movimentos de moradia na condução

---

21 Entre 2001 e 2003, participei, na condição de pesquisador associado, da primeira fase da Pesquisa "Procedimentos inovadores da gestão habitacional para população de baixa renda", financiada pela FINEP, com participação de uma rede de pesquisadores coordenados pela USINA e pelo CENEDIC/USP, e com a participação do GHAB – EESC/USP, NAPPLAC–FAU/USP, CASA (ONG de Belo Horizonte) e CEARAH Periferia (ong de Fortaleza), com a finalidade de investigar mutirões em São Paulo, Belo Horizonte e Fortaleza. Parte dos dados e entrevistas utilizadas neste capítulo se apoiam nos dados coletados para essa pesquisa. Agradeço aos coordenadores João Marcos Lopes e Cibele Rizek pela disponibilização de alguns desses dados.

das obras. A negociação e conquista da Fazenda da Juta para a construção de habitações populares pode ser vista como resultado das ocupações de terra ocorridas na zona leste de São Paulo,[22] na década de 1980 que mobilizaram e organizaram milhares de famílias em torno de reivindicações de moradia e condições de financiamento habitacional para as camadas de menor renda. A questão habitacional adquiria relevo e se tornava problema significativo para os governos.

Em função desses acontecimentos, a questão da habitação adquire relevo e amplia o peso dos movimentos de moradia. Mesmo a vitória eleitoral de Luiza Erundina, em 1988, política do PT vinculada aos movimentos de moradia da região leste, obrigava o governo estadual a abrir canais de negociação.

Em 1990, o Governo do Estado negocia com o movimento a construção de 320 unidades através do Programa UMM. Seriam dois conjuntos: um empreendimento no Belém, ao lado do Metrô, e outras 160 unidades na Fazenda da Juta.

A União da Juta é a primeira conquista dos movimentos de moradia na Fazenda da Juta perante o governo estadual. Na Juta, existia o mutirão da Associação 26 de Julho – entidade filiada à UMM –, que construíra 560 sobrados de 70 m². A obra foi financiada com recursos do programa FUNAPS Comunitário, da Prefeitura de São Paulo, na gestão Luiza Erundina (1989-1992).

Como política pública mais efetiva, o ponto de partida em São Paulo é a gestão Luiza Erundina, que, a partir de programa de atendimento a famílias em situação de risco na gestão Reynaldo de Barros (1979-1982),

---

22 De junho de 1981 a maio de 1984, ocorreram 61 ocupações envolvendo 10 mil famílias, a maioria delas na Fazenda Itupu. Entre 1984 e 1986, o movimento obtém 1988 lotes em programas municipais. O ano de 1987 é marcado pelo aumento de ocupações: cerca de 100 mil pessoas ocupam 238 áreas na zona leste da capital. A UMM é criada no ano seguinte (Cavalcanti, 2006: 63 e Arantes, 2002).

o FUNAPS Comunitário, reconverteu a lei e a destinou ao núcleo principal da política habitacional do município (Ronconi, 1995).

Resumindo o contexto político em que se insere o mutirão União da Juta, podemos afirmar o seguinte:

a) a conquista da demanda é resultado da resposta às pressões dos movimentos de moradia no final dos anos 1980, sobretudo, na vertente dos mutirões autogestionários;

b) parte dessa força foi canalizada nos programas de mutirão da Prefeitura de São Paulo;

c) a União da Juta surge no momento em que a derrota da candidatura petista na capital enfraquece o programa de mutirões no município, mas a política habitacional do governo estadual privilegia este formato;

d) as obras transcorrem no período da mudança na economia brasileira através do Plano Real, que prejudica a associação nos contratos firmados anteriormente pela desvalorização da moeda.

* * *

A história da Juta pode ser entendida sob o prisma do sacrifício e do sofrimento recompensados no longo prazo. A fala do sacrifício e do "povo de Deus", que anda pelo deserto por anos e encontra a "terra prometida", é a metáfora mais utilizada diante dos percalços e dificuldades do mutirão. Nos dois momentos em que pudemos entrevistar Ana (dois anos após a conclusão da obra, quando as esperanças eram maiores e sete anos depois, quando as expectativas se reduziriam) a fala do sacrifício é recorrente. É como se no "mito fundador" do mutirão estivessem misturados a conquista e o sacrifício necessário para alcançá-la.

O mutirão em si é visto por Ana como "absurdo". Não é a possibilidade de conquistar a casa própria ou a política que a leva ao mutirão. O que a traz é a desilusão:

> Não, não estava, a minha cabeça era outra, achava aquilo um absurdo. Eu achava aquilo, meu Deus, será que aquilo existe, mesmo? E aí eu fui me interessando. Depois que a vida da gente, um monte de coisas, uns problemas pessoais. Eu estava com um pouco de vazio dentro de mim. Eu pensei: eu vou arranjar uma coisa bem trabalhosa, pra mim trabalhar, enfrentar, pra mim esquecer a outra coisa, né?[23]

Ana morava com os familiares e via o mutirão como desafio e esquecimento, algo trabalhoso para fazê-la esquecer a "desilusão". A primeira "escolha" aconteceu no grupo de origem. Dois projetos apareciam para os 200 participantes do grupo: o primeiro destinado a 160 famílias, na Fazenda da Juta, local distante, sem transporte, serviços e apenas barro; o segundo, a Nova Belém, projeto próximo da estação Belém, mas que nunca sairia do papel. Entre os dois, dez vagas são disponibilizadas para o grupo de origem do Brás. E Ana está na fila quando se aproxima a escolha. A pessoa da frente, "metida a grã-fina do Brás", declina da Juta e resolve esperar um empreendimento mais próximo. É sua vez. Contra a ideia inicial, Ana opta pela Juta.

> Aí quando chegou em mim, eu sozinha comigo falando: — ih, eu não quero ir para a Juta, não.
> Aí falou: — a próxima é você, Ana. E aí, Ana, o que você acha?
> Aí eu falei comigo mesma: — eu vou entrar.
> — Você quer ir pra Juta?
> Eu nem sabia onde era a Juta. Aí eu falei:
> — Aonde é essa Juta?
> Neste tempo, o Rildo também fazia parte das reuniões e falava e falava. Aquele pequenininho falava. E eu já questionava, já queria entender. E ele explicava. Aí eu falei:
> — Pode por, eu quero" (Ana, novembro de 2000).

---

23 Entrevista com Ana, em novembro de 2000.

A Juta era "terra de ninguém" e último destino dos participantes dos grupos próximos ao Centro. A Juta era estranha para Ana, moradora da Penha e que frequentava o grupo de origem na paróquia São João, no Brás. A escolha da Juta foi no escuro e não era dimensionada por Ana.

Ana conhecia a Juta somente pela narrativa da imprensa. Duas ocupações haviam ocorrido na Fazenda da Juta com impacto, tanto pelo número de famílias, como pelo efetivo policial destacado para enfrentar o movimento de moradia e pela situação jurídica e política da Fazenda da Juta.[24]

Após dois anos de intensas negociações e manifestações na Secretaria da Habitação e na CDHU, o Movimento Sem-Terra Leste 1 prepara a segunda ocupação da Juta. Em agosto de 1990, 1200 famílias "entram na terra" pela segunda vez. Num momento oportuno: às vésperas das eleições estaduais, integrantes do movimento de moradia, ainda nomeados de "sem-terra" e confundidos pela imprensa com o Movimento dos Sem-Terra (MST), entraram na Fazenda da Juta.

Outra liderança do movimento relata o papel fundador da Juta em relação a União dos Movimentos de Moradia. Vale a pena transcrever a passagem para demonstrar como o contexto das ocupações e o mutirão estavam associados:

> É o primeiro plano Funaro, plano Cruzado, depois veio o segundo, né, aí estourou uma série de ocupações, principalmente, em São Miguel. Aí, aumento de custo de vida, desemprego, o aluguel disparou. Aí surgiram uma série de ocupações: primeiro em São Miguel e depois na Leste. Aí teve a primeira ocupação na Juta, com

---

24 A primeira ocupação da Fazenda da Juta aconteceu em 1988, com mais de 5 mil famílias. Depois de 25 dias, as famílias foram retiradas violentamente da terra pela Polícia Militar. Um mês depois, uma gleba no Jardim Colorado, zona leste de São Paulo, conhecida como área do caquizal, foi ocupada. Foram 50 dias de resistência e as famílias saíram com a promessa do governador Quércia (1987-1990) de desapropriação da área e construção de 450 unidades na Fazenda da Juta (Associação de Trabalhadores da Mooca, 1993; Felipe, 1997; Barros & Miagusko, 2000).

mais de 5 mil famílias, uma ocupação totalmente desorganizada. Aí ia pessoa marcava cinco lotes, dono de padaria marcava, dono de açougue. Aí o governo do Estado, na época o Quércia, deu uma senha. Aí a gente viu, Mara também participou muito desse processo, Paulinho, a gente estava mais acompanhando a Pastoral da igreja, a gente viu a necessidade de organizar isso. Porque era uma massa realmente enorme, mas se não tivesse organização não ia adiantar nada. Aí surge a ideia do Movimento Sem-Terra Leste I. Logo depois de um certo tempo, a Leste 1 começou a organizar e articular a luta na região da moradia e nas outras regiões foi surgindo os movimentos e aí surge a União dos Movimentos de Moradia, mais a nível de cidade com o papel de articular todos os movimentos. E foi já no final da década de 80, comecinho da década de 90, no primeiro ano do Fleury, nós fizemos aquela marcha, aquela caminhada histórica até o Palácio com 12 mil pessoas, em maio. Foi nessa caminhada que o Fleury não recebeu o movimento, mas marcou uma reunião no outro dia pra receber uma comissão do movimento. E foi aí que o governo do Estado cedeu. Foi nessa caminhada no governo Fleury que sinalizou a possibilidade de um grande mutirão. Na verdade, o governo não acreditava, mas decidiu assinar com a União várias unidades e na nossa região foi 320. Aí surgiu o grupo da União da Juta e o grupo da Nova Belém.[25]

Ana, contudo, estava na "ponta" da demanda e preocupada em se informar do endereço e da condução para chegar à Fazenda da Juta. A distância era o primeiro fator de dúvida dos mutirantes, mas era troca calculada diante das possibilidades surgidas: distância dos serviços pela possibilidade de sair do aluguel e adquirir a casa própria.[26]

---

25 Entrevista com João, integrante da coordenação da associação União da Juta à época do mutirão, realizada em 20/11/2000.

26 A distância da Praça da Sé até a Fazenda da Juta é de 20,9 km e o melhor percurso de carro é seguir por duas artérias que ligam o Centro à região sudeste: a Av. Prof. Luís Inácio Anhaia Melo ou a Av. Sapopemba. Por transporte público, os meios de acesso são os ônibus e as vans e peruas do "transporte alternativo". Na região, há hoje o Terminal de ônibus

A distância da Juta, a ausência de infraestrutura urbana e serviços nas proximidades demonstram que as terras oferecidas pelo Governo do Estado aos movimentos de moradia se orientava pelo padrão anterior: loteamentos periféricos distantes, sem infraestrutura urbana e autoconstrução, só que desta vez em regime de mutirão, organizado pelas associações.

Assim, a primeira impressão desanimava. As famílias ficariam discutindo o projeto, com reuniões semanais, na paróquia próxima, durante um ano. Resolveram entrar no terreno para conhecer a área e, em seguida, construir a casa do caseiro. O local era de lama e barro e as pessoas escorregavam facilmente:

> No dia que nós entramos aqui, ninguém sabia entrar. Caía todo mundo. Eu não sabia de nada, o que era. Acho que é aqui. Aí tirava terra daqui, colocava pra lá. No dia seguinte, já não era aqui. Aí tirava daqui, colocava pra lá pra poder fazer a casa do caseiro. Eu sei que a casa do caseiro ficou quase na rua. É aqui. Fizemos debaixo de uma chuva, fazia a casa do caseiro. Aí nós tivemos que trazer vinho, porque era o dia todo chovendo, chovendo. Os madeirite e a chuva, não quero nem lembrar mais. Mas, tem hora que é bom lembrar porque a gente revive um pouco (Ana, novembro de 2000).

---

intermunicipal de São Mateus, que faz a ligação com a região leste e o ABC. Em outubro de 2006, foi construído o Terminal de ônibus Sapopemba/Teotônio Vilela, que dispõe de 13 linhas de ônibus e visa o atendimento de 50 mil pessoas por dia. Não há nenhum metrô ou estação de trem próximos à Juta.

O mutirão e a obra:
o tempo dos batalhadores

A obra

Após quase dois anos "cansados de tanto fazer reunião" (Valdir, 20/11/200) os mutirantes entraram na terra e iniciaram as obras antes mesmo da autorização da CDHU e da liberação dos recursos para fazer o canteiro de obras. A ação é lembrada como "mito fundador" da União da Juta, característica de combatividade e autonomia da associação. Outra liderança lembra da situação recriminando uma moradora que, em assembleia, perguntou se não se "pediria autorização" à CDHU para o cercamento da área dos equipamentos comunitários.

> A gente decidiu entrar. Ia na CDHU, o pessoal amarrava, tal dia sai a ordem de início e não saia. Aí nós decidimos entrar um dia, né. Nos reunimos na 26 de Julho, pedimos ajuda do movimento, dos mutirões que tinha até então, que era 26 de Julho e São Francisco, pedimos apoio material e apoio político, o movimento ajudou bastante. Aí a gente decidiu entrar na terra. Nós entramos na terra sem a ordem de início. Acho que esse processo foi interessante. Inclusive, domingo na assembleia pra fechar a área de equipamentos sociais teve uma pessoa que falou vamos pedir autorização da CDHU pra fechar a área de equipamentos. Aí nós demos risada, né: - nunca precisamos porque vamos pedir agora? Então, esse processo aí foi importante e muito rico (Valdir, 20/11/2000).

A entrada no terreno demandou a organização do canteiro em condições precárias, pois a CDHU retinha as informações necessárias para o início das obras. A instalação do canteiro partiu da construção de três 'galpões': um para a administração e sede da associação, onde eram feitas as assembleias, e funcionavam a apontadoria e a cozinha;

o almoxarifado e banheiros; e a creche de final de semana em outro prédio. No meio, o pátio, que durante os períodos de trabalho servia como extensão ao canteiro, lugar para almoço e descanso, em que se vendiam coisas para complementar o orçamento doméstico, e onde aconteciam as festas e encontros da União da Juta.

Apesar do cenário que originou a Juta ser de mobilização do movimento de moradia, de organização da demanda das ocupações de terra na periferia e da força relativa dos movimentos populares na região leste, o mutirão transcorreu em outro contexto político. A conquista da demanda na Fazenda da Juta foi o primeiro contrato assinado com o governo estadual por mutirão pela UMM – tempo em que o movimento nunca tinha visto tamanha quantidade de projetos e empreendimentos saindo do papel.[27] Contudo, o início do mutirão ocorreu em 1992. Exatamente no período de mudanças na economia do país e na política, e de inflexão da ação sindical e dos movimentos populares.

Assim, nos atrasos do financiamento e na desvalorização da moeda – que acarretou o estrangulamento dos recursos para a finalização da obra e a necessidade de suplementação financeira – que podemos observar os labirintos do mutirão como programa habitacional e o entrecruzamento com o sobretrabalho.

Aspectos dos mais reveladores do problema do sobretrabalho no mutirão são a dimensão temporal e os problemas na liberação dos recursos da obra.

A tentativa de economizar recursos na compra de escadas metálicas esbarrou não apenas no problema da liberação das parcelas para compra do material pela CDHU, mas nas alterações da

---

27 Recebi esta informação de um arquiteto que trabalhou em assessoria técnica no período aludido e que, em conversa informal com liderança da UMM, ouviu a seguinte frase: "nunca tivemos uma época de tantas vacas gordas", ao se referir ao período do governo Covas.

economia, de difícil apreensão pelos mutirantes. A decretação do Plano Real,[28] em 1993, na presidência Itamar Franco (1992-1995) prejudicou a associação, que movimentava recursos do financia-

---

28 O Plano Real, decretado na presidência Itamar Franco, em 1993, foi, na sua essência, um plano de estabilização monetária. Em dezembro de 2003, o ministro da Fazenda, Fernando Henrique Cardoso, anunciou o programa de estabilização monetária que criou a URV (Unidade Real de Valor), o indexador base da nova moeda, o Real. Em fevereiro de 2004, a URV entrou em vigor e equivalia a 2.750 cruzados. Em julho, o Real começou a circular com a conversão dos preços a partir da URV. Assim, o Governo Federal lançou um novo indexador monetário, a URV (Unidade Relativa de Valor), para depois introduzir a nova moeda. As características do Plano Real podem ser resumidas em seis (Batista Jr, 1996): o uso da taxa de câmbio como instrumento de combate à inflação; a abertura da economia às importações, através da drástica redução das barreiras tarifárias e não-tarifárias; a abertura financeira externa, com a adoção de política de estímulo à entrada de capitais externos de curto prazo; medidas de desindexação da economia; ajuste fiscal; e, finalmente, venda de empresas públicas.
O Plano Real girou o debate econômico no país e trouxe consequências políticas significativas, medidas até hoje. Filgueiras (2000) avalia que o Plano Real foi a combinação de estabilidade relativa dos preços associada a baixíssimo crescimento econômico. Os custos do Plano foram o aumento significativo das dívidas externa e interna, desnacionalização do aparato produtivo, com transferência de renda do setor público para o setor privado, e da órbita produtiva para a financeira, elevação das taxas de desemprego e redução dos rendimentos dos trabalhadores, ampliação da dependência e da vulnerabilidade externa do país, ampliação da fragilidade do setor público, precarização do mercado de trabalho e manutenção ou deterioração das condições sociais – pobreza, criminalidade, violência e desigualdade de renda e de riqueza.
Esse balanço crítico do Plano Real contrastou com a euforia vivida no período, de um plano capaz de "acabar com a inflação" e estabilizar a moeda do país. Politicamente isso foi bem aproveitado e garantiu a manutenção da coalizão que governou o Brasil pelos oito anos seguintes.
Na Juta, a sensação era contrária. O negócio das escadas foi fechado em URV. As escadas de estrutura metálica eram componente essencial da obra, pois no processo construtivo se erguiam as escadas para levantar a estrutura de alvenaria dos prédios em seguida. A economia no contrato de compra das escadas era da ordem de 20%, o que garantia folga de recursos para o restante da obra. Com a conversão da URV para Real faltavam recursos para a compra da escada.
O Plano Real havia corroído as economias e significou aumento do tempo da obra, dado que ao término os custos finais dos apartamentos foram superiores ao montante de financiamento liberado, o que demandava a suplementação dos recursos pelo CDHU. O Plano só veio a piorar a situação de um contrato com recursos insuficientes para a conclusão da obra.

mento em período de inflação alta, operando na economia em escala e nas aplicações financeiras, através da negociação de prazos e descontos na ciranda financeira.

Essa dimensão do atraso dos recursos e da necessidade de pressão constante sobre os órgãos públicos para as medições e liberação das parcelas, da necessidade de pressionar e percorrer os sucessivos labirintos da administração pública parece colocar um problema para o mutirão enquanto política pública. O fato exemplar que nos parece mais evidente dessas dificuldades, se tomado hoje com a distância crítica necessária, foi a interrupção de todos os mutirões executados no governo petista pelas administrações de Paulo Maluf e Celso Pitta e sua retomada somente uma década depois. Carvalho apresenta esse exemplo e introduz uma dimensão temporal fundamental nos custos que a família tem com a construção da casa, mas desaparece nos custos finais da habitação. A dimensão temporal faz com que quanto maior o tempo do mutirão maior será o financiamento que a família terá por sua habitação. De maneira perversa, esse tempo é desconsiderado como trabalho e, portanto, passível de remuneração ou de ser incorporado como custo, pois a desistência do mutirão em qualquer de suas etapas retorna a vaga para o movimento de moradia. As faltas no mutirão e nas assembleias, o descumprimento do regimento interno ou do regulamento de obras implicam no desligamento do mutirão.

A chegada do estranho: a ocupação dos "prédios brancos"

O dia parecia normal. Era mais um final de semana corriqueiro e, como sempre, os mutirantes chegavam apressados. Quem chegasse depois das oito poderia ter o nome registrado pela apontadora e perderia pontos decisivos na primazia da escolha dos futuros apartamentos.

Ana corria apressada. Nos últimos tempos, o trólebus do Terminal Carrão, que fazia o percurso de sua casa até São Mateus, sempre parava no meio do caminho. Quando a condução atrasava, Ana se preocupava. O limite eram quinze minutos e, acima disso, os atrasos eram pouco tolerados, principalmente para quem era "funcionária" da associação e trabalhava durante a semana nos serviços administrativos da obra. Os olhos fiscalizadores dos demais cobravam em dobro quem tinha fama de "durona" e a função de gerir a obra e de se relacionar com a assessoria técnica, a CDHU e os fornecedores.

Quando Ana chegou ao mutirão, "tomou um susto". Os prédios ao lado, as 1.024 unidades ainda inacabadas, em processo de construção por empreiteira contratada pela CHDU, haviam sido ocupadas na madrugada anterior.[29] A polícia não tardou e o conflito parecia imi-

---

29 A Juta também foi palco de outras ocupações no período. Em maio de 1997, 400 famílias ocuparam 448 apartamentos de um conjunto habitacional em fase de conclusão das obras. O movimento era desorganizado e, depois de alguns dias, foi assumido pelo Movimento dos Sem-Terra do ABC, sem ligação com nenhum movimento de moradia ou sem-teto conhecido. A Polícia Militar foi desalojá-los e, na operação, três pessoas foram mortas: Crispim José da Silva, Jurandir da Silva e Geraci Reis de Morais (Folha de São Paulo, 22/05/1997, 22/05/1997a e 24/05/1997); Gaspari, 22/05/1997 e 16/07/1999; Godoy, 21/05/1997; Oliveira, 21/05/1997; Martins, 21/05/1997; Schneider, 20/05/1997, 21/05/1997 e 23/05/1997). Este fato fez parte do *Relatório Global da Human Rights Watch/Américas*, em 1998, que o denunciou como parte das violações de direitos humanos no Brasil. A atenção especial estava relacionada com o impacto nacional e internacional da tortura e assassinato de inocentes pela Polícia Militar, na favela Naval, em Diadema, e também em Cidade de Deus, em 1997. Assim, a ação da PM na Fazenda da Juta foi denunciada pelas organizações de direitos humanos: "Mesmo assim, ao longo do ano de 1997, a polícia de São Paulo violou os direitos humanos básicos. No dia 20 de maio, a polícia militar invadiu a Fazenda da Juta, conjunto habitacional que fora ocupado por sem-teto vários meses antes. Quando os sem-teto resistiram a ordem de despejo, atirando pedras e paus, a polícia, sem treinamento para tal operação e sem equipamentos adequados tais como, escudos e capacetes, abriu fogo contra os sem-teto, matando três deles. Uma das vítimas foi morta por uma única bala na nuca, sugerindo execução sumária. Outro sem-teto foi morto com tiros no peito, enquanto o policial afirmou ter atirado em defesa própria depois de ter sido derrubado ao chão. No entanto, segundo o relatório do médico legista, a vítima fora alvo de dois tiros que atravessaram o peito em linha reta, gerando dúvidas quanto a

nente. Apesar de vários mutirantes terem participado de ocupações do movimento de moradia, a situação gerava desconforto e estranhamento. O desconhecimento dos "invasores" a fazia "ter muito medo" e desconfiança dos vizinhos.

A princípio, assim como os mutirantes, os vizinhos também "precisavam de casa". Contudo, a primeira sensação era de incômodo. Enquanto os mutirantes trabalhavam para erguer os prédios, os vizinhos já encontravam os apartamentos prontos e não eram tão organizados.

> É isso daí. A gente temia muito que a gente via as coisas erradas, morrendo gente, desmanchando carro, fazendo isso e aquilo. Só que a gente tinha medo e a gente conversava no nosso grupo. Falava, vocês veem isso, fingem que não vê, pras coisas não chegar até nós. Mas que todo mundo era com medo, era. Não sabia que tipo de gente, que tipo de povo era esse que chegaram. Nosso povo bem articulado, bem organizado, havia certas coisas. Imagina esse povo que chegaram numa invasão, assim. Agora, pra gente pra conseguir a Telma, um monte de boca dura que tinha, eles queriam enfrentar, eles queriam entrar de frente, chamar de invasores, criticar. E a gente pedia pra que não fizessem isso. Se eles estavam nessa luta era luta deles. E nós também tava na mesma situação que eles. Só que nós vinha da discussão organizada e eles não, eles vieram desorganizados. Mas o objetivo deles também era a moradia. Não sabe que tipo de discussão eles tinham, mas o objetivo deles também era ter uma moradia. Só que já pronto, eles pegaram pronto. E nós começamos (Ana, novembro de 2000).

Em pouco tempo, a precariedade das instalações dos prédios brancos levou os ocupantes a pedirem água e luz. Esta situação dá início a uma negociação tensa entre os "invasores" dos predinhos

---

versão do policial envolvido" (*Human Rights Watch/Américas*, 1998). Dois anos depois de ocorrido, dois oficiais e dois policiais foram julgados pelos assassinatos. Ninguém foi punido (Folha de São Paulo, 16/06/1999).

brancos e os mutirantes da União da Juta, cujos códigos são diferentes, impondo desconfiança de lado a lado. As lideranças queriam dizer não, sem se expor e criar atrito com os vizinhos desconhecidos. A saída era trazê-los para a assembleia:

> E o pessoal vinha pedir água pra gente e não tinha nada, eles não tinham nada, vinham pedir água. Aí eu disse: e agora? E queria luz, queria tudo. Aí a gente no dia da assembleia, tinha que discutir com a assembleia, que a gente era da coordenação, mas a gente não decidia sozinho e contava um pouco da nossa história: que era 160 sócios. Aí eu sei que a gente conseguiu não entrar em atrito com eles. A gente conseguiu negociar pra que não houvesse aquela rixa entre eles e nós. Nós fizemos o papel de bons vizinhos. Alguns a gente dizia: oh, a gente não pode servir porque se a CDHU souber que a gente está servindo água e luz pra vocês, pode vir emperrar nossa discussão, nossa negociação. Eu sei que foi por aí que a gente começou. E deu tudo certo. Graças a Deus, nunca, eles nunca roubaram nada da gente, nunca fizeram nada de errado. A única coisa que eles faziam era pedir, queria apoio da gente nessas coisas, em água e luz. Luz a gente não pode. Mas em água a gente dava bastante água pra eles (Ana, novembro de 2000).

A saída política foi negociar a água e não fornecer a luz. É aqui que aparece o primeiro foco de tensão e o questionamento dos limites da comunidade.

Os vizinhos inesperados causavam temor entre os mutirantes da União da Juta por serem desconhecidos e por não estarem organizados em algum movimento. Havia receio maior porque existia o boato de que com eles entravam outros indesejáveis.

O desconhecimento sobre os vizinhos criava toda sorte de suposições e interpretações. Notícias de comercialização de várias unidades apropriadas pelo crime organizado, guerra entre os moradores e

MOVIMENTOS DE MORADIA E SEM-TETO EM SÃO PAULO · 143

ameaças de violência circulavam como boatos, apesar de não poderem ser comprovadas. Circulava a fala do desconhecido, externa à comunidade e ameaça aos futuros moradores.

Esse discurso, utilizado contra os mutirantes da Juta, passava a ser proferido por eles para referir-se aos vizinhos incômodos. E a fala que organizava as referências e a classificação do desconhecido servia para demarcar muros invisíveis entre a União da Juta e a vizinhança, procurando conferir significados para os desconhecidos.[30] Essa fala ambígua – que ora compreende o conjunto como parte do bairro, ora distanciada pelo passado de organização e de construção dos apartamentos com as próprias mãos – vai atravessar com frequência os discursos dos mutirantes.

> Tinha morte todo o dia. A gente passava e via tantas pessoas mortas. Alguns diziam que nesse prédio era só Falange Vermelha, só vida torta. Entrava um e segurava o prédio para vender. Um só entrava e segurava oito, dez apartamentos para vender. Ali, quem fosse atrevido entrava e entre eles mesmos começaram a se matar. Isso causou um medo muito grande (Ana, novembro de 2000).

A instalação do tráfico e de uma rede de roubo de carros expôs as mazelas da violência e da pobreza vivida pelos mutirantes em seus bairros. A percepção do crescimento de consumidores de drogas nos quadros da União da Juta aparece relacionada a esse episódio. Nos limites da comunidade, a presença e o consumo de drogas eram controlados por um acordo tácito e por vezes explícito, que impunha os limites da convivência pacífica com este "submundo". À medida que

---

30 Caldeira afirma que essa fala do crime ordena o mundo, é expressiva e também produtiva: "o medo e a fala do crime não apenas produzem certos tipos de interpretações e explicações, habitualmente simplistas e estereotipadas, como também organizam a paisagem urbana e o espaço público, moldando o cenário para as interações sociais que adquirem novo sentido numa cidade que progressivamente se cerca de muros" (Caldeira, 2000: 27).

um elemento externo e estranho à comunidade passa a interagir, desorganiza as relações até então estabelecidas e "equilibradas".

Os entrevistados procuram tomar cuidado para não explicitar a diferença com os vizinhos. Entretanto, as falas explicitam a visão que separa o "nós" e o "eles" e constrói a imagem dos moradores dos predinhos brancos.

> A relação é difícil. Pessoal muito acomodado, pessoal quer tudo na mão, não quer se mexer. Agora que a gente está com grupo de jovem lá, que a gente está fazendo algumas atividades na rua, tipo oficinas de cultura, de contar histórias, pra entrar naquele meio e chamar a molecadinha. Aí a meninada tem vindo. Mas, com os adultos é mais difícil de trabalhar. Normalmente o pessoal já tem a cabeça feita. Agora a criança você consegue atrair ela, por exemplo, para uma gincana, brincadeira. Dia 17 de dezembro nós vamos fazer uma rua de lazer lá na Juta. Aí já é diferente... (Valdir, 20/11/2000).

Contudo, nos últimos anos essa imagem ficou embaçada.

1.º momento: a creche e as tensões do discurso comunitário

Fato que marcou o primeiro debate entre os mutirantes sobre suas relações com a vizinhança e extrapola a dimensão comunitária ocorre em função da creche.

No decorrer da obra, começou-se a debater o processo de pós-ocupação e a necessidade de serviços para os futuros moradores. No espaço dos galpões, funcionava a creche, nos finais de semana, sem cuidado específico, além de alimentação, das brincadeiras e da guarda das crianças. A creche ficava no espaço dos três galpões em que funcionavam a associação, o almoxarifado, os banheiros e a cozinha.

Para garantir a continuidade da creche após o final do mutirão, era necessário, além da parte física, garantir seu "custeio", ou seja, as despesas com manutenção, recursos humanos e físicos. Assim, foi firmado convênio com a Secretaria do Bem-Estar Social da Prefeitura de São Paulo para atender a demanda das famílias. Contudo, além dessa demanda aparecia uma nova, os vizinhos dos predinhos brancos.

Naquele momento não existia escolas, creches ou quaisquer serviços que atendessem a nova demanda da Juta. Daí surgiria a primeira discussão: a creche seria para os filhos dos mutirantes ou para toda a vizinhança?

Inicialmente, a discussão sobre os equipamentos comunitários transcorria a partir do referencial de lugar sem serviços e onde a maioria dos equipamentos seria utilizada pela comunidade da União da Juta. Assim, a creche era um equipamento comunitário e não necessariamente público. A discussão inicial pressupunha o atendimento dos filhos dos associados quando estes fossem morar no conjunto.

A ocupação dos apartamentos vizinhos precipitou o atendimento da creche para além dos mutirantes e dos finais de semana. Durante a semana, a vizinhança demandava serviços necessários para os moradores da União da Juta apenas no período pós-mutirão. Apesar de existirem posições contrárias que defendiam a utilização da creche apenas pelos associados, predominou a concepção de utilização da creche por toda a vizinhança. Mas, exposto aos fatos, verificamos as ambiguidades e tensões se tomarmos o pós-ocupação.

A creche só poderia firmar o convênio com a Prefeitura se atendesse uma quantidade determinada de crianças. E, naquele momento, os filhos dos mutirantes não possuíam relações com o bairro, pois eram trazidos pelos pais somente aos finais de semana. Havia poucas crianças na União da Juta, ao contrário da demanda maior dos predinhos brancos, que residia durante a semana nas proximidades. Em segundo lugar, como a creche recebia recursos públicos não podia segmentar o atendimento apenas às crianças do mutirão. A definição final entre os mutirantes foi a de que a creche atendesse tanto os moradores da União da Juta como os da vizinhança dos predinhos. Contudo, para preservar o aspecto comunitário, o plano de trabalho definia que a seleção do quadro de funcionários obedeceria ao critério de privilegiar a contratação de moradores da União da Juta. Caso não fosse possível encontrar os trabalhadores da creche entre os associados, recorrer-se-ia ao entorno e depois a profissionais de outros bairros.

Esse foi o primeiro episódio a assinalar os limites e ambiguidades do discurso comunitário e como ele apareceria de forma mais reveladora no momento que a comunidade chegasse à Juta.

Final do mutirão:
a Juta se prepara para virar bairro

As obras do mutirão se encerraram após seis anos de trabalho. Os mutirantes se preparavam para "curtir a casa" depois da longa jornada na construção semanal do apartamento, e estavam preocupados com a festa de entrega dos apartamentos, a decoração, os revestimentos, em tornar a casa bonita aos olhos das visitas.

Um útimo embate aconteceria para demarcar a diferença e a resistência da União da Juta em relação aos mutirões de "mentira" do Governo do Estado, que contratava empreiteiras para fazer pré-moldados, mas "botava o nome de mutirão para enganar o povo". O embate ocorreu no dia da inauguração. O momento de festa e comemoração das famílias ocorrera com a entrega das chaves em junho de 1998. O dia da inauguração, contudo, fora feito sem convidar a CDHU e o Governo do Estado e sem o tradicional palanque das autoridades. Alguns dias depois, chegou comunicado da CDHU informando que o mutirão União da Juta ainda não havia sido inaugurado.

MOVIMENTOS DE MORADIA E SEM-TETO EM SÃO PAULO   147

Ana lembra da festa das autoridades. O mutirão do movimento de moradia, que brigava pelos recursos e fazia manifestações diante da sede da CDHU para exigir a liberação dos recursos, ainda teria mais um embate. A inauguração formal seria feita, mas sem faixa, rojão ou camiseta, contrastando com os demais mutirões inaugurados pelo governo em que o povo o recebia com agradecimento. No caso da União da Juta, o sentimento era de que a CDHU e os políticos do órgão só queriam "faturar" e, ademais, aqueles que fizeram os apartamentos já haviam feito sua festa.

> Aqui ninguém precisa de faixa pra governo, precisa de nada. O que o pessoal precisava era das casas e estão bem feitas, com muito sofrimento, já estão feitas. Agora se eles querem subir no palanque, tem som, tem tudo e quiser falar, fala. Mas faixa não vai entrar nenhuma "Ih! Os caras ficaram bravos: 'Mas como pode, todos os mutirões que a gente inaugura solta rojão, canta, faz faixa...'. Eu digo: 'Mas aqui não vai não!'. Aí eles fizeram umas camisetas e enfiaram nas pessoas. Eu pra não ser muito ignorante, eu coloquei a camiseta, só formal, num minuto e tirei (Ana, novembro de 2000).

Ana lembra da fala nervosa, mas estava decidida a dar o recado para as autoridades, como a relembrar todo o sofrimento das parcelas do financiamento atrasadas, das injunções da liberação dos recursos e dos conflitos com a CDHU. Naquele momento, precisava "ser política", mas preferiu fechar os olhos e falar. Era a oportunidade "face-a-face" de dar o recado para o governo e demonstrar a autonomia do movimento:

> Aí na hora da inauguração: e agora, um membro da Associação, e pa, pa, pa... E me deram o microfone né? Eu pensei, eu queria ser ignorante mais do que eu sou. Eu pedi a Deus: Ai me segura! Porque eu não quero mais fazer feio né? Aí peguei, e o (...): "Você tem que falar!". Eu digo: "Mas eu não quero falar!" E ele: "Mas você tem que falar!". E a gente tava sentado, e eu tava tão nervosa que eu tava...

Nem enxergava direito. Aí comecei falar, olha, nem sei mais o que eu falei. Mas eu sei que eu falei assim, oh. Falei pro povo, para as famílias. Que pra gente o mutirão já tinha sido inaugurado. Dei uma pancada nele né? Mas como era formal, queria inaugurar, tudo bem. Mas que pra gente, os 160, o mutirão já tinha sido inaugurado há 28 dias (Ana, novembro de 2000).

Esta fala fazia o balanço dos anos de sofrimento do mutirão. Porém, aquilo que importava agora era o segundo passo, transformar a Juta em um bairro, pensar os serviços, garantir que a comunidade não se transformasse à semelhança de outros conjuntos habitacionais, num lugar ruim de viver. Era necessário colocar em prática toda a discussão sobre os serviços, o trabalho social, garantir que os jovens pudessem ser direcionados.

A Juta vista de baixo: a vida depois do mutirão

O retorno a Juta, depois de alguns anos, faz com que o estranhamento seja inevitável. A primeira constatação é de que o entorno não é mais vazio e a antiga gleba avança para um processo de ocupação, a partir da construção de vários conjuntos habitacionais em modalidades diversas pela CDHU. A segunda constatação é o desencontro de várias pessoas que saíram do conjunto e não moram mais lá. A rotatividade atinge 30% dos moradores e várias pessoas do núcleo originário de 160 famílias já não residem mais lá.

Mas o estranhamento principal são as relações estabelecidas com o entorno e dos moradores entre si. O período dos batalhadores que fizeram os apartamentos com as próprias mãos passou para outra fase, em que a "vocação" da associação de construção de casas por mutirão é substituída, gradativamente, pelo trabalho com criança e adolescente.

A primeira tentativa de criar um equipamento comunitário foi a padaria que cumpriria o duplo papel de abastecer os futuros moradores e gerar emprego e renda para os jovens, oferecendo-lhes a possibilidade de cursos de qualificação profissional de padeiro e de confeiteiro.

A padaria comunitária

Desde a instalação da creche comunitária, o trabalho com os adolescentes adquiria importância, em função da dificuldade de ingresso dos jovens no mercado de trabalho, de formação profissional e da ameaça das drogas, constatada no horário do mutirão e confirmada pelas notícias dos conhecidos e parentes fora da obra.

Experiências de atendimento aos jovens na região de Guaianases impulsionaram a discussão. Neste momento, a Associação Leste 1 tinha representação no Conselho de Defesa da Criança e do Adolescente e a coordenação da UMM começava a se interessar pela temática.

Internamente, muitas discussões foram feitas até alcançar a proposta de integração dessas duas demandas. Havia muita tensão na discussão de comércio e serviços e alguns mutirantes reivindicavam a individualização do espaço comunitário, o que acarretaria na ocupação desordenada.

Os equipamentos para a padaria comunitária foram comprados com recursos dos missionários combonianos e a comunidade entrou com as instalações físicas.

Os trabalhos da padaria começaram de forma tímida. A confecção de pães era insuficiente para atender aos moradores da União da Juta, a complementação era feita com pães comprados da padaria próxima e vendidos sem lucro. Alguns moradores não concordaram inicialmente com a ideia da padaria, por verem afetados seus interesses imediatos. Diziam que era coisa da Coordenação, ideia condenada ao fracasso.

Não eram poucos que perseguiam montar negócio de venda de salgados e bebidas alcoólicas, banca de jornal, mercadinho, boteco ou comércio onde pudessem vender qualquer produto. Afinal de contas, a Juta ainda continuava sendo o "fim do mundo" e, como qualquer lugar de ocupação recente, ainda iria crescer, desencadeando oportunidades para o comércio de baixa renda. Quem chegasse primeiro teria a vantagem de iniciar negócio. Deste modo, não se fugiria da cultura de ocupação da maioria dos bairros periféricos.

Associava-se a isso o problema de estabelecer a vida condominial coletiva e planejada. A legitimidade afirmada pelos dias de obra, de sacrifício e de festa, a convivência de trabalho que alimentara o estabelecimento de relações de confiança mútua, o respeito às regras construídas em comum acordo e sedimentadas no processo político de reuniões e assembleias, não eram comuns à história de todos os moradores do conjunto. Nem todos participaram desse processo, como cônjuges, filhos, parentes, agregados e amigos. Somente viriam para morar e não possuíam a mesma relação próxima com aquela história.

Assim, a padaria procurava manter a organização do mutirão no pós-ocupação. A padaria intentava viabilizar a regulamentação dos espaços da moradia definindo a associação como *lócus* e o trabalho com jovens e adolescentes. Dois anos depois da entrada nos apartamentos, a padaria ainda enfrentava resistências, sobretudo, porque a regulamentação dos espaços coletivos não era bem vista por todos. Alguns, para desafiá-la, não compravam pão e se recusavam a entrar na padaria. Mas a associação conseguia ter legitimidade para regular os espaços:

> o pessoal não entende o que é um equipamento social ou comunitário ou se entende finge que não entende. Ou o que a gente percebe, eles não falam, mas a gente entende é que depois da casa feita a gente tem que ter um meio de vida e de sobrevivência. E o que eles queriam, esses nó-cego que fala muito, é que cada um montasse um negócio, entendeu. Eu vejo por esse lado. Eles não falam, mas a gente escuta. O Edval mesmo tinha a ideia de montar uma banca de jornal ali na frente da padaria. Só que como

MOVIMENTOS DE MORADIA E SEM-TETO EM SÃO PAULO   151

> a gente não aceitou ele, já se torce, né. O Tufic queria por uma barraca não sei do que, outro quer por outra barraca com jogo de bicho, outro quer fazer... Virou o Brás, né (risos). Eles quer fazer uma Rangel Pestana ali na frente, né (Ana, novembro de 2000).

Além da casa, ainda residia o problema da "sobrevivência". Alguns mutirantes da Juta continuavam com o problema de escapar dos vínculos informais e garantir uma renda. Viam no espaço da padaria uma oportunidade do comércio informal. Daí a contradição entre os espaços de regulação coletiva e as necessidades individuais.

De qualquer modo, a legitimidade política que a associação conquistara no mutirão garantia a manutenção das decisões.

Atualmente, a padaria funciona e mantém o projeto de formação de padeiros para jovens e adolescentes. Hoje, porém, revende os pães de outra padaria do bairro. A paralisação dessa atividade deveu-se ao processo trabalhista do antigo padeiro contra a associação. Era a situação em que a associação se viria do outro lado do balcão, no papel de patrão. Ana conta a história, reveladora das tensões do projeto comunitário. A regulação dos espaços se manteve e a Juta não se transformou numa "Rangel Pestana".[31] Contudo, o projeto da padaria perdeu força com o processo trabalhista. O antigo padeiro colocou a União da Juta "no pau", o que motivou a penhora das máquinas. Os jovens padeiros também fizeram uma greve por aumento de salários. O episódio da greve dos padeiros revela esse desencontro entre a lógica comunitária e a lógica dos direitos:

> Quer que a associação pague como se fosse um padeiro profissional. Aí eu digo: "Filho, nós estamos profissionalizando você". Já estava

---

31 A avenida Rangel Pestana é a principal rua de comércio popular na região do Brás e também foi palco, em anos anteriores, de verdadeiras batalhas de rua, em função da disputa entre o governo municipal e o comércio ambulante. A respeito ver, Pereira, 2003.

todo mundo pra ser registrado como padeiro, como auxiliar de padeiro, como confeiteiro. Aí fizeram uma sacanagem, nós tivemos uma reunião à noite, pra no dia seguinte... Já tava tudo no contador aquele monte de carteira profissional. Quando foi nesse dia que nós fizemos a reunião, aí eles vieram pedir aumento: "Não, porque eu quero sábado e domingo livre, e quero aumento". Quando nós viramos as costas, terminamos a reunião, eles fizeram uma greve. No dia seguinte, ninguém foi trabalhar. Fui abrir a padaria 6 horas da manhã, cadê? Nada de pão" (Ana, 03/02/2005).

O funcionamento da padaria dentro da lógica comunitária não comportava uma relação trabalhista nos moldes estabelecidos. Por outro lado, "adotar a lógica privada" significaria tomar um empréstimo bancário e adotar a perspectiva de um negócio privado – encerrando os cursos de profissionalização – abrir a possibilidade de vender outros produtos, até mesmo bebidas alcoólicas. No momento da entrevista, a tensão está latente e é revelada pela reflexão de Ana:

Então vamos acabar com o padeiro, confeiteiro, deixa só com o projeto. Aí o pessoal só aprende a fazer pão, lá no projeto. Aí eles [...] o pão deles, a broa deles, pra alimentação deles mesmos. Para consumo a gente busca de outro lugar. É isso que a gente tá fazendo, até formar um giro, sabendo o que tem de nego querendo alugar esse, esse prédio. Eu digo: Não, não. O objetivo não é ganhar dinheiro, é profissionalizar as pessoas, mostrar um trabalho coletivo, coisa que dá certo. Agora, se fosse pra ganhar dinheiro a gente pedia um empréstimo de dez, quinze mil reais, e montava uma padaria de verdade (Ana, 03/02/2005).

A ideologia do sacrifício

É a partir da "narrativa do sacrifício" que Ana organiza o percurso: da decisão em procurar o mutirão para esquecer uma desilusão; da disposição em participar durante três anos, aos domingos, das reuniões do grupo de origem na paróquia São João do Brás, com mais de 200 famílias; do sorteio e ingresso na demanda mais rápida, mas em lugar distante; da entrada na terra, lugar cheio de barro, "deserto" para onde ninguém queria ir; do sacrifício do mutirão, do trabalho pesado no canteiro de obras, das novas responsabilidades diante dos demais mutirantes, ao assumir a coordenação; das idas e vindas da obra, que durou seis anos, de segunda a segunda, para ela, que além de mutirante, era coordenadora e compradora da obra. A narrativa de Ana é atravessada por este sofrimento que organiza sua trajetória.

Esta "ideologia do sacrifício" parece não ser diferente do que se apresenta em outros movimentos sociais e da estratégia da autoconstrução que animou a poupança de milhões de famílias pobres nas periferias de São Paulo. Entretanto, parece estar em xeque diante das transformações pelas quais passou a Juta, nesses anos após a conclusão das obras do mutirão. O discurso continua reproduzido pelos filhos dos antigos mutirantes, a geração que viu os pais erguerem a casa onde iriam morar durante seis anos, sem descanso. Mas, ironicamente, a ideologia do sacrifício não se repõe apenas para transmitir a experiência para esses jovens e fabular a "história de luta" do mutirão. A ideologia do sacrifício é utilizada pelos mais jovens como justificativa para serem "donos do próprio nariz" e não darem satisfações para os demais moradores do conjunto:

> O pior do pós-moradia é o seguinte: que aqueles 160 que construíram junto com você, são seus amigos, tem um ou dois que ficam de nariz empinado, mas eles não são tão... Mas o ruim é as cobrinhas (...) As cascavéis... Não dá valor na experiência. Aí o pai e a mãe, não têm mais voz. O pai e a mãe se tornam os tímidos, porque os filhos é que mandam nos pais. Os filhos mandam nos pais. Pai... "É porque quem construiu isso aqui foi meu pai". Quer bater bunda aí na rua a noite inteira, quer ligar um carro e

fazer racha, de noite ligar um som alto. Então, são meio autoritários e isso aí se você vai falar: "É meu pai que construiu isso aqui,
e é pra nós". E eles não participaram de nenhuma discussão e não
querem obedecer. Eu assinei uma lei condominial, um decreto, o
cara se não paga, paga multa. Vai doer no bolso dele uma hora e
ele vai se educar (Ana, novembro de 2000).

O sacrifício é utilizado pela geração dos filhos para justificar o contrário da experiência anterior. Afinal, os pais construíram o mutirão
e pagaram a quota de sacrifício da família e, assim, os filhos não se
sentem mais na obrigação de orientar-se por determinados padrões
de conduta mais rígidos da vida condominial. E, por outro lado, os
"cobrinhas" "mandam nos pais", são "meio autoritários" e não obedecem ninguém. Esse problema geracional parece ter se constituído aos
olhos do poder público, das ONGs e da associação como a principal
questão social do bairro, o sinal trocado e invertido que associa jovem
e problema, ou jovem e violência. Os dez anos da União da Juta parecem coincidir com a construção de um problema social, o "problema jovem", como assinalam a finalidade dos programas sociais e dos
diagnósticos dos indicadores que agravam a vulnerabilidade social do
bairro. Problema que embute uma solução pré-concebida.

Os jovens se associam com a questão do consumo, geração para
quem o sacrifício não pode mais fazer sentido:

> Não tem, porque a máquina... Esse mundo deles é do jeito deles. O
> mundo deles é do jeito da televisão, o que passa lá é o que tá corre-
> to. Não quer saber se o pai não tem dinheiro pra comprar um tênis
> de marca, uma roupa de marca, eles querem aquilo. Se o pai não dá,
> ele vai roubar. Como é que pode [...] uma pessoa dessas? Não tem
> jeito. Só pedir a Deus que o proteja, porque outra coisa ninguém
> pode fazer não. E é isso, a coisa tá difícil na vida.[32]

---

32 Entrevista com Ana em 03/09/2005.

Assim, o elemento geracional é decisivo para compreender as relações estabelecidas na Juta no pós-ocupação. E a creche se torna um observatório privilegiado para compreender essas questões.

2.º momento: a creche como observatório privilegiado do conjunto

A creche, que já esteve no epicentro das relações com o entorno por ser o primeiro equipamento social que deslocou os limites da comunidade, volta ao centro ao questionar a "vocação" da associação. A partir desse equipamento, podemos ver a Juta e seus moradores desde um observatório privilegiado, no qual se avistam as contraditórias relações do condomínio com o entorno, e dos moradores de um conjunto habitacional da periferia de São Paulo feito por mutirão.

A creche é observatório privilegiado da trajetória das famílias do mutirão por ser o primeiro equipamento comunitário no bairro, por receber os filhos dos mutirantes e da vizinhança, pela questão geracional dos filhos e o "descontrole" dos jovens "que não respeitam ninguém". É da creche também que observamos as intrincadas relações daquilo que transformou a ação pública em programas sociais, mediados pela dimensão comunitária, no contexto do desmanche.

A primeira dimensão diz respeito às tensões e ambiguidades do projeto comunitário. O primeiro momento, em que os mutirantes se viram defrontados com a necessidade de estabelecer os limites da comunidade, foi por ocasião da decisão de quem seria atendido pela creche nos dias de semana: se apenas os filhos dos mutirantes ou se as crianças que moravam no entorno do mutirão, nos predinhos brancos.

A decisão da maioria foi o atendimento a todos. O discurso do "nós" e "eles" era fortalecido pela organização diferencial dos mutirantes em relação aos vizinhos. Os mutirantes eram organizados politicamente e decidiam tudo em assembleia.

Esse tipo de organização, influenciada pela "ideologia comunitária" da Igreja Católica, se via em posição autônoma em face ao Estado e aos partidos políticos, alternativa à democracia representativa e ao jogo de interesses manifesto no jogo político. A transformação das reivindicações de movimentos, como o de moradia na luta pelos direitos, foi o mote principal que congregou vários tipos de movimentos populares, desde os de moradia, saúde, transporte etc. Contudo, a ideologia comunitária teve outro desdobramento. A prioridade dada à identidade da comunidade, do pertencimento ao grupo de origem ou que se unia para finalidade comum, fez diminuir, nesses grupos, os compromissos gerais e as demandas públicas. Apesar de diferente em relação ao clientelismo, a ideologia comunitária seguiu padrão dessa forma de fazer política, no que diz respeito aos efeitos segmentadores (Zaluar, 2006: 210-211). Aquilo que dava o amálgama e a dimensão pública a essas iniciativas das associações não eram as ações em si, por mais virtuosas que fossem. O que lhes conferia a dimensão pública era o contexto de publicização do conflito, em que antigas e novas demandas estavam inseridas e alargavam o espaço mais amplo de possibilidades do avanço da experiência democrática.

Quando o contexto desapareceu, o conjunto dessas experiências sofreu forte questionamento.

No caso da União da Juta, enquanto o mutirão funcionava, a dimensão coercitiva da política impelia a unidade da comunidade. Isso garantiu que o atendimento durante a semana fosse realizado para crianças do entorno.

No momento em que o mutirão se encerra e as famílias entram nos apartamentos, as tensões e ambiguidades do momento da obra se explicitarão e revelarão as tensões entre uma experiência do contexto democrático e uma cena de encolhimento do possível. E é a partir da creche, que nasceu antes do condomínio, que podemos observar este novo contexto.

* * *

Setembro de 2007. Eneida recebe minha visita em domingo ensolarado e vamos para seu apartamento. O dia é propício para uma conversa mais longa. Se fosse durante a semana, precisaria dividir sua atenção com a administração da creche comunitária, da qual é diretora. Subimos os quatro lances de escada e cumprimentamos os moradores no caminho.

A conversa seguirá com poucas interrupções. Eneida mora com a filha, que foi viajar com o namorado e só retornará ao final do dia. A menina mudou para a Juta com nove anos e foi criada sozinha pela mãe.

O apartamento é arrumado e os móveis estão conservados. O sofá separa a cozinha da sala e na estante se destacam a televisão com tela plana, o DVD, o aparelho de som com luzes de várias cores piscando. No quarto, o computador dá acesso à internet de banda larga e está conectado à impressora ligada.

A insígnia da melhoria de vida não está apenas no acesso ao consumo de eletroeletrônicos. Eneida, assim como sua filha, conseguiu subir um "degrau" nesse processo de "inclusão" simbólica. A necessidade de poder desempenhar as tarefas de diretora da creche e as alterações na lei que demandavam educadores para a creche com diploma fizeram com que se matriculasse no curso de graduação em Pedagogia na Universidade Mogi das Cruzes, e o concluísse em 2003.

Nascida em São Luís, no Maranhão, Eneida morou em Brasília e trabalhou como babá, dos doze aos vinte anos. No retorno a São Luís, perdeu o emprego e resolveu vir para São Paulo, para trabalhar como empregada doméstica ou faxineira até se firmar no comércio. Como comerciária, descansava pouco e trabalhava nos finais de semana.

Quando a situação melhorou e se estabeleceu, tomou duas decisões: trouxe a filha e ingressou no grupo de origem do movimento de moradia com a finalidade de sair do aluguel. O primeiro contato de Eneida com o movimento de moradia foi em 1982, a partir de uma ocupação em Itaquera, em que acampou por quatro meses, em lote próximo ao que hoje é a Avenida Jacu Pêssego. Trabalhava de dia e dormia à noite, na ocupação. A pressão do movimento levou a Prefeitura a "entregar os pontos" e destinar lotes para a construção de casas. Contudo, para Eneida não seria daquela vez: sem família e sozinha em São Paulo, não tinha o perfil para ingressar na demanda do programa.

Quando trouxe a filha do Maranhão, era mais experiente e estabelecida. Trabalhava na Mooca e ingressou no grupo de fábrica do movimento de moradia. Foi lá que ocupou a Fazenda da Juta, em 1986, acontecimento que seria considerado o "batismo" da União dos Movimentos de Moradia.

Essa participação lhe garantiu pontos preciosos para entrar na "fila" dos programas e, quando a demanda da União da Juta saiu, Eneida estava no grupo originário.

Eneida estende a conversa como se há tempos esperasse pela oportunidade. A entrevista sucede em tom de desabafo e demanda tempo em reconstituir suas razões e como, silenciosamente, foi colocada ao lado das articulações principais do movimento. Alguns diziam que Eneida era "mulher perigosa e era preciso tomar cuidado com ela".[33]

Mas o perigo representado por Eneida era a divergência de condução da associação com outros integrantes alinhados com o núcleo

---

33 Rizek expõe uma bela discussão sobre o direito à palavra e aponta a dificuldade do lugar de enunciação das mulheres no mundo público, a partir da fala de uma sindicalista: "quando as mulheres ficam nos sindicatos, elas ficam de "metidas", porque aqui ainda não tem lugar para elas". A respeito Rizek, 1998. Na fala de Eneida não é impressionante que o lugar da enunciação feminino na política seja problemático, "perigoso", alguém traiçoeira com quem se deve tomar cuidados. O que se evidencia é que mesmo no movimento de moradia, movimento em que papel feminino é muito mais destacado, essa clivagem esteja bem marcada.

principal da UMM. Esta dificuldade fez Eneida isolar-se na creche e no trabalho dentro do condomínio.

A reconstituição de sua chegada à diretoria da creche é marcada pela mágoa das lideranças do movimento, de ter sido abandonada, de ver mais solidariedade no "emprego da empresa privada" que no "trabalho coletivo da associação". Não sabia como conduzir a creche, precisou "aprender" um trabalho que, para além de desconhecido, era marcado pela opressão de vida.

Do mutirão, falou pouco, apesar de ser da coordenação durante as obras. Sem poder acompanhar o ritmo inicial, desdobrava-se para trabalhar no comércio, durante a semana, e construir em mutirão aos sábados e domingos. Adotou a estratégia familiar de trazer um primo de São Luís e transformá-lo em suplente para equilibrar as presenças necessárias na obra. A filha pequena não podia trabalhar.

Apesar do papel desempenhado na creche, Eneida só teve dedicação exclusiva à Associação após se desligar do antigo emprego, numa loja de varejo na Mooca. A saída do emprego de dez anos foi cercada de dúvidas e incertezas em relação ao passo seguinte. Eneida foi convidada pelos coordenadores para conduzir a creche conveniada. A tarefa foi vista como "dilema" e "desafio": o dilema era trocar o emprego de dez anos por outro com salário menor e o desafio: encarar um trabalho sem patrão e fruto do "trabalho coletivo" do movimento de moradia.

O momento seguinte é de decepção e desalento diante do "abandono" pelas demais lideranças. Sentiu-se jogada na creche, responsável pelos meandros de uma administração desconhecida e sem suporte das lideranças mais experientes. A mágoa leva à comparação inevitável, à constatação de disparidade de tratamentos e ao "acerto de contas" com o passado:

> Tive outra relação com a empresa privada que eu havia construído, que eu não tive aqui. Antes de vir, me perguntaram (no emprego

do comércio): — isso é muito importante pra você? Eu falei: — isso é muito importante pra mim. — Se é importante pra você nós vamos te liberar com tudo que você tem direito. As pessoas vinham aqui pra saber como eu estava. Eu construí na empresa privada uma relação que eu não construí na associação.[34]

A valorização de dimensão superior da empresa privada em contraponto à relação construída numa associação comunitária espanta na fala de Eneida. Procuro explorar melhor essa dimensão contraditória no discurso e questiono qual é a relação. Eneida responde:

> De solidariedade, de confiabilidade, de entender o quão importante era esse trabalho. Não, aqui eles tão pouco se lixando pra você, de entender o trabalho, problema seu, a vida é sua, você faz o que quer. Isso é diferente pra mim de um trabalho coletivo, da valorização (Eneida, 08/09/2007).

Eneida vê na chegada à creche o espanto da situação que ela esperava encontrar na empresa privada, mas que acabou encontrando nas disputas internas da associação.

A decepção a levou a se dedicar às questões do condomínio e minimizar a participação no movimento. Isso fez olhar o contexto mais próximo dos moradores. A sustentação financeira da creche sempre foi difícil. Mas, nos últimos anos, alguns recursos parecem ter auxiliado nessa função.

Desde minha última visita, a creche foi toda reformada. Entro nas salas e vejo desenhos expostos, a cozinha com bancada de metal e salas com atribuições específicas para as crianças. O drama das educadoras e das crianças eram os dias de chuva. O telhado, com inúmeras goteiras

---

34 Entrevista com Eneida, em 08/09/2007.

prejudicava o andamento do aprendizado das crianças. A reforma fez com que esse problema fosse solucionado.

Pergunto se foi a Prefeitura que reformou a creche. Eneida responde que a reforma foi financiada com recursos do Instituto Camargo Correa, que contratou a Escola das Cidades para o projeto da reforma e a ONG FICAS[35] para o assessoramento do projeto pedagógico. Em 2004, a associação foi selecionada pelo Instituto Camargo Correa no "Programa Espaços Educativos" e ficou entre os dez projetos de entidades e associações aprovados, quatro deles na zona leste.

O Instituto financiou a reforma, mas o projeto pedagógico e arquitetônico fazia parte do "pacote" que envolvia também a assessoria da Escola das Cidades, na parte arquitetônica, e o FICAS, na parte pedagógica, além da contratação da empreiteira pela associação.

No texto de apresentação do programa pela FICAS, sabemos também seus objetivos e público-alvo:

> O Programa Espaços Educativos tem como sujeito de ação organizações sociais que trabalham com educação de crianças, adolescentes e jovens, na faixa etária de 0 a 18 anos em São Paulo. Atualmente está apoiando financeiramente e tecnicamente 10 organizações. O grupo está finalizando seu primeiro ano no Programa – cada organização está concluindo a elaboração de seu plano educativo e iniciando a construção/reforma do espaço educativo (...). O principal papel do FICAS no Programa Espaços Educativos é estimular a

---

35 No site do FICAS, estão os objetivos e o histórico da organização. Trata-se de "organização social sem fins lucrativos", criada em 1997, por um grupo de profissionais "mestres e doutores" de diversas áreas de saber, que desejavam compartilhar o conhecimento acadêmico restrito às universidades com pessoas e comunidade que pudessem se beneficiar diretamente disso. Depois de constituir-se inicialmente como associação, segundo o site, o contato com outras ONGs levou o FICAS a perceber que o problema principal era a "gestão": "Afinal, para desenvolver as atividades-fim de forma mais eficiente e gerar um maior impacto social, é necessário saber planejar, captar e gerenciar recursos, elaborar projetos e avaliar seus resultados, entre outras ações gerenciais". A respeito ver http://www.ficas.org.br.

reflexão conjunta das organizações sobre o uso e gerenciamento dos seus espaços, a partir de suas concepções pedagógicas – trazendo para isso insumos teóricos e vivências práticas. O objetivo é construir um plano estratégico educativo que seja a base para trabalhar os espaços construídos/reformados.[36]

Para receber os recursos do Instituto, foi necessária a readequação do estatuto para o trabalho social com criança e adolescente no lugar do objetivo inicial da moradia e a readequação do projeto pedagógico assessorado pelo FICAS.

Eneida vê, a partir desse financiamento, um momento que a faz refletir sobre a nova "missão, visão e valores" da União da Juta:

> Aí a associação está passando por um processo novo, que é as pessoas trabalharem juntas, que isso não estava acontecendo, discutir a missão, a visão, os valores, quer dizer, estruturando, codificando essa associação para poder futuramente... então agora houve a abertura de estatuto, que veio no novo código civil, teve que mudar o estatuto para estar de acordo com o código, que até então era uma coisa que não íamos mexer (Eneida, 08/09/2007).

O discurso de Eneida incorpora as palavras de uma organização não-governamental e procura refletir sobre a nova "missão" da associação. Eneida procura adaptar-se à situação, em que apenas os recursos públicos não bastarão para manter a creche em funcionamento. E, para isso, procurar adaptar-se buscando recursos que permitam manter o funcionamento da creche.

A creche vingou porque a "missão" da associação mudou para "atendimento de crianças e adolescentes". Além da creche, os demais projetos sociais têm a marca dessa "especialidade". O Projeto Cultural Sonho Jovem, financiado com recursos da Prefeitura, atende 270

---

36 A respeito ver http://www.ficas.org.br.

crianças e jovens, de seis a quinze anos nas oficinas de capoeira, dança, violão etc. O Programa Agente Jovem do Governo Federal atende 40 jovens de quinze a dezoito anos em medidas socioeducativas. Os dois programas são gerenciados pela Secretaria Municipal de Assistência e Desenvolvimento Social.

Trabalham na creche 11 funcionários, responsáveis pelo atendimento de 60 crianças de um a quatro anos de idade. Há, além da diretora, uma coordenadora pedagógica, cinco educadores, uma auxiliar de enfermagem, uma cozinheira, uma auxiliar de cozinha e uma faxineira. O repasse da Prefeitura é de 218 reais por mês para cada criança, e são esses recursos que devem pagar as professoras e funcionárias, alimentar as crianças, comprar os materiais escolares necessários e assegurar a infraestrutura básica. Eneida afirma que os recursos são insuficientes e, invariavelmente, a creche faz festas e bingos para garantir o funcionamento. Mas, essa estratégia está se esgotando por sua recorrência:

> E aí a gente se matava, fazia festa, fazia bingo. Mas só os profissionais. Porque aí chega uma hora ou ele faz o pedagógico ou ele vai fazer festa. Vale a pena manter o trabalho assim para mostrar para o movimento? Pode ser que eu esteja totalmente errada, mas eu acredito que não é dessa forma (Eneida, 08/09/2007).

A creche funciona "no vermelho" com os recursos insuficientes do convênio da Prefeitura. Eneida reclama, mas parece se conformar com essa dupla tarefa de "administrar" o equipamento comunitário e ser obrigada a trazer recursos para a manutenção da creche:

> vamos deixar de lado um pouco nossos direitos para manter a creche. Porque o sindicato deu 10% de aumento e nós vamos ficar com nosso salário de 2006. Nós vamos ganhar isso, por enquanto, para não fechar a creche. Tendo aumento público que o secretário não definiu, tem um fórum e eu represento a associação. Porque

> você tem que se desdobrar em direcionar a creche e ir atrás de todas essas coisas que você está envolvido. Porque não adianta ir só para o movimento (Eneida, 08/09/2007).

Nos últimos anos, modificações na Lei de Diretrizes de Base (LDB) alteraram o estatuto das creches conveniadas, do campo da assistência social para a educação infantil.[37] Isso estabeleceu metas de qualificação para seus profissionais, como a exigência de diploma de curso superior em Pedagogia, ao contrário do período anterior em que não havia obrigatoriedade de diploma para cuidar das crianças. Isso acarretou, do ponto de vista da administração da creche, duas questões: em primeiro lugar, a exigência de diploma levou várias das educadoras a retornarem aos estudos em faculdades privadas; em segundo lugar, a qualificação maior passou a demandar um corpo de funcionários com salários maiores.

Inevitável não perceber na Juta movimento de cunho mais geral, de "filantropização da pobreza" que percorre os territórios da cidade, marcados não apenas pela dimensão da pobreza das periferias, mas pelo tratamento a partir de organizações não-governamentais e da filantropia empresarial. Mas, mais que isso, é como se o par problema-diagnóstico demandasse uma intervenção previamente construída, em que "horror à realidade" assume ares de realismo, procurando administrar carências e sociabilidades violentas a partir de uma racionalidade gerencial. Nessa engrenagem, as possibilidades se estreitam para quem está na ponta do atendimento.[38]

---

37 Essa alteração das creches da assistência social para a educação obrigou à readequação desses equipamentos. Coincidentemente, Beatriz, uma de nossas entrevistadas, que vive em outra ocupação, perdeu o emprego depois de oito anos de trabalho numa creche do Ipiranga, obrigada a fechar as portas por não conseguir cumprir as novas exigências de regulamentação. Sobre isso, ver mais à frente, no capítulo IV.

38 Maria Célia Paoli tratou dessa racionalidade gerencial que posa de "realista", mas tem "horror à realidade" e é o outro nome desse encolhimento do possível socialmente

MOVIMENTOS DE MORADIA E SEM-TETO EM SÃO PAULO   165

Assim, há certa inexorabilidade no discurso de Eneida, que percebe a diferença do trabalho anterior do mutirão e se conforma com os laços de solidariedade cindidos e a nova perspectiva do trabalho social:

> quem não entrar nesse sistema, nessa proposta de trabalho, que a gente tem essa relação com os projetos, fazer as discussões se encontrarem vai chegar uma hora que não aguenta, vai acabar saindo. Não que a gente queira que seja assim. Mas a própria pessoa vai acabar saindo (Eneida, 08/09/2007).

Olhado de baixo tem-se a dimensão de como a diretora da creche fica a mercê desse contexto, em que suas escolhas estão cada vez menores. A possibilidade de garantir estrutura mínima para o funcionamento da única creche do condomínio não é obrigação do Estado, mas deve ser captada externamente, na concorrência com outras associações que disputam entre si a "missão" que mais se adequa às exigências do organismo financiador. Essa concorrência pelo melhor projeto que trará o melhor resultado pontual, porque analisado de forma segmentada e fragmentada, reduz os horizontes possíveis, e obriga Eneida a se movimentar num campo de encolhimento das possibilidades.

Eneida reflete sobre isso e não acha o cenário alentador. Mas, parece não ter escolhas: ou é aceitar ou é fechar o projeto. O fato de a creche ser o primeiro equipamento comunitário do movimento de moradia faz com que se agregue relação de voluntariado e missão mais efetiva, pois pelo equipamento passaram os filhos dos mutirantes e

---

construído: "Essa tradução opera o quase impossível: obrigada a ignorar as políticas econômicas estruturais intocáveis de hoje, cujo impacto amplia a falta de meios de sobrevivência e de opções da população, e tentando administrar as sociabilidades violentas e as carências de vários tipos que se (des)enrolam em vidas que apenas sobrevivem em muitas formas de solidão ou desmedida, a intervenção pública e privada sobre a cidade lança mão dos procedimentos da chamada "racionalidade técnica", nesse caso talvez mais "racionalidade gerencial", da qual se espera, nesse contexto, o milagre das ideias pragmáticas dos que têm "horror à realidade" (Paoli, 2007).

agora passam seus netos. Para manter a creche, os funcionários fazem rifas, festas, bingos e aceitam até receber salário menor que o dissídio instituído pelo contrato coletivo da categoria. As "escolhas" ocorrem num contexto de encolhimento do possível, em que as possibilidades são poucas para quem está na ponta do atendimento e precisa enfrentar as condições precárias de trabalho e infraestrutura, a ausência de recursos financeiros e a explosão de demanda resultante da precária presença do Estado nas áreas sociais. Um trabalho que, como definiu Bourdieu, é "a mão esquerda do Estado" e que, neste caso, é até impreciso: a creche de Eneida não é um equipamento do Estado, apesar dos recursos provirem de um convênio com a Prefeitura.[39]

Este encolhimento do possível obriga, assim, à mudança de "missão" da associação. Essas funções já haviam mudado com o final do mutirão. A fala de Eneida revela o quanto de coerção existia na comunidade que se organizava para o mutirão:

> Então todas as assembleias, a regra era cada um de nós estar lá. Se nós não estávamos nós tínhamos uma falta, depois de 3 faltas tinha exclusão, perdia a casa. Tinha regras que fazia você estar na decisão

---

39 Bourdieu estabelece essa denominação para os "trabalhadores sociais" que desempenham o papel de atendimento nas áreas sociais, pelo qual o Estado é responsável e nas últimas décadas vem diminuindo sua presença. No caso de Eneida é ainda pior, pois sua própria situação é mais instável que o trabalhador social que pertence aos quadros do Estado, ainda que sua responsabilidade aos olhos da comunidade seja maior. Sobre a denominação de Bourdieu, transcrevemos a passagem com a definição: "também poderia citar o chefe de um programa, encarregado de coordenar as ações num "subúrbio difícil" de uma cidadezinha do norte da França. Ele enfrenta contradições que são o limite extremo daquelas que vivem os "trabalhadores sociais": assistentes sociais, educadores, magistrados e também, cada vez mais, docentes e professores primários. Eles constituem o que eu chamo de mão esquerda do Estado, o conjunto dos agentes dos ministérios ditos "gastadores", que são o vestígio, no seio do Estado, das lutas sociais do passado. Eles se opõem ao Estado da mão direita, aos burocratas do Ministério das Finanças, dos bancos públicos ou privados e dos gabinetes ministeriais. Muitos movimentos sociais a que assistimos (e assistiremos) exprimem a revolta da pequena nobreza contra a grande nobreza do Estado" (Bourdieu, 1998: 9-10).

como um sócio. Quando isso acabou, não tinha mais regra. Por que eu iria estar na assembleia da associação? Eu não tenho mais nada a ver com isso, a minha casa já está aqui. Eu vou se eu quiser, não tenho mais obrigação.(...) O que me motivava a continuar participando da associação, se o principal motivo eu já tinha? Eu já tenho assinado o meu contrato com a CDHU, não tinha mais contrato com a associação, não tinha mais um regulamento interno para me obrigar a ir. Pensando em formas práticas (Eneida, 08/08/2007).

A participação política tinha dimensão quase obrigatória, pois a ausência nas assembleias poderia representar a perda da vaga no mutirão e do apartamento. Quando as obras se encerraram, a participação reduziu. Para Eneida era mais que isso. A finalidade e o objetivo da fundação da associação – fazer apartamentos em sistema de mutirão – havia se encerrado. Assim, o estatuto e a missão da associação deveriam mudar.

Essa modificação não foi rápida. A mudança nos estatutos foi realizada recentemente e incorporou a ideia de ampliação do universo de associados. Anteriormente eram "sócios", apenas a demanda final do mutirão, os 160 moradores. Alguns destes ainda moram no condomínio, outros não. A alteração amplia a possibilidade de associação para quem concordar com o estatuto. De um ângulo podemos ver a ampliação para o entorno, além dos limites do condomínio, o que significa uma mudança significativa, à medida que a associação deixa de ser orgânica da Associação Sem-Terra Leste 1 e se torna do bairro, apesar de isso não estar claro para os moradores.

Mas, por outro lado, esse movimento insere-se em outro. A alteração do estatuto prevaleceu devido à necessidade de captação de recursos externos para manter os trabalhos nos equipamentos comunitários. O convênio firmado com o Instituto Camargo Corrêa para a reforma do prédio da creche exigiu a alteração da cláusula do estatuto, pois o equipamento só seria reformado se atendesse às exigências de enquadramento do financiador.

Mais que a mudança estatutária, a creche precisa, na visão de Eneida, alterar sua missão. A finalidade de construir apartamentos se encerrou. A condição de existência da associação passa a ser a inserção na vocação do trabalho na região da Fazenda da Juta e Sapopemba: o trabalho com criança e adolescentes. Assim, a nova missão é o atendimento desse público-alvo para conseguir os financiamentos necessários para sua manutenção. Por isso, o papel da creche é preponderante, pois atua diretamente com esse "público-alvo".[40]

Considerações

Após quase uma década do final do mutirão União da Juta, podemos observar uma cena diversa. O mutirão ainda continua como uma espécie de "mito fundador" entre os moradores do conjunto habitacional, do momento onde o sacrifício e o sobretrabalho eram compensados pelo objetivo comum da construção da casa e em acabar o mais rápido possível a obra.

As histórias narradas do mutirão, porém, se estruturam a partir do sofrimento para alcançar um objetivo maior: o apartamento próprio. Não se tem "saudades" dessa época, mas do momento no qual "o coletivo

---

40 A percepção das crianças e jovens como um problema social que deve ser esquadrinhado, respondido e enfrentado aparece de forma ainda mais "nítida" para os agentes sociais e para as lideranças dos movimentos de moradia na medida em que são ampliadas as estatísticas e se destacam como elemento principal de vulnerabilidade social na região a taxa alta de homicídios entre jovens de 15 a 24 anos e a taxa de gravidez precoce entre as adolescentes. No entanto, é preciso reserva sempre com esses dados. A explicação fácil que embute a solução para o problema e cria uma parafernália de respostas é, muitas vezes, estimulada pelo discurso midiático sensacionalista que cria artefatos estatísticos e destaca somente os aspectos mais perversos em determinadas regiões, aprofundando o estigma que recai sobre elas. Um caso de bairro estigmatizado a partir de indicadores sócio-econômicos construídos a partir do mapa da vulnerabilidade social foi o distrito de Anhanguera, considerado pelos dados como o mais pobre da cidade. Estudo de Souza assinala como o bairro se tornou uma "frente de expansão" após a divulgação desses dados (Souza, 2007).

era maior que o indivíduo". Também a discussão dos mutirantes sobre os equipamentos comunitários, vistos em perspectiva, se materializou: a chegada de equipamentos públicos como a escola, o posto de saúde, a polícia e os chamados projetos sociais e culturais demonstram uma presença significativa do Estado – e não sua ausência – como indutor da produção habitacional na Fazenda da Juta e nos serviços públicos que chegam, mesmo que precariamente, nesse lugar da cidade.

Contudo, a transformação do contexto sociopolítico em que os moradores da Juta estão situados também muda sua apreensão sobre o trabalho e a política, e os faz buscar estratégias de sobrevivência em que as próprias escolhas são reduzidas. É isso que está presente na ambiguidade da ideologia comunitária e na mudança de "vocação" da associação já na fase dos projetos sociais pós-mutirão.

A creche comunitária nos confere um observatório privilegiado destas transformações. A própria creche é um equipamento que passa por estas mudanças, com as modificações necessárias, a partir de sua transferência do campo da assistência para a educação. Mas, a creche é mais que isso. É o espaço em que podemos observar as mudanças no perfil da associação e suas relações com o Estado e as ONGs. Não se trata aqui de uma completa indistinção entre as diferentes esferas, mas de uma ação que se movimenta na cena de encolhimento do possível.

* * *

No capítulo seguinte, veremos como as ações dos movimentos de moradia e sem-teto se deslocam para outra região, o Centro de São Paulo, e como aparece uma nova nomeação para os movimentos de moradia: movimentos de sem-teto. Por que esse deslocamento acontece? Por que a nomeação se altera? É disso que trataremos a seguir, dos movimentos de sem-teto no contexto do desmanche.

Capítulo IV
Movimentos de sem-teto do Centro no contexto do desmanche

Na última década, a visibilidade da região central de São Paulo se ampliou como uma das questões urbanas por excelência, a ponto de legitimar esforços concentrados dos poderes públicos nos três níveis, no delineamento de intervenções urbanas prioritárias, de recursos de financiamento de organismos internacionais, de grande exposição na mídia sobre os "problemas" urbanos da região, de ampliação do escopo de pesquisas e da realização de seminários, conferências e estudos com vários enfoques.[1]

No plano dos movimentos de moradia também aconteceu fenômeno semelhante, que deslocou a visibilidade pública de sua atuação da periferia para o Centro de São Paulo. A partir da segunda metade da

---

1   No âmbito do Poder Público e de pesquisas que reuniram um conjunto de pesquisadores com o objetivo principal de apresentar propostas de intervenção urbanística para a região central de São Paulo ver Câmara Municipal de São Paulo (2001), EMURB (2004), Abiko, Yolle Neto, Ribeiro e Araújo (2004) e Silva (2006) Também há um interesse renovado pela região central com múltiplos enfoques, em dissertações, teses acadêmicas e artigos nas áreas de Arquitetura e Urbanismo, Geografia, Ciência Política, Sociologia, Antropologia, Engenharia. Sobre isso, ver Piccini (1998), Kohara (1999), Frúgoli (2000), Bonfim (2004), Teixeira, Comaru, Cymbalista e Sutti (2005), Levy (2005), Gonçalves (2006), Valadares (2007), Kara José (2007), Kowarick (2007), Frúgoli Jr. & Sklair (2008).

década de 1990, os movimentos de sem-teto ampliaram sua presença através da ocupação de imóveis vazios, em geral em edifícios desocupados, com impostos atrasados, arrestados ou imóveis do governo que deixaram de ser utilizados.

Em levantamento realizado na grande imprensa sobre as ocupações protagonizadas por movimentos de moradia e sem-teto, em São Paulo, entre os anos de 1997 e 2007,[2] foram registradas 112 ocupações de edifícios vazios, imóveis abandonados, ruínas de equipamentos públicos e terrenos, tanto de propriedade privada como pública. Desse total, 83, ou seja, 74,1% de todas as ocupações aconteceram nos 13 distritos da região central.[3] E desse total, a quantidade de prédios ocupados foi bem maior, se comparada às ações dos movimentos de moradia nos anos 1980, que privilegiavam a ocupação de grandes terrenos vazios nas periferias de São Paulo.[4]

O Centro era espaço da riqueza e sua população pobre vista com desconfiança e ceticismo no discurso dos movimentos sociais, por ser uma demanda empobrecida, de difícil organização e associada ao "mau pobre" dos cortiços ou ao morador de rua. O trabalho social com esta população era protagonizado pela Igreja Católica no plano da caridade e da filantropia. A visibilidade do Centro como local de pobreza adquiriu projeção a partir dos movimentos de sem-teto. O Centro como prioridade, espaço visível de intervenção de macropolíticas urbanas,

---

2   No item "Um mapa das ocupações" analisamos com maiores detalhes os dados referentes às ocupações no Centro de São Paulo.

3   Os 13 subdistritos centrais são Sé, República, Liberdade, Bela Vista, Consolação, Santa Cecília, Bom Retiro, Belém, Brás, Mooca, Pari, Cambuci e Barra Funda.

4   É possível que os dados estejam subestimados na periferia em função do deslocamento de foco do noticiário sobre os movimentos sociais urbanos para o Centro e do interesse midiático por formas espetaculares de ação política, como foram as ocupações de prédio pelos sem-teto. Mas, não deixa de ser sintomático a constatação que ao contrário das notícias sobre movimentos sociais, do interesse acadêmico sobre estes movimentos que tinham a periferia como palco principal, terem se deslocado para o Centro de São Paulo.

reivindicado pelos movimentos de sem-teto para moradia popular é fenômeno recente.

Por que o Centro se transformou nesse espaço de visibilidade? Por que os movimentos de sem-teto do Centro adotam uma outra nomeação – moradia para sem-teto, organização de uma demanda mais empobrecida, novas formas de ação política – ocupações de edifícios e imóveis vazios, além da gestão das ocupações e políticas sociais que rompem com os patamares anteriores das políticas públicas? Por que essa "vontade de saber"[5] que leva a região a se tornar o espaço privilegiado de intervenção do Poder Público, com investimentos vultosos, de vontade de saber de urbanistas, geógrafos e sociólogos? Qual o contexto e a história que levam a esse interesse e a esse deslocamento de olhar sobre a região?

Os movimentos de sem-teto aparecem no contexto pós-desmanche e organizam suas formas de ação nessa situação. Esse contexto coincide

---

5 Foucault se refere a uma "vontade de saber" ao assinalar essa operação do conhecimento em esquadrinhar, observar, classificar e mensurar determinado objeto, criando um campo autônomo à própria experiência: "(...) as grandes mutações científicas que possivelmente lemos como consequências de um descobrimento podem ser lidas também como aparição de novas formas de vontade de verdade. Houve, sem dúvida, uma vontade de verdade no século XIX que não coincide nem pelas formas que põe em jogo, nem pelos tipos de objetos a que se dirige, nem pelas técnicas em que se apoia, com a vontade de saber que caracterizou a cultura clássica. Retrocedamos um pouco: em certos momentos dos séculos XVI e XVII (sobretudo na Inglaterra) apareceu uma vontade de saber que, antecipando-se a seus conteúdos atuais, delineava planos de objetos possíveis, observáveis, mensuráveis, classificáveis; uma vontade de saber que impunha o sujeito conhecedor (e de alguma maneira antes de toda a experiência) uma certa posição, uma certa forma de olhar e uma certa função (ver mais que ler, verificar mais que comentar); uma vontade de saber que prescrevia (e de um modo mais geral que qualquer outro instrumento determinado) o nível técnico do que os conhecimentos deveriam se investir para serem verificáveis e úteis. Tudo ocorre como se, a partir da grande separação platônica, a vontade de saber tivesse sua própria história, que não é a das verdades coativas: história dos planos de objetos por conhecer, história das funções e posições do sujeito do conhecimento, história das inversões materiais, técnicas e instrumentais do conhecimento" (Foucault, 2005a: 20-21).

com dois cenários: o processo de "requalificação urbana", que se apresenta no discurso de vários agentes e transforma o Centro no principal campo de conflitos da cidade; o segundo, o contexto de desmanche determina o campo e o raio de ação desses movimentos e das políticas sociais, que se conformarão para responder a essa demanda. Assim, o Centro de São Paulo torna-se um laboratório avançado das políticas urbanas e dos programas sociais. As características dos programas se encerram nos marcos de políticas focalizadas e com atendimento para um público-alvo definido.

Para apresentar essa tese, procuramos, em primeiro lugar, levantar alguns dados do Centro e demonstrar como a região torna-se a questão urbana principal, deslocando os discursos anteriores e o campo de conflitos, que disputava a periferia como lugar prioritário dos investimentos a partir de sua descoberta como lugar da pobreza. Em segundo lugar, a transformação do Centro no principal laboratório das políticas sociais da cidade. Em terceiro lugar, o aparecimento de movimentos de sem-teto no Centro com outro perfil, formas de ação e o relacionamento com uma nova demanda. Por fim, procuramos contar algumas histórias inseridas num plano de *encolhimento do possível* narradas a partir de um contexto pós-desmanche.

Primeiro olhar sobre o Centro

A região central de São Paulo possui 530 mil habitantes distribuídos em 13 distritos.[6] Pelo Centro, passa um público itinerante

---

6   Os diversos textos, resultado do seminário promovido pela EMURB e CEBRAP sobre o Centro de São Paulo, são fontes atualizadas em relação a itens como população, transporte, investimentos, serviço e comércio, cultura e educação, emprego, renda e habitação. Kowarick retoma esses dados e acrescenta outros, baseado em entrevistas qualitativas com lideranças dos movimentos de sem-teto. Os dados que expomos abaixo se baseiam nessa compilação e em outros recolhidos de fontes secundárias. A respeito, ver EMURB (2004) e Kowarick (2007).

que trabalha e transita pela região, em função de 294 das 1200 linhas de ônibus de São Paulo, 17 estações de metrô e três estações ferroviárias. Transitam 3,8 milhões de pedestres por dia e dois milhões de passageiros são canalizados pelas linhas de ônibus para a Sé ou República.

A quantidade de investimentos públicos e privados é maior que em qualquer região da São Paulo. Piccini calcula que em 4,4 km², área que compreende a Sé e República, o Poder Público investiu 25 bilhões de dólares para a instalação de redes de água, luz, esgoto em 2.744.000 m² de área construída para fins residenciais e 6.857.000 m² para outras finalidades (Piccini, 1999: 66). Esse movimento não surpreende e acompanha o perfil dos investimentos públicos, que privilegiou historicamente os recursos governamentais para as regiões do Centro e do "quadrante sudoeste" (Villaça & Zionni, 2005), colocando em segundo plano as regiões periféricas.

O Centro concentra boa parte das instituições de ensino, dos equipamentos culturais e dos monumentos da cidade. Metade dos teatros e um terço das bibliotecas, museus e cinemas de São Paulo estão na região. Há 79 teatros e salas de concerto, quatro unidades do SESC, 37 museus e 18 centros culturais, 19 cinemas e 120 bibliotecas. Funcionam 29 instituições de ensino superior (IES) para 97 mil alunos matriculados e 177 escolas públicas e privadas em que estudam 102 mil alunos do ensino infantil, fundamental e médio (Botelho & Freire).

Segundo pesquisa RAIS, 28,85% dos empregos formais estão no Centro, distribuídos em 49.676 estabelecimentos, média superior ao restante do município. Enquanto em São Paulo há 16 empregos/hectare, no Centro esse número salta para 137 (RAIS, 2000). Oitenta mil empregos formais nos setores de serviço e comércio estão sediados no Centro.

Apesar da transferência das sedes de bancos e investimentos financeiros para a região da Avenida Paulista e, posteriormente, para o eixo da Avenida Berrini, atividades de financeiras e de crédito pessoal, reciclagem de cheques pré-datados e corretoras de valores (as sedes da Bovespa e a Bolsa de Mercadorias e Futuros estão no Centro), cooperativas de crédito, empresas de previdência privada e seguro de saúde cresceram tanto em número de estabelecimentos quanto em quantidade de empregos (Cintra e Correa, 2004).

Além da rede de hotelaria, do comércio atacadista na zona cerealista e da região da Rua 25 de Março, funcionam, na região, indústrias e comércios de porte diverso: empresas de confecção no Bom Retiro geram 50 mil empregos diretos em duas mil unidades produtivas, antes através da colônia judaica, hoje com forte presença dos coreanos; no Pari, há concentração de bolivianos que compõem um fluxo migratório precário, atraídos por empregos nas confecções com salários e condições de trabalho degradantes e que residem nos cortiços da região; na Liberdade há o comércio de produtos orientais, antes dominado pelos japoneses, hoje com presença de chineses e coreanos; nas adjacências da Rua 25 de Março há produtos que atendem o varejo e o atacado do comércio de tecidos, armarinhos, bijuterias, brinquedos, eletroeletrônicos, bolsas e todo tipo de quinquilharia das redes de informação e produção massificadas, no ramo de armarinho e tecidos, a presença da colônia libanesa se destaca; logo acima, na Rua Florêncio de Abreu, as ferramentas e máquinas são os produtos em exposição; na Rua Santa Efigênia, há o comércio de componentes microeletrônicos, eletroeletrônicos, equipamentos de som e telefonia, informática, além de hotéis baratos e da zona de prostituição próxima à "boca do lixo".

Esses números destacam que a dinâmica urbana, como redes de transporte, serviços, empregos, infraestrutura urbana e investimentos públicos, empregos, equipamentos culturais e educacionais, repartições públicas e empresas de determinados ramos econômicos passam pela região. E apontam uma tentativa de reversão da dinâmica de esvaziamento populacional e de serviços que experimentava a região, até meados dos anos 1990.

Entre 1980 e 2000, o Centro perdeu cerca de 30% de sua população, tomados os 13 distritos que o compõem. O desdobramento dos dados, porém, evidencia dinâmicas particulares entre os subdistritos. Enquanto no Pari há um esvaziamento maior, de 46%, na República é menor, de 22%.

Também há uma quantidade maior de imóveis vazios. Dados do IBGE (2000) apontaram 420.237 domicílios vazios em São Paulo e, deste total, 10% ou 45 mil na região central. O distrito da Sé, núcleo principal da região, respondia por mais de um quarto do total vago, com 11.384 imóveis vazios. Esta taxa de desocupação contrasta com a infraestrutura urbana instalada, com as redes de serviços e com a proporção de empregos por habitante. Em termos comparativos, o Centro possuía 18% de imóveis desocupados, enquanto na região metropolitana a ocupação era maior, com 12% de seus imóveis vazios (Folha de São Paulo, 10/08/2003).

Aliás, a dinâmica de esvaziamento populacional e transferência de serviços para outras regiões foi o mote principal que conferiu visibilidade ao Centro como um problema urbano, social e político da cidade. A partir do final dos anos 1990 podemos verificar que o discurso do problema fez com que o Centro se tornasse palco de fortes investimentos públicos e de visibilidade midiática.

Por outro lado, também podemos perscrutar nos números uma população que se esconde nas estatísticas, de difícil contagem e nomeação (Barros, 2004). Assim, diante da precisão das demais quantidades, os números dessa pobreza sempre são mais difíceis de contabilizar, de tornar-se visíveis e de conferir sentidos para as políticas públicas voltadas para a assistência e atendimento dessa população. Aqui, as duas dimensões da criminalização e da gestão de populações muitas vezes visibiliza para esconder o problema efetivo.

Ainda assim, é possível levantar alguns números para ressaltar a pobreza do Centro e o convívio com uma demanda em situações de maior vulnerabilidade.

Em função da oferta de empregos e das possibilidades de sobrevivência, das redes de atendimento público e privado, da quantidade de serviços disponíveis, da proximidade com o trabalho, há um atrativo para residência da população mais pobre frente a condições precárias de habitação, permanência e violência. Em São Paulo, há 57.670 moradores em cortiços, em 1.502 edificações (SEADE, 2001), 10 mil ambulantes, dois mil catadores de papel/papelão e materiais recicláveis e 10.394 moradores de rua. É possível dizer que, pelas características dessas populações, a maioria habita o Centro.

Esse movimento não passou despercebido, e, no final dos anos 1990, a região passou a ser "visibilizada", tanto do ponto de vista dos discursos proferidos, de pesquisas acadêmicas e da mídia como, sobretudo, de intervenções do Poder Público (nos três níveis), de associações empresariais e também dos movimentos sociais. Podemos situar a visibilidade da região como um "problema" ou uma "questão urbana" no momento em que aparecerem discursos diversos que ressaltam o esvaziamento populacional, a suposta perda do dinamismo econômico, o "empobrecimento" da região e seu abandono.

O debate em torno do "esvaziamento populacional" da região foi tomado, de outro lado, pelos movimentos de sem-teto, cujo marco de surgimento é a metade final dos anos 1990. E o discurso é a possibilidade de habitação popular no Centro.

Assim, se constrói a proposta de políticas habitacionais como elemento de disputa pelos movimentos de sem-teto, ressaltando a diversidade da ocupação na região, ou seja, um espaço urbano de múltiplas funções, que pudesse combinar empregos, serviços e também moradia.

Há uma verdadeira polêmica sobre a noção de diversidade. De um lado, aqueles que compreendem que o Centro não comportaria a habitação das camadas mais pobres, em razão da dificuldade em fixar essas populações, pelo elevado custo da moradia, e dos serviços que estes setores não poderiam suportar. De outro lado, os argumentos daqueles que defendem maior adensamento da região, fixando uma população mais pobre, em razão da oferta de serviços, dos equipamentos públicos, da infraestrutura urbana consolidada e do grande número de imóveis vazios, que poderiam ser reformados com a finalidade de alterar sua função primeira e adotar outra função, a de habitação.

Essa polêmica percorreu todo o período recente como dois polos em disputa que ora se aproximavam, ora se afastavam. As recentes denúncias de um processo de "criminalização" de movimentos sociais e populações vulneráveis, como a população de rua, meninos e meninas de rua, catadores de papelão e camelôs, parece demonstrar um deslocamento relevante da cena anterior (Fórum Centro Vivo, 2005). Mas as pautas e os conteúdos dos movimentos de sem-teto e as denúncias, apontam-nos um deslocamento daquilo que se afirmava como política habitacional para programas de atendimento a uma população mais vulnerável: população de rua, deficientes físicos, moradores de baixos de viaduto.

Há, portanto, uma indistinção entre o atendimento à população mais vulnerável e aquela demanda dos movimentos de sem-teto, esses também convivendo com uma demanda mais empobrecida daquilo que se compreende por política habitacional, para um conjunto de programas que têm um "público-alvo" definido. Contudo, antes de tratarmos sobre os programas, é necessário percorrer o histórico conflituoso do Centro e a luta pela nomeação que os pobres travaram até tornarem-se os atuais sem-teto.

Cabe retroceder ao ponto obscuro, pouco iluminado pela literatura. O retorno é para os anos 1980, no ponto de irrupção dos principais movimentos de moradia e na constituição do trabalho de aproximação política entre os "agentes de mediação"[7] e os mais pobres. Trabalho social que se confunde com militância política, influenciada pelos ventos favoráveis do Concílio Vaticano II e de Medellín, do lema da igreja católica de "opção preferencial pelos pobres". No entanto, o encontro não será feito sem tensões e carrega a questão da nomeação, do aparecimento e pertencimento público de populações esquecidas, "mal vistas", de pobreza sem lugar. Pobreza esta que volta hoje, iluminada de maneira ofuscante, quase como redescoberta de populações que sempre existiram no Centro, de nomes que, na ausência de categoria, desfilam por uma miríade de descrições. Por que o Centro se torna palco por excelência da intervenção, do investimento público, dos discursos sobre a pobreza, do aparecimento de movimentos de sem-teto, numa explosividade que contrasta com o período histórico recente, de dificuldades da luta social e de acantonamento das organizações populares? Essa é a questão que buscaremos responder no decorrer do capítulo, perscrutando as falas e os silêncios dos nossos informantes.

História e nomeação

"Parecia que o Centro não era ator"

A imagem do Centro como um lugar que não comporta a pobreza não é recente e está na raiz dos embates urbanos que percorreram a história das cidades desde a República. O cenário dos primeiros anos da República, no Rio de Janeiro, capital do país, com as primeiras

---

7   Aqui me utilizo de uma terminologia adotada por José de Souza Martins em referência ao trabalho missionário/político da Igreja, partidos de esquerda, sindicatos de organização dos camponeses, pequenos agricultores, sem-terra, posseiros, indígenas, etc., a partir daqueles que não são os camponeses propriamente ditos, mas mediam a relação deste homem com a política antes do surgimento de suas próprias organizações (Martins, 2002).

intervenções urbanas do prefeito Pereira Passos tornaram-se paradigma de tratamento da pobreza. O palco privilegiado foi o Centro e o acontecimento fundante, a demolição do famoso cortiço "Cabeça de Porco", que nos tempos áureos tinha mais de quatro mil moradores e era visto pelas autoridades como "valhacouto de desordeiros". A contemporaneidade da intervenção é sublinhada por Chalhoub:

> O que mais impressiona no episódio do Cabeça de Porco é sua torturante contemporaneidade. Intervenções violentas das autoridades constituídas no cotidiano dos habitantes da cidade, sob todas as alegações possíveis e imagináveis, são hoje um lugar-comum nos centros urbanos brasileiros. Mas absolutamente não foi sempre assim, e essa tradição foi algum dia inventada, ela também tem a sua história. O episódio da destruição do Cabeça de Porco se transformou num dos marcos iniciais, num dos mitos de origem mesmo, de toda uma forma de conceber a gestão das diferenças sociais na cidade (Chalhoub, 1996: 19).

Chalhoub destaca que nas práticas discursivas da intervenção no cortiço carioca há dois elementos: a construção da noção de "classes pobres" e "classes perigosas" e o surgimento de discurso que legitima a resolução dos conflitos urbanos, a partir da racionalidade técnica e "científica", extrínseca à política.

Assim, a conflitividade e a disputa em torno da apropriação do espaço urbano das centralidades urbanas não são recentes. Elas estão inscritas em momentos fundantes da instituição da cidade na República e devem ser vistas como constitutivas de sua criação, regulação e da ocupação dos espaços urbanos. Lugar de pobreza e riqueza, de convivência dessa diversidade interclasses que ilumina e oculta, que se apresenta em representações sociais e simbólicas, que condensa esse conflito, o Centro é o lugar contraditório dessa disputa, na maioria das vezes silenciosa. Em São Paulo, isso fica claro, desde o início do século, no ocultamento dos negros, pelo silenciamento das fotos e nas ruínas, que escondem e destroem a cidade para dar lugar ao progresso e aos novos monumentos (Santos, 1998), e reaparece na música, nas manifestações artísticas, contraponto à cidade que não para de crescer, consagrada nos festejos do IV Centenário.

Essa pobreza sem nome só se observa pelas histórias que contam e cantam a cidade. Daí decorre a fama dos sambistas paulistanos que cantam o desaparecimento silencioso, o apagamento de rastros da cidade, cujas forças sociais desatadas do progresso constroem monumentos e prédios e destroem tudo a sua volta, apagando a pobreza persistente. Adoniran Barbosa é o principal deles e sua letra ecoa como se fosse nosso verdadeiro "mito fundador" (Rocha, 2002).

Essa pobreza sem nome será nomeada com títulos do passado, em dois discursos, procurando-se ressaltar a diferença do que está na sombra da "classe trabalhadora". Os movimentos sociais e a esquerda buscarão conforto na fantasmagoria da palavra "lúmpen", procurando esconjurar aqueles para os quais os nomes existentes não explicam as situações. São os farrapos que não se mobilizam, "vendem-se" e estão na fronteira entre a pobreza que organiza e a miséria que desorganiza, e é "preguiça" e "marginalidade" (Rancière, 1995).

A outra palavra vem da igreja desde os tempos em que não existe propriamente uma questão social, momento no qual a ideia de direitos sociais não fora inventada, e trata-se de tematizar a pobreza como infortúnio, no compromisso individual para com o próximo. A fórmula para resolvê-la é a solução da pobreza na matriz da filantropia e da caridade.

Quem sublinha esta questão obscura e esse problema que não espanta é alguém que assistia a esta cena de aparecimento/ocultação da pobreza no Centro. Ocultação num momento em que os movimentos sociais nos anos 1980 apareciam na periferia de São Paulo. Movimento este acompanhado pela produção acadêmica e pelos técnicos que irão apoiá-lo e ajudar na conformação de suas políticas.

Luís Kohara[8] é nosso guia nesse momento. A trajetória de Kohara está nesse lado obscuro, trabalho vinculado a uma pobreza sem nomeação no Centro, da impossibilidade da "subjetivação política" desses pobres (Rancière, 1996). Dois momentos marcam sua trajetória na constituição das várias fases do trabalho social com essa população sem nomeação.

Primeiro momento: o trabalho como voluntário na Organização Auxílio Fraterno (OAF), em 1979, que o levou a frequentar os pontos de dormida, "as bocas de rango", os espaços dos moradores de rua. Naquele período, era no plano da caridade que se atuava e o foco do "problema social" do Centro eram os moradores de rua, os catadores de papelão e as crianças de rua.

Segundo momento: buscar "politizar" o trabalho com essa população do Centro, a partir dos cortiços, o leva a atuar no Centro Gaspar Garcia de Direitos Humanos, em 1988, com os moradores de cortiços.

Aqui, o problema da pobreza no Centro aparece na habitação, no preço abusivo dos aluguéis, nos cortiços e nas relações violentas entre os inquilinos e seus locadores, e os "leões de chácara" responsáveis por recolher o aluguel. É tempo em que a política habitacional de São Paulo está voltada para a periferia e a forma privilegiada é o mutirão. Nesse momento, não havia movimentos de moradia que atuavam fortemente no Centro.

---

8 Luís Kohara foi o coordenador do Programa Locação Social na administração de Marta Suplicy e tem larga experiência no trabalho com as populações do Centro, dos cortiços e população de rua. Engenheiro e técnico social com trajetória profissional, acadêmica e política no Centro, ele sublinha a disputa sobre a existência de uma questão social a ser enfrentada. A entrevista foi concedida em 07/12/2005.

186　EDSON MIAGUSKO

> A gente fazia retiro, tinha um grupo de jovens que dormia toda a sexta na rua. Tem uma história longa e depois a gente começou a sopa, a questão pedagógica de você aproveitar aquilo que a população faz, mas depois você potencializar aquilo para outras questões, discutir (...). A gente discutia muito a questão do problema do Centro, mas muito focada na questão de população de rua, catadores, crianças de rua. Naquela época trabalhava-se muito com a questão da criança (...). E um dos problemas que aparecia além da população de rua, criança, era a questão da moradia em cortiço. Foi aí quando a gente começou a formar com outras pessoas uma questão de defesa, principalmente dos moradores de cortiço, porque a gente começou a ter muitos despejos. E era uma época também de inflação, a questão de valor de aluguel que aumentava de forma irregular, a questão da água e da luz. E aí começamos a discutir o Centro um pouco mais focado na questão da habitação. O Centro era um espaço, um local onde mora muita gente e um local onde também tem a pobreza. Tanto que a partir da articulação desses grupos, a partir de 84, a gente começa a formar o Centro de Defesa dos Direitos Humanos. Em 88, esse centro passa a chamar Centro Gaspar Garcia de Direitos Humanos. E aí com uma bandeira, a missão do Centro Gaspar Garcia, que era morar dignamente no Centro. Contrapondo toda essa ideia que morar mal era na periferia. Tinha toda – acompanhei muitos grupos religiosos que foram para a periferia na década de 70, que a opção pelos pobres era morar na periferia. E a gente fazia uma discussão, que opção pelos pobres era trabalhar no Centro da cidade de São Paulo. E foi com esse enfoque que nasceu o Centro Gaspar Garcia, nasceu com a questão de moradia do cortiço, a questão dos catadores e população em situação de rua (Luís Kohara, 07/12/2005).

Trabalho influenciado pela igreja progressista e que revela o trânsito e a perspectiva de trabalho com os pobres. O lugar da pobreza era a periferia, para onde migravam a maioria dos missionários e onde a demanda por moradia atuava nos movimentos populares que se constituíam. Para utilizar uma imagem, o lugar da pobreza no Centro era "periférico" para esses grupos religiosos.

Assim, a ideia do Centro como espaço da pobreza é deslocada. É uma pobreza sem lugar, mesmo para quem procurava representar a luta dos mais pobres e não é nomeado nem mesmo pelos movimentos de moradia:

> Olha, o Centro é um lugar onde transita muitos movimentos sociais e você tem muitas sedes de instituições, sindicatos, essas coisas. Agora a mobilização do Centro, *parecia que ele não era ator* (grifos meus). E isso era uma coisa muito perceptível. Quando a gente discutia mesmo nas grandes articulações, discutia – me lembro de umas três assembleias da UMM que estava começando, ou mesmo na Pastoral na Arquidiocese – chamava Norte, Sul, Leste, a gente precisava bater nas pessoas que estavam coordenando: não vai chamar o Centro? Porque era tão claro que no Centro não se tinha mobilização que as pessoas não sentiam a necessidade nem de lembrar. O Centro sempre teve muita dificuldade. E depois também se tinha um certo mito que na população de cortiço não é possível mobilizar. Eu lembro de ter discutido com lideranças: no cortiço não dá, não tem espaço, as pessoas não falam, as pessoas pagam aluguel, ninguém quer saber muita coisa. Então também parece que tinha uma certa acomodação dos educadores, que não fosse possível mobilizar. Tanto população de rua, catadores e cortiço, assim, todos que atuavam nas lutas na periferia não acreditavam muito. Tinha uma questão até da população mais pobre – isso eu já estou dizendo anterior ao Gaspar Garcia – que a gente discutia muito quando não tinha movimento com muita força, que era muito comum você catar o pessoal de esquerda, logo dizer dos lúmpen. E o pessoal da igreja também via a população mais pobre como aquele que precisa da caridade. E eu lembro que nós, assim, que assumia a pedagogia do Paulo Freire, tinha uma visão diferenciada, dizia que não. Ele nem é lúmpen, nem instrumento para receber caridade. Ele pode ser um sujeito" (Luís Kohara, 07/12/2005).

"Nem lúmpen, nem instrumento para receber caridade". Essa falta de lugar de uma população desconhecida, de difícil mobilização passa a ser aquela que aparece como a força principal e mais visível dos movimentos de moradia que se deslocam, em termos de visibilidade, para o Centro.

Assim, o Centro ocupava duplo lugar discursivo: de um lado, sede dos bancos, das empresas, do Poder Público, o Centro era visto como a "cidade" – era comum aos "antigos" quando iam ao Centro dizer que "iam a cidade" –, lugar de riqueza e poder; de outro lado, os setores mais vulneráveis socialmente também habitavam o Centro, espaço dos cortiços e encortiçados, da população de rua, de meninos e meninas de rua, de miríade de personagens inclassificáveis pelos movimentos de moradia, pela esquerda e até mesmo pela Igreja progressista. Voltando no tempo e folheando um escritor que captou a linguagem e a vida deste "inclassificável", percebemos a tentativa de nomeação do que não tinha lugar, nem vez, o "merduncho", palavra inventada por João Antônio para referir-se àqueles sem nome, encarnação da figura ambígua do malandro, que vivia no fio da navalha dos pequenos golpes para garantir a sobrevivência do agora. Vale a pena transcrever a infinidade de personagens que aparecem em sua crônica urbana dos anos 1960, na capital paulista, em "pequeno universo" de pensão da Boca do Lixo:

> Aquilo, àquele tempo, já era o casarão de acordo dos dias de hoje, já pensão de mulheres. Mas abrigava também, à noite, magros, encardidos, esmoleiros, engraxates, sebosos, aleijados, viradores, cambistas, camelôs, gente de crime miúdo, mas corrida da polícia; safados da barra pesada, que mal e mal amanhecia, seu Hilário mandava andar. Cada um para sua viração (Antônio, 2002).

Esta enorme quantidade de nomes para descrever a "viração" cotidiana que torna instransparente a fronteira entre o "bom trabalhador" e sua luta por sobrevivência, retrata exatamente isso: a quantidade imensa de nomes só é possível porque não há nomes que possam se constituir como identidades próprias, palavras que são mais que palavras, são nomes que legitimam lutas e sujeitos, na qual a "parcela dos sem-parcela" (Rancière, 1996) aparece para reclamar o dano e, portanto, instituir a política pelo dissenso.

Mas antes de perseguir essa vereda, voltemos à nomeação, ao esforço de invenção de nome provisório da palavra que ficou ecoando e chegou àqueles destituídos de nomeação. É da criação da primeira entidade que organiza os encortiçados, a criação da Unificação das Lutas de Cortiço (ULC), que nos referimos.

A ULC é resultado da fusão de três matrizes distintas que inscreverão seus nomes nos movimentos de sem-teto subsequentes. A Associação dos Trabalhadores de Quintais e Cortiços da Mooca, o Centro Gaspar Garcia de Direitos Humanos e a Pastoral da Moradia, daqui nasce a Unificação das Lutas de Cortiço (ULC), primeira tentativa de representação do que se considerava como "irrepresentável", os encortiçados que pagavam aluguéis para morar próximo ao trabalho.

A criação da ULC procurava organizar fundamentalmente os encortiçados da região central de São Paulo. "Agir sem pauta de emergência", procurar sair da dinâmica recorrente de responder aos despejos, aos autoritarismos dos donos de cortiço e intermediários. Anos de recessão, de "reencortiçamento" da região central (Simões Jr., 1991), em que a resolução da equação proximidade ao trabalho e moradia torna-se fator decisivo para as famílias "equilibrarem" sua sobrevivência. Liderança dos encortiçados que vive esse período aponta essa luta no chão da sobrevivência:

> Daí a gente ficou alguns anos caminhando com esse movimento que não era movimento propriamente de moradia, mas sim de luta pelos direitos dos moradores explorados.[9]

Luta pela diminuição das taxas de luz e água, pelo fim da figura do intermediário, déspota privado que regula a vida no cortiço, figura conhecida por sua violência e desmando. Sem nome, o morador de cortiço aparece em várias lutas, sempre em lugar deslocado – nem morador de rua, nem movimento de moradia – representado na crença da dificuldade em organizá-lo, pois itinerante e dócil. Até que o lugar aparente se altera: de morador de cortiço para encortiçado, de encortiçado para sem-teto. A primeira assembleia do movimento dos encortiçados e catadores de papelão, promovido pelo Centro Gaspar Garcia de Direitos Humanos procura romper essa barreira nomeando aquilo que se quer. Invenção de fala que procura inscrever no Centro o nome daqueles que não poderiam habitá-lo. Da melhoria das condições no cortiço, palavra privada que visa superar o despotismo, procura-se instituir a fala pública, do direito à cidade, do Centro como lugar de moradia, não apenas de passagem, de errância ou itinerância. É isto que está na primeira carta endereçada não mais ao dono de cortiço, ao intermediário, mas ao governo, aos poderes públicos e aos demais movimentos de moradia:

> 1. desapropriação pelo Poder Público, de áreas de grande concentração de cortiços, para a posterior reforma ou reedificação de habitações coletivas autogeridas. O financiamento para tais obras seria feito basicamente pelo poder público e a construção executada por mutirão, tipo FUNAPS. A associação de moradores teria assim direito à propriedade do imóvel devendo restituir ao Poder Público o financiamento concedido;

---

9   Entrevista com Gegê, liderança do Movimento de Moradia do Centro, in: Benoit, 2000.

2. desapropriação de edificações abandonadas e vazias (prédios, galpões industriais, casarões) e de terrenos particulares vazios com o fim de construção de moradias para a população encortiçada, da mesma forma como descrita no item anterior;

3. aproveitamento de terrenos públicos sem destinação, ainda vazios, que se localizam nessas regiões, para construção de moradia à população encortiçada.

Esta fala reivindica, mas não constrói unidades habitacionais e nem alcança definir uma política de habitação para o Centro. São apenas quatro empreendimentos que deixam pequenas marcas ao final de um governo, cuja política habitacional principal é o mutirão, voltado principalmente para a periferia da cidade. Ao final da gestão Luiza Erundina (1989-1992), são construídas poucas unidades habitacionais na região central de São Paulo, muito em função das prioridades estabelecidas na gestão: dois na Mooca/Belenzinho, um no Pari e outro no Ipiranga (Simões Jr., 1994). Contudo, inventam uma nomeação. De moradores de cortiço que reivindicavam diminuição das taxas de luz e água (e continuam reivindicando), o novo nome são *lutadores de cortiços que se unificam* (ULC).

A velocidade de transformações, contudo, nesse espaço onde há diversidade incontável de atores redesloca o diagrama desse movediço campo de conflitos. Do lugar da riqueza, começa-se a perceber o Centro como local de pobreza. Não apenas os movimentos sociais têm esse deslocamento de percepção, ao ver o Centro como lugar de luta e reivindicações, para além da experiência da caridade e de uma "população tutelada". Outros atores também percebem isso pela chave inversa e, talvez seja possível dizer, que perceberam antes. É um duplo movimento: viabilizar o Centro como local de pobreza para devolvê-lo para seu lugar anterior, da riqueza.

A visibilidade construída deste ponto de virada simbólico é a possibilidade de mudança da sede da Bolsa de Valores da região (Frugoli Jr., 2000), que se torna o sinal vermelho de uma suposta dinâmica que ocorria desde os anos 1980: esvaziamento populacional, deslocamento da moradia e dos serviços para outras centralidades.

A dinâmica que constrói um diagnóstico apresenta também uma solução e este movimento precisa ser detido, para que a região central não fique abandonada a uma população "marginal": camelôs, encortiçados, mendigos, trombadinhas, prostitutas, sem-teto, menores abandonados, pobres. É preciso dar respostas a isso. O Centro passa a ser visível como espaço degradado, sem vida, que precisa ser "revitalizado".

Neste momento, podemos verificar dois movimentos que organizam um campo de conflitos que só ficará visível depois. O discurso da requalificação urbana se organiza, define propostas, pressiona os poderes públicos, traça diagnósticos e estabelece diretrizes. A fundação da Associação Viva o Centro (AVC), em 1991, e sua afirmação no decorrer da década afirmam um novo patamar discursivo para a visibilidade do Centro como um problema urbano. E o deslocamento da atuação e da nomeação dos movimentos de sem-teto reorganiza um outro campo de conflitos.

Requalificação urbana e movimentos de sem-teto

A literatura sobre os processos de requalificação urbana nos centros urbanos é extensa. Há dupla história que se combina: a primeira, a genealogia do termo e sua incidência nas políticas urbanas mundo afora; a segunda como o processo chegou ao país, influenciado por estes debates.

O termo "requalificação" urbana e seus correlatos – revitalização, reabilitação, revalorização, reciclagem, promoção – surgem a partir do encontro entre o planejamento estratégico e a dimensão cultural.

Situando a conjuntura histórica que demanda esse estranho encontro, o que ocorre é uma:

> resposta específica da máquina urbana de crescimento a uma conjuntura histórica marcada pela desindustrialização e consequente desinvestimento de áreas urbanas significativas, a terceirização crescente das cidades, a precarização da força de trabalho remanescente e sobretudo a presença desestabilizadora de uma underclass fora do mercado (Arantes, 2000: 31).

Esta cena norte-americana, retratada por Wacquant, tem como resposta o estabelecimento das cidades como "máquinas de crescimento" (Molotch, *apud* Arantes, 2000). Aqui, há simbiose entre o planejador e o empreendedor, por onde a linguagem desliza em significações e nomeações que obnubilam a compreensão dos processos.

A revitalização urbana e o jargão conceitual se encontram nessa relação entre cultura e planejamento estratégico. A novidade não é a colonização da dimensão cultural pelo aspecto econômico, de resto anunciado pelos frankfurtianos, no momento mesmo do pós-guerra. O que se apresenta como aspecto novo é que a cultura torna-se peça fundamental da fabricação de consensos numa sociedade na qual a imagem já é a nova fronteira da negociação e do dinheiro, e, na medida em que as cidades devem ser vendidas para atrair investimentos, tornarem-se polos de emprego, cultivarem imagem de dinamismo inerente a esta nova etapa do capitalismo globalizado. E esse consenso não se coloca apenas entre empresários e promotores culturais, urbanistas e as novas classes médias. O consenso se fabrica na compreensão das próprias populações deprimidas por duas décadas de estagnação econômica e catástrofe urbana, "persuadidas" de que a cidade-emprendimento pode atrair empregos, desde que aqueles que queiram obter as vagas tenham o perfil "competitivo" e "dinâmico" exigido.

Assim, a aparência desse consenso não é a homogeneidade, mas a heterogeneidade de espaços anteriormente "degradados", de centros "abandonados", que devem voltar a ter vida, da "cidade sitiada" para a "cidade como comunidade" (Arantes, 2000). Políticas de urbanização baseadas na ideia da cidade como máquina de crescimento, conectadas às redes do capitalismo globalizado, poderiam estar em qualquer lugar do mundo. E efetivamente estão. Contudo, às aparentes oportunidades do capitalismo globalizado o paradigma mais efetivo parece ser outro, dado à explosão da pobreza urbana, resultado das políticas preconizadas pelos organismos de financiamento mundial para as políticas urbanas.

Assim, o discurso da requalificação urbana respondia ao quadro específico norte-americano de cidades em processo de deslocamento do perfil econômico, de substituição de indústrias por serviços, de redução dos empregos para a população negra, jovem e menos qualificada. Conforme os empregos industriais desaparecem, a resposta do *establishment* norte-americano centrou as cidades como novos espaços de acumulação, a ocupação da fronteira espacialmente ocupada, que, pelo abandono das centralidades em "novo ciclo de negócios", teriam sua função revitalizada e alterada. Por outro lado, é possível dizer que a existência de *welfare* privado demandou o ataque a estas políticas de ajuda aos mais pobres, que passaram a ser vistas como responsáveis pela permanência na pobreza de quem se deveria retirar. Entretanto, o pressuposto primeiro era a existência destas políticas, o que demandou redução de gastos públicos.

As políticas de requalificação urbana que associavam planejamento estratégico e a dimensão cultural nos EUA tiveram sua contraface no processo que substituiria os moradores antigos pelos novos moradores. É por isso que ao processo de "gentrificação", o retorno da *gentry*, pressuporia a substituição ou invisibilidade daqueles que habitavam as áreas degradadas, exatamente por não terem outros espaços urbanos para habitar. Desse modo, se gentrificação é o conceito que assinala o retorno da *gentry* e consequente expulsão dos indesejáveis, sua outra face é o conceito de *underclass*, presente no debate acadêmico norte-americano, que pela sua elasticidade e pouca significação tornou-se conceito-valise, que comporta diferentes sentidos.[10]

No caso de São Paulo, o debate da requalificação urbana adquire força com a criação da Viva o Centro, cuja inspiração inicial era a Baltimore, matriz do Banco de Boston, um de seus principais indutores. Esse debate existia antes da criação da AVC, mas é a partir desse momento que se altera a apreensão dos atores:

> a entrada do Viva o Centro e do movimento politiza a questão da requalificação urbana (Luiz Kohara, 07/12/2005).

Esse momento marca a ampliação da presença de movimentos de sem-teto reivindicando habitação popular na região. Essa explosão da demanda gerará a diversidade de programas municipais para atendimento da população mais pobre, procurando associar dois interesses diversos: a valorização imobiliária da região com políticas de atendimento à população mais pobre. São essas contradições dos programas habitacionais ou no financiamento desses programas.

---

10 Wacquant critica o emprego indiscriminado do conceito de *underclass* e afirma que a própria utilização larga do conceito demonstra quanto a palavra se transformou num artefato estatístico e conceito valise acerca do debate sobre a nova pobreza nos Estados Unidos: "Artefato estatístico nascido da reunião arbitrária de populações que apresentam relações e mecanismos sociais divergentes, a *underclass* é uma designação própria do espaço social, local vilipendiado, esquivo e percebido de longe (e do alto) sobre o qual cada um pode projetar seus fantasmas. Mais que uma categoria sociológica, é um categorema: um instrumento de acusação pública. A *underclass* entra, assim, na sociologia da marginalidade urbana não a título de ferramenta analítica, mas de objeto, na ocorrência de crença coletiva a elucidar" (Wacquant: 2001).

Os programas

A disputa de sentidos no Centro

Assim, no final dos anos 1990, as questões relativas ao Centro apareciam em primeiro plano. Dois discursos se entrelaçaram: o primeiro, o combate à "degradação" do Centro, procurando deter a retirada de empresas e instituições financeiras, valorizar e retomar empreendimentos imobiliários na região; o segundo, que se afirmou no decorrer da década de 1990, do discurso de capacitar São Paulo para assumir o papel de "cidade global emergente". Quem assumia o protagonismo desses discursos era a Associação Viva o Centro (AVC).

O poder público também desenhava um conjunto de intervenções, nos três níveis de governo. A Prefeitura, sob a administração de Paulo Maluf (1993-1996) e depois Celso Pitta (1997-2000), tinha pouco interesse pela região central, o que fez com que a Associação Viva o Centro ampliasse seu escopo de atuação, influindo decisivamente na criação do ProCentro, em 1993, e na Operação Urbana Centro, em 1997.

No governo estadual, a intervenção no Centro foi fortalecida durante a segunda metade da década de 1990, sobretudo, em duas frentes. A primeira, de cunho habitacional, coordenado pela CDHU, através do Programa de Atuação dos Cortiços (PAC), propunha a erradicação dos cortiços na região central.[11] A segunda, alinhada com a política cultural do governo FHC (1995-2002), propunha a construção de equipamentos culturais de porte e a recuperação do patrimônio

---

11 Os recursos do PAC são originários de recursos do BID e do governo estadual. O BID também financiou o Programa Ação Centro, no governo municipal, em que se insere o Programa Morar no Centro.

histórico, como forma de desencadear um processo de transformação urbana na região.

Os movimentos de moradia passaram a organizar a atuação no Centro a partir de 1997 por meio das ocupações de imóveis vazios, em sua maioria edifícios públicos, mas também prédios privados, fábricas, hospitais, galpões e ruínas inacabadas de equipamentos públicos. E tiveram como pauta principal a reabilitação de inúmeros edifícios vazios na região central e a criação de linhas de financiamento para o atendimento da nova demanda que se agregaria a estes movimentos.

Esse contexto levou a gestão Marta Suplicy (2001-2004) a adotar uma política prioritária para o Centro. Nas discussões do programa de governo, na construção das diretrizes e na política urbana implantada era visível essa orientação. Mesmo nos discursos da prefeita e dos técnicos isso aparece com ênfase:

> A recuperação do Centro de São Paulo é uma das marcas da nossa administração. Mais do que o investimento nas áreas periféricas da cidade e em programas sociais, a aplicação de recursos no Centro contempla toda a população paulistana, resgatando e valorizando a memória e a história de nossa cidade.[12]

As iniciativas da gestão Marta Suplicy (2001-2004) se concentraram no Programa Ação Centro, coordenado pela EMURB e com a participação de 16 secretarias municipais e 5 empresas estatais. O objetivo do programa era "reverter o processo de 'degradação' e abandono da região através da implantação de projetos sociais e intervenções urbanas capazes de requalificar os espaços públicos e restabelecer suas potencialidades". Para tanto, o programa apontava como objetivo "a

---

12 Texto de apresentação da prefeita Marta Suplicy da pesquisa EMURB/CEBRAP, *Caminhos para o Centro: estratégias de desenvolvimento para a região central de São Paulo* (EMURB, 2004).

recuperação das áreas degradadas, a melhoria da qualidade ambiental, o fomento à pluralidade econômica, a inclusão social e o repovoamento residencial".

Contudo, a questão da habitação na região central não era consensual, mesmo na administração, se tomarmos seus vários níveis, hierarquias e atribuições, e os demais agentes como a Associação Viva o Centro, o principal financiador do programa, o BID, acadêmicos, técnicos, movimentos de sem-teto, profissionais da cultura, ONGs etc.

Haviam discursos diferenciados sobre a habitação nas áreas centrais. No discurso da Associação Viva o Centro, a habitação no centro era uma questão que não poderia ser atendida nas faixas de renda reivindicadas pelos movimentos de sem-teto. Em primeiro lugar, porque a presença das camadas populares no Centro era decorrente de um sistema de transportes "idiota" que transformara a região em local de passagem. Resolvido o problema dos transportes essa circulação diminuiria, para uma população essencialmente transitória. Em segundo lugar, a habitação deveria restringir-se aos trabalhadores da região, como bancários, funcionários públicos e comerciários, vistos como os "setores populares" e não pobres, em condições de inserir-se nas faixas de financiamento para aquisição de moradia.

Em entrevista, Jorge da Cunha Lima, assinala esta visão sobre o lugar das camadas populares no Centro e a questão da moradia:

> O Centro não tem a população que se imagina. O Centro é uma servidão de passagem para sistemas de transporte idiotas, no qual virou ponto final de todos os sistemas de ônibus. Então, aquela gente que passa no Centro, para ir de um lado para o outro pegar condução, aquela massa popular que até é geradora de camelôs e de interesses não tem nada a ver com o Centro. O popular do Centro é o que está prejudicado por isso aí, que é o bancário, o comerciário, que é o funcionário público. Esses sim, nós temos que respeitar (Frugoli Jr, 2000: 86).

Assim, a moradia no Centro é lugar dos trabalhadores formais, assalariados que podem pagar pela moradia a partir das faixas de financiamento fixadas pelo mercado.

Os movimentos de sem-teto, por outro lado, organizam uma demanda muito diferente daquela vista como "popular" pela Viva o Centro. E sua reivindicação para moradia, nas faixas de renda em que o problema habitacional atinge de maneira mais clara essas populações, exige programas habitacionais fortemente subsidiados.[13]

Esse discurso, que exige subsídio para atendimento das famílias sem-teto do movimento, é a reivindicação central na pauta dos movimentos dos sem-teto. E é explicitado no boletim do Movimento Sem-Teto do Centro:

> queremos financiamento do Governo Federal para transformar esse imóvel em moradia popular;
>
> queremos a implantação de programas habitacionais que atendam as faixas de rendimento familiar de até 3 salários mínimos;
>
> queremos a isenção de taxas e emolumentos para a aquisição da moradia popular;
>
> queremos que os programas habitacionais sejam desenvolvidos por meio de autogestão, ou seja, em parceria entre a Associação dos atendidos e os órgãos públicos;
>
> que tenha início o Fundo Nacional de Moradia Popular, gerenciado por um conselho de representantes dos movimentos populares;
>
> que em todos os projetos habitacionais para as famílias de baixa renda, sejam implantados programas sociais complementares tais como: bolsa-escola, bolsa-trabalho, renda mínima, frente de trabalho, creches, cursos de alfabetização e profissionalizantes, atividade culturais" (Luta por Moradia, maio/2002).

---

13 Na Região Metropolitana de São Paulo, há uma estimativa de um déficit de 596 mil unidades, a metade da prevista para o Estado de São Paulo. Deste total, 401.239 unidades deveriam ser construídas para pessoas com renda até três salários mínimos (71,2%).

Programa de Arrendamento Residencial e Programa de Ação em Cortiços

A visibilidade das ocupações dos movimentos de sem-teto, na metade final dos anos 1990, em conjunto com o diagnóstico de esvaziamento populacional no Centro, desdobrou-se em políticas diferentes daquelas estabelecidas e surgiram novos programas de atendimento e financiamento. O primeiro deles foi o Programa de Arrendamento Residencial[14] (PAR) com recursos da Caixa Econômica Federal, em 2001. No Estado, foi montado o Programa de Ação em Cortiços (PAC), gerenciado pela CDHU e com recursos do BID e do governo estadual, com decreto aprovado em 1998, mas colocado em vigor a partir da liberação dos empréstimos do Banco, em 2002.

O Programa de Arrendamento Residencial é o programa de financiamento com recursos da Caixa Econômica Federal, que visa o atendimento à população de baixa renda nos centros urbanos com mais de cem mil habitantes. No edital do programa, há a seguinte definição do PAR:

> é uma operação de aquisição de empreendimentos a ser construídos, em construção ou a recuperar/reformar, destinados ao atendimento da necessidade de moradia da população com renda familiar mensal até R$ 1.800,00, concentrada nas regiões metropolitanas e nos centros urbanos de grande porte, para arrendamento residencial, com opção de compra ao final do prazo contratado (Lei 10.188, de 12 de fevereiro de 2001).

Nas condições gerais e operacionais do programa, há a proibição para empreiteiras que sejam pessoas físicas ou para "regimes construtivos alternativos", caso, por exemplo, do mutirão. O relacionamento da

---

14 O edital do programa e a lei 10.188, de 12/02/2001, estão no site da Caixa Econômica Federal: https://webp.caixa.gov.br/urbanizacao/Publicacao/Texto/programa/PAR. htmPAR

Caixa se estabelece com a construtora e empreiteira, que pode recorrer diretamente ao financiamento.

O Programa especifica de maneira detalhada as características do empreendimento e estabelece tipologia para os imóveis construídos ou reformados. O primeiro é a previsão do local onde o projeto será executado: os terrenos ou imóveis devem estar inseridos na malha urbana, em locais dotados de infraestrutura básica, como água, energia elétrica, vias de acesso, esgoto e serviços de coleta de lixo e transporte. O número de unidades máxima do empreendimento é de 160 e a área útil mínima de 37 m², à exceção de projetos de recuperação, analisados individualmente. As obras não podem exceder o tempo de 15 meses, a partir da data da assinatura do contrato.

Há um detalhamento que especifica os itens que o imóvel deve conter se comparado a outros empreendimentos. Esses itens são obrigatórios: piso cerâmico ou ardósia; azulejo nas paredes molhadas de *box*, pia, lavatório e tanque; vãos de porta com folha nos cômodos; revestimento e pintura internos e externos, compatíveis com o padrão da unidade; nas unidades horizontais usar telha cerâmica, laje de teto nos banheiros e forro nos demais cômodos; calçada em todo o perímetro da edificação.

Concluído o empreendimento, as unidades habitacionais são arrendadas às pessoas físicas que atendam aos seguintes requisitos: renda familiar até R$ 1.800,00; capacidade de pagamento compatível com a taxa de arrendamento; não ser proprietário ou promitente comprador de imóvel residencial, ou detentor de financiamento habitacional, em qualquer local do país; ser maior de 18 anos ou emancipado; apresentar idoneidade cadastral; não ter contrato de arrendamento anterior rescindido, dentro do Programa, por descumprimento contratual. Um critério que restringe a contração do financiamento é não ter restrição de crédito, ou seja, "ter o nome limpo no Serasa".

O valor máximo financiado por imóvel é de 38 mil reais; em São Paulo e Rio de Janeiro, esse valor sobe para 40 mil reais por unidade. No caso de São Paulo, a Prefeitura indica a demanda e aprova o projeto.

O PAR, portanto, prevê que o morador pague quantia mensal, como se fosse aluguel e possa ter o direito à moradia. Após 15 anos, ele opta por comprar o imóvel, pagando o saldo residual e os tributos necessários à transferência do imóvel, ou renova o contrato de arrendamento ou devolve o imóvel sem receber o valor pago durante o contrato.

A relação direta se estabelece entre o órgão financiador, no caso, os escritórios de negócios da CEF e as empreiteiras que executarão o projeto. No caso de São Paulo, foi estabelecido um convênio com a CEF para que a Prefeitura passasse a indicar a demanda para os empreendimentos.

O programa indica renda familiar mínima de 1 salário mínimo para poder contrair o financiamento, mas sabe-se que famílias que recebem menos de 3 salários mínimos não se encaixam e são eliminadas durante o processo posterior de conquista do financiamento e seleção da demanda contemplada. A exigência de ampliação das faixas de financiamento e a crítica indireta ao PAR, por não contemplar esta demanda mais empobrecida, é motivo de crítica dos movimentos de sem-teto no Centro:

> Continuaremos lutando, para um atendimento imediato e um programa Habitacional, haja vista que as famílias de baixa renda estão excluídas dos já existentes. A demanda organizada não pode ser contemplada em nenhum programa habitacional.[15]

---

15 Ver Carta Aberta aos Brasileiros e Brasileiras de São Paulo, carta de reivindicações do Movimento em Defesa da Moradia e Movimento dos Trabalhadores Sem-Teto da Região Central, do dia 2/06/2003.

Em São Paulo, foi estabelecida uma parceria entre a Caixa e a Prefeitura para que a demanda fosse selecionada pela secretaria municipal de habitação. Alguns prédios foram viabilizados pelo programa numa ação entre os movimentos de sem-teto e a Prefeitura.

Já o Programa de Atuação em Cortiços (PAC) foi criado pelo governo estadual, em 1998, por um decreto estadual, mas só foi efetivamente implantado em junho de 2002, através da assinatura do contrato de empréstimo com o Banco Interamericano de Desenvolvimento (BID).

O foco do programa era a ação em áreas centrais, "cumprindo o papel de revitalizar o Centro deteriorado" das maiores cidades do Estado de São Paulo. Dentre os objetivos definidos pelo Programa, estavam:

> melhorar a situação habitacional dos beneficiários através da oferta de créditos e subsídios para a aquisição ou a obtenção de concessão onerosa de uso das soluções habitacionais previstas no Programa; orientar e fomentar a organização dos beneficiários para que possam participar das ações promovidas pelo Programa;
> Induzir o processo de reabilitação dos imóveis e a preservação das áreas urbanas centrais dos municípios participantes do Programa;
> Aperfeiçoar os instrumentos da política habitacional do mutuário, visando melhorar a sustentabilidade e a focalização do seu sistema de financiamento e subsídios (CDHU, 2003).

Em relação aos critérios de financiamento às famílias, o PAC estabelecia as seguintes modalidades: a) carta de crédito para a compra de imóvel; b) aquisição, reforma ou ampliação de cortiços; c) aquisição de imóveis vazios ou terrenos para moradia dos beneficiários; d) ajuda de custo para famílias ou pessoas moradoras dos cortiços "erradicados", sem renda ou interesse em assumir financiamento habitacional. O financiamento previa também um subsídio de R$ 15 mil por família.

O foco do PAC não era a recuperação de prédios antigos, como o PAR, e sim efetuar o mecanismo de cartas de crédito associativas para fazer parcerias com as associações, ou seja, realizar a aquisição de imóveis, através de desapropriação "amigável", para posterior construção de novos edifícios.

Apesar da quantidade de recursos disponíveis em cada um desses programas, o resultado final, se tomarmos os números de 2003, foi pequeno. Até o final de 2003, o PAR havia realizado cinco empreendimentos, totalizando 464 unidades, enquanto o PAC realizou dois empreendimentos, com um total de 188 unidades (Abiko et. Alii., 2004).

O limitante, contudo, não era ausência de recursos financeiros, tanto do Governo Federal e Estadual, como dos recursos emprestados pelo BID. O problema principal era a viabilização do financiamento para as faixas de baixa renda, público ao qual o PAR e o PAC se destinavam, mas sem condições de contrair financiamento conforme as condições requeridas pelo agente financiador. Assim, em várias situações, quando a família chegava ao estágio da avaliação final do agente financiador para obtenção do financiamento, a análise das condições para contrair o empréstimo limitavam sua incorporação à demanda e serviam como um funil para as famílias de menor renda. Mesmo que os programas afirmassem que o atendimento prioritário era para famílias abaixo de 5 salários mínimos, a demanda efetivamente atendida ultrapassava esses limites.

Assim, tanto o PAR quanto o PAC, apesar da disponibilidade de recursos, não conseguiram atender a parcela de baixa renda. Apesar disso, o PAR foi o programa mais utilizado pelos movimentos de sem-teto para contrair o financiamento para as famílias.

Programa Morar no Centro

O Programa Morar no Centro estava inserido no Programa Ação Centro e concentrava as intervenções da gestão Marta Suplicy (2001-2004) na área de habitação. A finalidade do programa era evitar que a reabilitação das áreas centrais levasse ao processo de expulsão da população de baixa renda em função da valorização imobiliária. Os mecanismos previstos para evitar esse efeito eram "a instituição de programas altamente subsidiados e de instrumentos urbanísticos que incentivassem a promoção de habitação social e a articulação da oferta de moradias com programas de geração de renda".

Gestado como um programa prioritário do governo, desde o início contava com duas modalidades de financiamento, além dos recursos próprios da Prefeitura por meio do Fundo Municipal de Habitação de Interesse Social (FMHIS): recursos do Governo Federal, através do Programa de Arrendamento Residencial (PAR), de recuperação de imóveis degradados e recursos de empréstimo do Banco Interamericano de Desenvolvimento (BID).

O programa compreendia duas modalidades de intervenção urbana: "Projetos Habitacionais em Terrenos ou Edifícios Vazios", com finalidade de reciclar os edifícios, e os Perímetros de Reabilitação Integrada do Habitat (PRIH), cuja finalidade eram as intervenções em áreas delimitadas, compreendendo um conjunto de quadras caracterizadas pela degradação urbana e com concentração de moradias precárias. Além disso, havia os "Projetos Especiais", como a Reabilitação do Edifício São Vito, antigo edifício próximo à região do Mercado Municipal, no qual residiam famílias de faixas de renda diversificadas e a Requalificação da Favela do Gato.

Em relação ao atendimento para as famílias de baixa renda, o Programa Morar no Centro compreendia três modalidades, além do Programa de Arrendamento Residencial, num convênio entre a Prefeitura e a CEF: o Locação Social, o Bolsa-Aluguel, o Moradia Transitória e o Programa de Intervenção em Cortiços.

A primeira questão a destacar é que esses programas se apresentavam como uma ruptura com a visão anterior, como "inovadores" e "inéditos", marcando a diferença com os programas habitacionais anteriores. O secretário de habitação do município, Paulo Teixeira, explicitava na apresentação do "Morar no Centro" o caráter inovador, seus objetivos e a relação com os movimentos sociais:

> O Morar no Centro é uma forma nova de intervir nos problemas habitacionais da cidade de São Paulo. Seus principais objetivos são melhorar as condições de habitação de quem já vive no Centro, promover a inclusão social da população de baixa renda e atrair novos moradores para a região. Para isso, são desenvolvidos programas habitacionais com linhas de financiamento e subsídios especialmente desenhados, formas de intervenção urbanas diferenciadas (bairros ou terrenos e prédios isolados, e parcerias com movimentos sociais e comunidades da região.[16]

Assim, do ponto de vista habitacional, o programa Morar no Centro,[17] coordenado pela SEHAB, buscava organizar esse conjunto de programas de atendimento aos moradores do Centro inseridos na dinâmica da requalificação urbana da região.

Abaixo, tomamos dois programas inseridos no Morar no Centro, o Locação Social e o Bolsa Aluguel, e, a partir deles, procuramos destrinchar algumas situações vividas por aqueles que foram seus "beneficiários". Não é nosso objetivo analisar pormenorizadamente os programas e seu desenho institucional. Nosso objetivo aqui é situá-los em relação ao atendimento da demanda proposta.

---

16 Programa Morar no Centro (SEHAB, 2004)

17 No libreto do Programa Morar no Centro, são expostos os seguintes objetivos: "melhorar as condições de vida dos moradores do Centro; viabilizar moradia adequada para pessoas que moram ou trabalham na região; evitar o processo de expulsão da população mais pobre, que muitas vezes ocorre em políticas de reabilitação de centros urbanos. Entre as diretrizes: priorizar a reforma de prédios vazios; combinar soluções habitacionais com iniciativas de geração de renda; buscar a diversidade social nos bairros centrais" (SEHAB, 2004).

Locação Social

O texto inicial que apresenta o Locação Social afirma o ineditismo do programa, "uma forma nova de intervir nos problemas habitacionais da cidade de São Paulo". Entre os principais objetivos destacados, estão: "melhorar as condições de habitação de quem já vive no Centro, promover a inclusão social da população de baixa renda e atrair novos moradores para a região". Para efetivar o programa, valorizam-se três eixos fundamentais: o desenvolvimento de programas habitacionais, com linhas de financiamento e subsídios especialmente desenhados, formas de intervenção urbanas diferenciadas e parcerias com movimentos sociais e comunidades da região.

O ineditismo do programa é destacado por procurar incluir pessoas sem condições econômicas nos programas de aquisição ou arrendamento. Seu objetivo, portanto, é o atendimento de famílias que recebem até 3 salários mínimos e o "público-alvo" preferencial são os segmentos com mais de 60 anos, moradores de rua, portadores de necessidades especiais e moradores de cortiço, favela, áreas de risco de insalubridade.

Os recursos que viabilizaram o Programa provieram do empréstimo de US$ 100 milhões do BID à Prefeitura de São Paulo, em que negociações se iniciaram em 1998, mas foram concluídas em 2004, terceiro ano de mandato da prefeita Marta Suplicy.

Durante todo o período de negociação dos critérios e destinação do empréstimo, houve uma disputa pela lógica e definição dos recursos entre os técnicos da Prefeitura e os consultores do BID. Essa disputa, contudo, ocorreu num contexto determinado em que as ações já eram tomadas a partir de regras decididas no primeiro escalão de governo e da direção do BID, e, portanto, como diretrizes a serem implantadas pelos técnicos.[18] Ainda assim, houve um embate para definir a questão

---

18 Pedro Arantes (2007) estuda a implantação das políticas urbanas do Banco Mundial e do BID e observa a constituição de uma "nova classe" de gestores dessas políticas urbanas

do subsídio habitacional, contrário à política do BID e que levou a longas negociações com os consultores do Banco.

Em termos financeiros, o contrato com o BID foi assinado em 2004. O valor total do contrato ficou em US\$ 167,4 milhões (US\$ 100,4 milhões financiados pelo BID e US\$ 67 milhões como contrapartida da Prefeitura). Do montante total, 15% se destinava à habitação, considerados os programas inseridos no Morar no Centro, somado a 2% dos recursos destinados a "ações correlatas de natureza social", como "regularização do comércio informal e atenção aos grupos vulneráveis" (Silva, 2006: 214).

A pesquisa coordenada por Helena Menna Barreto Silva (2006) apresenta a disputa com o Banco pelos parâmetros do financiamento. Esta passagem é relevante, pois a pesquisa foi realizada por alguém que também foi coordenadora do ProCentro na gestão Marta Suplicy e nos revela o embate com o BID para inserir o componente habitação, sobretudo, porque seu atendimento era prioritariamente dirigido a uma demanda que exigia a ampliação das faixas de subsídio:

> A definição dos componentes habitacionais foi especialmente difícil, por conta da resistência do BID em fortalecer a presença de setores de baixa renda no Centro, o que representaria um risco para as expectativas de valorização imobiliária que são um dos fundamentos desse tipo de financiamento. A definição do Aluguel Social

internacionalizadas. Os números apontam que São Paulo recebeu entre 1968 e 2003, 4,1 bilhões de dólares referentes a 21 projetos. Entre 1992 e 2003 a média é de US\$ 400 milhões anuais para o desenvolvimento de 12 projetos. Se for incluída a contrapartida local de 40% em média dos projetos se atinge o valor de US\$ 665 milhões, o que equivaleria a 18% do orçamento municipal em 2003. Arantes defende a tese que a intensidade da ação dos organismos internacionais também se reflete no padrão de negociação local e não ocorre num ambiente de plena liberdade de decisão, mas condicionado por uma decisão política a priori: "a decisão de governo já foi realizada pelo primeiro escalão e assumida pelo prefeito ou governador. Embora tenham participado do processo de solicitação do empréstimo desde o seu início, os gestores dos programas não têm permissão para se posicionarem pela desistência ou suspensão do acordo".

foi precedida de muita discussão, sendo montado um programa paralelo de capacitação que contou com recursos fiduciários do governo japonês totalizando US$ 500 mil. No entanto, as experiências, segundo o Fórum Centro Vivo (FCV), estão sendo abandonadas (Silva, 2006: 214).

Cabe destacar que um ponto polêmico essencial com os consultores do BID dizia respeito ao Locação Social. Nas negociações iniciais, o problema do Banco sempre foi o subsídio. No caso do Locação Social, a posição dos consultores era frontalmente contrária à ideia de construir um parque público para locação. A disputa com o BID se deu, em primeiro lugar, acerca da quantidade de recursos destinados à habitação no Programa Ação Centro. Posteriormente, das características desse programa de habitação e dos investimentos. O BID financiava grandes obras de "reabilitação" do Centro e a habitação era um item em disputa:

> Como era um programa novo, e acabou sendo de atendimento, ele acabou sendo uma prioridade para o governo. Por isso que eu falei que foi uma grande briga. Porque a princípio, quando o BID soube que o programa seria de locação, não queria dar recurso, não queriam aceitar enquanto linha para ser financiada por eles. Porque sempre tem essa discussão de que parte é recurso do banco e outra parte é contrapartida da Prefeitura. E eles queriam que usasse como contrapartida porque não era um projeto que o banco aprovaria. Eles chegaram a mandar consultores, para cá, para fazer pareceres contrários, dizendo que o recurso que era dado para a população, ao invés de construir um parque público, que era mais barato dar o recurso para a população e deixar ela comprar o imóvel, essa era a teoria deles.[19]

No contrato final, os 15% de recursos destinados pelo BID ao Morar no Centro foram assim divididos:

---

19 Entrevista com Margareth Uemura, assessora da presidência da COHAB, na administração Marta Suplicy (2001-2004), em 12/05/2007.

Tabela 1 – Participação (%) das ações habitacionais do financiamento do BID para o Programa Morar no Centro

Componente financiamento BID/ Programa Morar no Centro	Ação/projeto	%
Locação Social – provisão e reforma de edifícios	Obras	55%
Locação Social – provisão em edifícios privados	Bolsa Aluguel (subsídio)	12%
PRIH – Luz, Brás e Glicério	Serviços e obras	18%
Mecanismo de atração de renda média	Reformas/prêmio	11%
Recuperação São Vito	Obras	4%
Total do componente habitação	US$ 19.019.795	100%

Fonte: EMURB, 2004 (apud: Silva, 2006: 215)

O *programa Bolsa Aluguel e o São Vito*

O Bolsa Aluguel foi concebido como um programa que atribuía um subsídio utilizável na complementação do aluguel mensal no mercado privado de locação, por um período de 30 meses, renovável por igual período. O objetivo principal do programa era o atendimento de famílias moradoras em áreas de intervenção da Prefeitura, como edifícios, terrenos ou loteamentos caracterizados como em "situação de risco ou insalubridade", que exigia saída temporária ou permanente do imóvel (Sehab, 2004).

O libreto do programa Morar no Centro destacava também que, além de "apoio importante aos demais programas do Centro e à política municipal", o Bolsa Aluguel pressupunha "participação ativa do beneficiário", pois este deveria encontrar um imóvel em condições mínimas de moradia e de valor definido nos limites do programa.

As famílias do edifício São Vito, considerado um projeto especial da Prefeitura, foram as primeiras inseridas no Bolsa Aluguel.

O edifício São Vito foi incorporado em 1959 e se localiza na Avenida do Estado, em frente ao Mercado Municipal, na zona cerealista, geminado com o edifício Mercúrio. No projeto original, o edifício possui 600 apartamentos, distribuídos em 26 andares, com quitinetes de 25 a 30 m², além de 15 unidades comerciais no térreo e auditório, e salão na cobertura. As condições do edifício vinham se degradando há anos e em sucessivas administrações foi aventada a hipótese de demolição e implosão, sempre descartada pelo custo político de demolir um edifício numa cidade com déficit habitacional como São Paulo.

As características da demanda do edifício eram de famílias que trabalhavam na região central (75%), com renda de até 3 salários mínimos (62% dos chefes de famílias), com uma quantidade significativa de proprietários (41%) e inquilinos (48%) que pagavam aluguéis entre R$ 50 e R$ 150.

A maioria dos moradores do prédio eram homens (54%), de famílias pouco numerosas (59% tinham até duas pessoas) e com faixa etária entre 30 e 49 anos (28,5%), mas com uma quantidade significativa de crianças e jovens (30,2% entre 0 a 17 anos) (SEHAB, 2004).

O São Vito era considerado um "Projeto Especial" no Programa Morar no Centro, mas com repercussão para as demais áreas do Programa Ação Centro. O impacto decorria da visibilidade do edifício, sua localização, "fama" como o mais resistente "treme-treme" da cidade e pelo incômodo despertado em administrações anteriores que o viam como uma "favela vertical", encravada no Centro. Tanto o São Vito quanto a Favela do Gato, outro projeto especial da Prefeitura, eram considerados graves problemas urbanos da região. O São Vito estava diante de um dos principais cartões postais da cidade, o Mercado Municipal, reformado durante a gestão Marta Suplicy. E a Favela do Gato ficava na entrada do Centro, na foz do Tamanduateí, Bom

Retiro, em frente ao Palácio do Anhembi, principal centro de convenções e eventos de São Paulo. O São Vito, pelas condições de degradação do prédio e condominiais, era visto como uma "favela vertical". A ideia inicial era a demolição. Mas isso acarretaria dois problemas: o primeiro que não era possível implodir o São Vito sem derrubar simultaneamente o edifício Mercúrio, com as paredes geminadas; o segundo problema, na avaliação da Secretaria de Habitação, era o possível ônus político de implodir um prédio com 26 andares e 627 apartamentos, frente ao déficit habitacional da cidade. A solução foi requalificar o edifício e, no plano inicial, remover as famílias e depois trazê-las de volta, assim que as obras estivessem prontas.

Definido isso, chegou-se à conclusão da possibilidade de fazer um projeto para o edifício, reformá-lo e dar novas finalidades, dentre elas dividir em duas áreas, de imóveis para venda e outros para aluguéis, e de áreas com equipamentos públicos, como uma creche. Contudo, restava ainda convencer as famílias e firmar um acordo para que não houvesse a percepção de uma remoção, que não era a finalidade da Prefeitura. Um trabalho de convencimento começou a ser executado:

> Como é que você iria convencer as pessoas a saírem de um prédio onde elas estão mal, mas pelo menos estão sob um teto? Aí as assistentes sociais de Habi foram fazer esse meio de campo. Se percebeu que ali também tinha problemas de tráfico de drogas. E que os caras que estavam ali dentro não queriam sair. Então começou a se ter problemas, não era uma coisa fácil de fazer a discussão lá dentro e trazer os caras para as assembleias. Que aconteciam lá em Habi, lá no gabinete. Você não sabia quem era quem, mas percebia que alguma coisa tinha de estranho. E o cara que mora lá, é do bem, começou a falar, começou-se a mapear as pessoas. Então você já via quem tinha interesse e quem tentava tumultuar a assembleia. A própria SEHAB deu uma força para que se constituísse a Associação de Moradores do São Vito, para reivindicar

os seus interesses, porque eles iam sair dali e era um grande risco de não voltar, como ainda hoje. Na verdade, para você conversar com essas pessoas e propor alguma coisa para elas, você não ia chegar: Vocês saiam, vamos fazer a reforma e depois quem sabe, se tudo der certo...

Mas fizeram isso, né?
Fizeram. Por isso acho que eram 36 meses de Bolsa Aluguel. Acho que era um ano e meio, depois prorrogado por mais um ano e meio de bolsa no valor x. Era tudo calculado, quanto eles pagavam, quanto valia o apartamento, foi feita uma avaliação. Tinha uns que tinham mármore carrara, que era uma quitinete, mas os caras preparavam legalzinho, tinha uns apartamentos bacaninhas. Então o de um cara vale 30 mil, o teu vale 10, não é justo que você investiu no teu apartamento e você vai receber o mesmo tipo de indenização. E a ideia é que esse dinheiro que nós estamos avaliando que o teu apartamento vale, vai abater quando você pegar a chave de novo. Quando você voltar daqui a x meses, você vai abater os 18 mil que vai para o teu apartamento, hoje ele vale 36, 40 mil. Olha todo o entorno do prédio, agora você tem esse elevador bacana, segurança elétrica, hidráulica. Melhorou e agora você vai ter que pagar a mais. Eles concordaram. Os caras que eram de aluguel também, mas para você convencer as pessoas a saírem de lá, tinha que bancar eles fora. Aí foi feito essa Bolsa Aluguel, que o cara pegava e alugava uma outra residência ou outro apartamento onde ele vê interesse.[20]

Foram eleitos 47 representantes de andar e criada uma associação responsável pelas negociações com a Prefeitura, a partir da ação coordenada da Secretaria de Habitação. A equipe do trabalho social da SEHAB também elaborou uma cartilha com "dicas para a organização

---

20 Entrevista com Lúcia Rodrigues, que trabalhou como jornalista na SEHAB, na administração Marta Suplicy (2001-2004), em 05/05/2007.

de comissões e associações de moradores ou representantes" distribuída para os representantes por andar do São Vito.

A organização dos moradores fora induzida pela própria SEHAB, pois isso facilitava todo o processo de negociação com a demanda composta por 1100 moradores, em diferentes situações de propriedade. O boletim informativo distribuído pela Prefeitura no São Vito estampava a foto de cinco moradores participantes da reunião com técnicos da SEHAB e seus depoimentos favoráveis ao processo de reforma do prédio:

> A proposta da Prefeitura é maravilhosa, vai tomar o São Vito um local agradável para se viver. Somos discriminados por causa do visual do prédio que está muito deteriorado (Ataíde Cassiano de Paul, proprietário do apartamento 2205).
>
> Acredito que depois da reforma o São Vito vai ser um prédio elegante. Vai ser bom para todo mundo. Tô vendo a proposta da Prefeitura com bons olhos (Sebastiana Rodrigues de Andrade, proprietária do apartamento 2101).
>
> Moro aqui há 30 anos. Gosto do São Vito. Acho que essa reforma vai melhorar a vida da gente (Marlene Silva Nascimento, inquilina do apartamento, 1714).
>
> Acredito na boa vontade da Prefeitura. Pretendo voltar para o São Vito depois da reforma. Gosto de morar aqui, é perto de tudo (Manoel Ramos, proprietário do apartamento 1713).
>
> Minha intenção é comprar o apartamento. Gosto do prédio porque tem tudo pertinho. Tô otimista com essa reforma (Ana Paula Lima, inquilina do apartamento 1107).

Ao final, a Prefeitura desapropriou os imóveis e indenizou as famílias, inserindo-as no Bolsa-Aluguel. Através desta inserção, as famílias receberam R$ 300 para alugar outro imóvel, enquanto aguardavam a reforma. A negociação foi concluída porque havia a promessa de retorno das famílias para seus imóveis, pois em alguns apartamentos havia um descompasso em relação ao valor da indenização e as melhorias no imóvel. Mas, ao final, apenas o "compromisso verbal" não garantiu a conclusão do processo e os contratos foram quebrados:

> Indenizadas. Foram desapropriadas. Mas acho que a grande falha de toda a negociação é que havia um compromisso só verbal com aquelas famílias de que elas voltariam para lá. Elas receberam, achando que iam voltar para lá, que o benefício se completaria se elas voltassem para lá. Porque só indenização não era um bom negócio para as famílias.[21]

A mudança de orientação da gestão José Serra/Gilberto Kassab (2005-2008), adotando uma nova postura frente aos setores populares, fez com que até hoje esses moradores não retornassem para o São Vito. E isso depois do governo anterior ter realizado o trabalho mais difícil, de esquadrinhar[22] o prédio, discernir o "campo de forças" entre os moradores, editar um boletim interno, criar uma associação e fazer a propaganda para enfrentar a contra-propaganda daqueles que não queriam sair do edifício, mesmo com a oferta da indenização e do Bolsa-Aluguel.

Nos anos recentes, o Bolsa Aluguel foi cortado pela gestão Serra/Kassab, o que motivou denúncia do Fórum Centro Vivo e uma ação da Defensoria Pública para regularização do pagamento às famílias participantes.

---

21 Entrevista com Margareth Uemura, assessora da presidência da COHAB na administração Marta Suplicy (2001-2004), em 12/05/2007.

22 O esquadrinhamento do edifício São Vito foi de tal monta que obtemos com certa facilidade os dados sobre as características da demanda, como renda, situação do imóvel, e através dos boletins sabemos quem são os moradores que apoiavam a posição de remoção da prefeitura, amparados na confiança transmitida de que retornariam para seus apartamentos.

Os sem-teto do Centro

Um mapa das ocupações

Entre 1997 a 2007, aconteceram 112 ocupações de terrenos, prédios e imóveis pelos movimentos de moradia e sem-teto, em São Paulo.[23] Do total, 83 ocupações (74,1%) ocorreram na região central e 29 (25,9%) em outros distritos e cidades da Grande São Paulo. O fato a destacar é o deslocamento na segunda metade da década de 1990 das ações de movimentos de moradia e sem-teto da periferia de São Paulo para o Centro e a visibilização conferida por políticos, acadêmicos e a mídia. A tabela abaixo demonstra o deslocamento de ações e visibilidade para os treze distritos da região central de São Paulo:

---

23 O levantamento se baseou em notícias dos jornais Folha de São Paulo e O Estado de São Paulo, informações dos movimentos de moradia e sem-teto (Silva, 2006), relatório da Comissão de estudos sobre habitação na área central da Câmara Municipal de São Paulo (CMSP, 2001) e no Programa Morar no Centro (SEHAB, 2004). Foram coletados informações das ocupações ocorridas em São Paulo protagonizadas pelos seguintes movimentos de moradia e sem-teto: ações conjuntas da União dos Movimentos de Moradia envolvendo suas associações filiadas, como a Associação Sem-Terra Leste 1 e o Movimento de Moradia da Zona Oeste; movimentos de sem-teto do Centro, como a Unificação das Lutas de Cortiços (ULC), Fórum de Cortiços, Movimento de Moradia do Centro (MMC), Movimento dos Sem-Teto do Centro (MSTC), Movimento dos Trabalhadores Sem-Teto da Região Central (MTSTRC), Movimento de Moradia da Região Centro (MMRC) e Movimento de Moradia Novo Centro (MMNC); movimentos de moradia articulados numa frente comum, a Frente de Luta pela Moradia (FLM), que fizeram ações conjuntas, como a UNAS (Heliópolis); ações do Movimento dos Trabalhadores Sem-Teto (MTST), todas promovidas em cidades da Grande São Paulo, como Osasco, Guarulhos, São Bernardo do Campo, Taboão da Serra e Itapecerica da Serra. O levantamento também registrou matérias veiculadas que informam sobre ocupações realizadas por sem-teto e população de rua não organizados em nenhum movimento. Curiosamente também foram registrados duas ocupações promovidas pelo Movimento dos Trabalhadores Sem-Terra no distrito de Perus. É possível que o número de ocupações em São Paulo esteja subestimado, pois tanto os jornais quanto os próprios movimentos registram apenas as ações protagonizadas por movimentos organizados.

Tabela 2 – Ocupações de imóveis vazios e terrenos promovidos pelos movimentos de moradia e sem-teto em São Paulo e Grande São Paulo (1997-2007)

Centro		Distritos		Grande São Paulo	
83	74,1%	29	25,9%	112	100,0%

Fonte: Silva (2006), O Estado de São Paulo, Folha de São Paulo e Agora

A maior quantidade de ocupações ocorreu de 1997 até 2000, com o ápice em 1999. No período, os movimentos de sem-teto no Centro realizaram 36 ocupações de edifícios, fábricas, escolas, imóveis abandonados, equipamentos públicos, hotéis, hospitais, casarões e cortiços e agências bancárias desativadas. Isso representou 43,4% das ocupações registradas entre 1997 e 2007 no Centro. A quase totalidade desses imóveis estava sem uso há anos.

Nesse curto período, 1999 foi o ano de pico em que ocorreram 21 ocupações na região central. O número de ocupações foi puxado para cima pelos movimentos de sem-teto do Centro, que realizaram uma em cada quatro ocupações do período analisado (24,7%). O ano seguinte, porém, teve uma queda abrupta do número de ações (5,9%).

Registramos também uma tendência de queda nas ocupações do Centro, depois do período de 1997-2000, em que as ações dos sem-teto alcançaram seu auge. O período seguinte de 2001 a 2004 marca uma queda para 38,8%, que segue entre 2005 a 2007 (16,5%). Os anos de 2001-2004 e 2005-2007 correspondem respectivamente às gestões de Marta Suplicy e José Serra/Gilberto Kassab. Na primeira, os movimentos de sem-teto adotaram uma postura de "trégua política", o que significou uma diminuição perceptível das ações no Centro, contrastando com as ações ocorridas em outras regiões de São Paulo. Na gestão Serra/Kassab (2005-2008), a linha política adotada foi de repressão às ações dos movimentos com o cumprimento imediato de reintegração de posse nos imóveis ocupados, paralisação dos programas habitacionais anteriores e adoção de uma política denunciada pelos movimentos de sem-teto e entidades de direitos humanos como de "higienização" e "limpeza social" (FCV, 2005). Isso pode ter provocado uma diminuição da quantidade de ocupações ou um registro menor das ocorridas.

Tomada a tese dos capítulos anteriores, de que os movimentos de sem-teto atuam entre a gestão e a criminalização, com o acontecimento político das ocupações no final da década de 1990, veremos que a queda das ocupações confirmam o que indicamos. A tabela abaixo apresenta a evolução do número de ocupações no Centro e nas outras regiões de São Paulo:

Gráfico 1 – Evolução das ocupações (1997-2007)

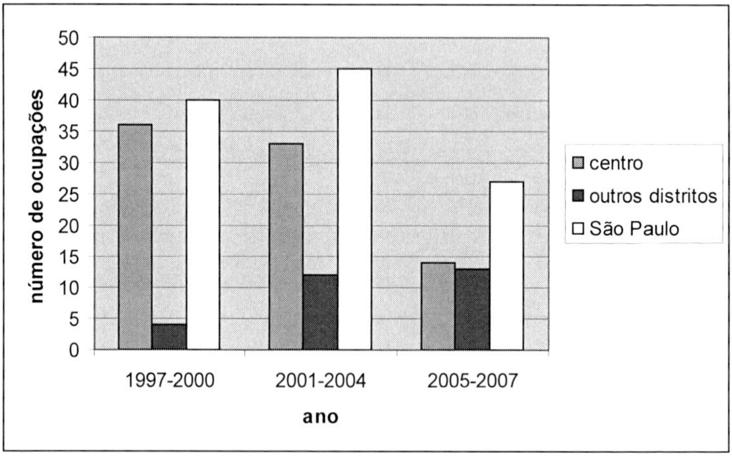

Fonte: Silva (2006), O Estado de São Paulo, Folha de São Paulo e Agora

Outro dado é o maior número de ocupações em anos não eleitorais. A exceção é o ano de 2004, com um número maior de ações que em 2003, momento de maior visibilidade pública dos sem-teto a partir da ocupação do terreno da Volkswagen, em São Bernardo, e das ações no Centro de São Paulo.

Esse dado, se contrastado com os investimentos em habitação social nas diferentes gestões municipais, demonstra uma eficácia maior dos programas habitacionais da gestão Marta Suplicy em relação aos movimentos de sem-teto.

Gráfico 2 – Ocupações de imóveis vazios no Centro e outros distritos São Paulo e Grande São Paulo (1997-2007)

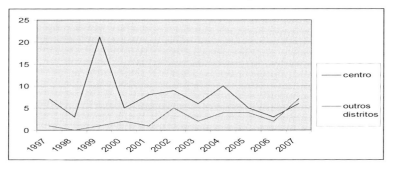

Fonte: Silva (2006), O Estado de São Paulo, Folha de São Paulo e Agora

Estes dados podem dizer-nos que os movimentos de sem-teto tiveram suas demandas atendidas com a política habitacional implantada durante a gestão Marta Suplicy (2001-2004), pois a queda corresponde exatamente a esse período. No entanto, se confrontados com a proporção de recursos do orçamento municipal investidos em habitação, há uma contradição na diminuição da ação dos movimentos de sem-teto no Centro, com a política adotada pela Prefeitura. A evolução das ações dos sem-teto não está correlacionada automaticamente à proporção de recursos destinados à habitação.[24] Abaixo os dados da relação orçamento e habitação no município:

Gráfico 3 – Gastos do orçamento municipal destinados à habitação (1997-2004)

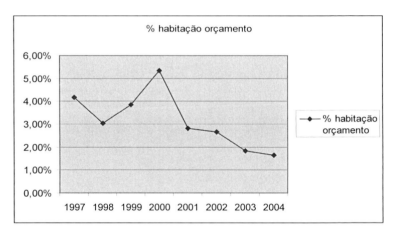

Fonte: Silva (2006), O Estado de São Paulo, Folha de São Paulo e Agora

---

24 Cavalcanti afirma que a União dos Movimentos de Moradia estabeleceu uma "trégua" com o governo de Marta Suplicy. Ao analisar o comportamento da UMM na gestão petista, Cavalcanti identifica apenas dois momentos de autonomia: a entrega de uma carta no início da administração reivindicando o patamar mínimo de 5% de gastos do orçamento com habitação popular e oito ocupações simultâneas promovidas por cinco mil integrantes da UMM em 2002 (quatro protagonizadas pelo Movimento de Moradia da Zona Oeste, um pela ULC, um pelo MSTC e um pelo Movimento Sem-Terra Leste 1) como as únicas ações de conflito com a gestão Marta Suplicy. As ocupações tiveram o caráter político e os movimentos não permaneceram por muito tempo nos imóveis (Isidoro, 12/05/2002). No restante do período, Cavalcanti afirma que a UMM se dissolveu no governo: "A UMM teve suas fronteiras dissolvidas, tudo aquilo que delimitava seus contornos, que lhe conferia identidade, dissolveu-se; durante os anos da administração Marta, tornou-se tarefa difícil distinguir o que era estrutura do movimento com o que era estrutura do governo" (Cavalcanti, 2006:94).

Um mapa dos movimentos

O ano de 1997 é o marco do aparecimento dos sem-teto no Centro de São Paulo.[25] Na metade dos anos 1990, como resultado da dinâmica de requalificação urbana no Centro de São Paulo, surgem movimentos de sem-teto que, apesar de participarem da União dos Movimentos de Moradia, adotaram lógica própria de funcionamento político e organização da demanda por habitação popular.

São reconhecidos como os principais movimentos de sem-teto a Unificação das Lutas de Cortiço (ULC), o Fórum de Cortiços, o Movimento de Moradia do Centro (MMC) e o Movimento dos Trabalhadores Sem-Teto do Centro (MSTC). Todos estes movimentos fazem parte ou já participaram da UMM.

O Movimento dos Trabalhadores Sem-Teto da Região Central (MTSTRC), que se desdobrou inicialmente do Fórum de Cortiços, teve curta participação no Movimento Nacional de Luta pela Moradia e hoje se articula na Frente de Luta pela Moradia (FLM). Há outros movimentos de sem-teto no Centro que apareceram nos últimos anos, mas estes foram os responsáveis pela maioria das ações na região.

---

25 Nos últimos anos, surgiram diversos estudos sobre os movimentos de sem-teto do Centro de São Paulo inseridos na dinâmica da disputa pelos sentidos da "requalificação urbana" na região (Silva, 2006; Kara José, 2007) e das ocupações (Piccini, 1998; Bonfim, 2004; Gonçalves, 2006; Silva, 2006; Kowarick, 2007; Valadares, 2007). As ocupações da Rua do Ouvidor, do Movimento de Moradia do Centro (MMC) que durou de 1999 até 2007, da Avenida Prestes Maia, do Movimento dos Sem-Teto do Centro (MSTC) e o Hotel São Paulo, do Fórum de Cortiços, dentre outros, conseguiram relativo destaque, sendo objeto de notícias, intervenções e estudos. Não foi nosso objetivo analisar todos os movimentos, mas tomar exatamente aquele que menos aparece nos estudos, realizou um número significativo de ocupações e teve sua legitimidade questionada em diversos momentos. Assim, a escolha do Movimento dos Trabalhadores Sem-Teto da Região Central (MTSTRC) é por sua singularidade e não pela representatividade. Na rapidez da dinâmica política e social, é o MTSTRC que melhor nos fala da velocidade de transformações no contexto do desmanche.

Esse aparecimento dos movimentos de moradia, a partir de uma ação de 300 moradores de cortiços, que ocuparam sobrados no Centro de propriedade da Universidade de São Paulo para morar, é a primeira notícia de aparecimento dos movimentos de moradia enquanto "movimentos de sem-teto".

Até então, a atuação dos movimentos de moradia era pautada pela ação nos cortiços e pela desconfiança de uma demanda de difícil organização e trabalho político. A denominação sem-teto estava associada aos moradores de rua e às ocupações desorganizadas. O Fórum de Cortiços ainda carrega o nome anterior, mas organiza a primeira ocupação de sem-teto no Centro de São Paulo com esta visibilidade:

> Cerca de 30 famílias invadiram, na madrugada de ontem, um conjunto de três imóveis da USP (Universidade de São Paulo), na esquina das ruas Pirineus e Brigadeiro Galvão, em Campos Elíseos (região central).
>
> O grupo entrou em acordo com advogados da universidade para permanecer no imóvel pagando um aluguel de R$ 50 por cômodo.
>
> As famílias deixaram um cortiço da rua Tomás de Lima, 85, no Centro de São Paulo, e tinham ordem judicial para deixar o imóvel.
>
> O contrato é válido até junho, quando a universidade pretende vender o conjunto, e prevê também que os 150 novos condôminos terão preferência na compra.
>
> Segundo Marly Yamamoto, 37, advogada do conselho jurídico da USP, que fez o acordo com os invasores, a universidade resolveu regularizar a ocupação.
>
> Detalhes serão acertados amanhã na USP. Os moradores terão que numerar os quartos e identificar os responsáveis por cada um dos 22 cômodos, como num prédio de apartamentos, e apresentar os dados na reunião.

> Segundo Verônica Kroll, do Fórum dos Cortiços, que articulou a ocupação com os ex-encortiçados, com a União dos Movimentos de Moradia (UMM) e a Pastoral da Moradia, é a primeira vez que uma ocupação tem resultado positivo.
>
> O camelô Paulo César Rosa, antes de mudar para o imóvel da USP, contou que o despejo, no cortiço, era inevitável. ''O despejo já estava decretado desde a semana passada e a execução estava prevista para hoje (ontem). Eles (a polícia) não vieram até agora, mas nós não vamos ficar mais aqui''.
>
> Segundo Rosa, o dono do imóvel, após tomar ciência da decisão judicial, tentou um acordo com os moradores do cortiço. "Ele disse que alugaria os quartos por valores entre R$ 100 e R$ 250 e que depois não haveria mais despejo. Achamos isso uma indecência (Oliveira, 03/04/1997).

Os movimentos de sem-teto ainda não aparecem como tal e a luta se vincula fundamentalmente às condições do cortiço. Mas, a ocupação dos cinco sobrados da Universidade de São Paulo, na Santa Cecília, apresenta uma cena nova: o ato de ocupar embute a ideia da permanência e possibilidade de aquisição do imóvel.

Era a segunda metade da década de 1990 e, no contexto político do país, despontavam com força as ações do Movimento dos Sem-Terra (MST), que aparecia como o movimento social com maior visibilidade do país.[26] A imprensa destacou o aparecimento de movimentos de sem-teto nas cidades e procurou estabelecer possíveis aproximações entre a liderança dos sem-teto e os sem-terra. Verônica Kroll, a principal liderança do Fórum de Cortiços, assinalava a possibilidade de aproximação que não ocorreria efetivamente:

---

26 Esse período coincide com a Marcha Nacional do MST, em 1997. Como veremos no capítulo seguinte, a passagem da marcha pelas cidades levará os sem-terra a impulsionar um movimento social urbano, o MTST. As razões e a história serão contadas no capítulo V.

> Verônica Kroll afirma que gostaria muito de conversar com o líder do MST (Movimento dos Trabalhadores Rurais Sem-Terra), José Rainha. "Admiro muito a luta dele. Cada município tinha que ter um 'Zé Rainha'. Muita coisa no campo mudaria" (Oliveira, 13/04/1997).

Nessa mesma ocupação dos sobrados pertencentes à USP, também estavam as principais lideranças do Movimento dos Trabalhadores Sem-Teto da Região Central, que viriam a romper posteriormente com o Fórum de Cortiços para criar seu próprio movimento.

Um traço que diferencia a ação dos sem-teto no Centro em relação ao período anterior é uma maior precariedade das condições de vida, vínculos de emprego mais instáveis, situações de habitação mais liminares e menor experiência associativa. Trata-se de uma demanda mais empobrecida que, já no ato da ocupação, estabelece a moradia. Mesmo o referencial principal dos movimentos de moradia em São Paulo, o mutirão autogestionário, não figura como reivindicação plausível e horizonte a ser garantido, pois é identificado como um "sacrifício adicional" do povo na conquista da casa própria, além da associação com o deslocamento populacional para regiões periféricas da cidade sem infraestrutura ou de difícil acesso. O objetivo principal da maioria dos movimentos de sem-teto no Centro é a permanência das famílias nos imóveis ocupados, numa região com serviços constituídos, infraestrutura urbana estabelecida e proximidade do trabalho.

Essa situação gerou inúmeras ocupações que se transformaram em espaços de moradia precários, que cumpriam dupla finalidade: continuavam pressionando os poderes públicos a ampliar a demanda de financiamento habitacional, mas o ato político de ocupar inseria-se no ato de morar e na gestão das ocupações pelos movimentos de sem-teto. Até meados de 2000, havia um conjunto significativo de edifícios ocupados, o que permitiu uma visibilização maior da questão da habitação no Centro.

Esse tipo de ação inaugurou uma nova dimensão para além da nomeação de movimentos de sem-teto, a gestão das ocupações. Todos os movimentos de sem-teto do Centro ocuparam imóveis e, em dado período, chegaram a disputar em número de ocupações sua influência política. A partir de 2002, esse tipo de ação começou a ser avaliada e acabou dividindo o movimento em duas posições: a primeira, de ocupar os imóveis como forma de pressão política, mas sem permanecer por muito tempo no local, assim evitando a necessidade de gerir a ocupação; a segunda, mantendo a permanência na ocupação como forma privilegiada de ação dos sem-teto. Essa diferença levou a um novo agrupamento de movimentos no diagrama dos movimentos de sem-teto do Centro. Os movimentos mais próximos da primeira posição se mantiveram próximos à União dos Movimentos de Moradia. Aqueles que defendiam a segunda posição, aglutinaram-se em torno da Frente de Luta pela Moradia (FLM).

O MTSTRC se organizou em torno da segunda articulação. É dele que discorreremos a seguir.

Movimento dos Trabalhadores Sem-Teto da Região Central

O Movimento dos Trabalhadores Sem-Teto da Região Central foi fundado em 1999. As principais lideranças participaram durante breve período do Fórum de Cortiços, mas romperam laços com a entidade em função de divergências relacionadas às formas de luta e organização interna do movimento. O MTSTRC organiza principalmente os encortiçados e os moradores de rua da região central. Não é o único. Esse movimento, assim como os demais, sempre foi mais identificado pelo nome de sua principal liderança, tanto pelos demais, quanto por outros pesquisadores dos movimentos sociais. Uma das características desse movimento é que a fronteira de sua existência política sempre foi questionada, seja pelos poderes públicos, seja pelos movimentos que se articulam à sua volta.

Em 2001, o MTSTRC estava em quatro ocupações no Centro de São Paulo: o galpão da Secretaria de Cultura, as ruínas de um prédio da Secretaria de Segurança Pública na Mooca, um edifício de onze andares na Liberdade e um hospital desativado no Brás. No decorrer da década, todas essas ocupações desaparecerão e sua demanda integrará novas ocupações ou será atendida nos programas emergenciais do Governo do Estado ou da Prefeitura. Entre 1997 e 2007, o movimento faria 24 ocupações, um número significativo, mesmo se comparado aos outros movimentos de sem-teto do Centro.

Em determinado sentido, o movimento transborda as ações dos movimentos de moradia e teve, em vários momentos, suas práticas questionadas. Mesmo sua relação com as entidades do movimento de moradia, como a UMM, tem sido lateral.

Antes de prosseguirmos, cabe nota metodológica que tem implicações diretas nas futuras conclusões teóricas assumidas. Em dado momento do trajeto da pesquisa de campo, foram interrompidas as ligações com o movimento estudado. Sua razão principal foi o desmantelamento em razão do mandato de prisão para sua liderança. Isto acarretou a interrupção do campo de pesquisa, pois o principal contato que organizava a rede de pesquisa encontrava-se foragido sob a acusação do Ministério Público, com base em denúncias de famílias da ocupação de extorsão, fato este posteriormente não comprovado (Caramante, 28/12/2004).

Este fato teve sérias repercussões para o movimento estudado, com a desorganização da coordenação e dificuldades mais e mais crescentes na "gestão" das ocupações. Assim, a maioria das entrevistas analisadas aconteceram no momento de maior ação do MTSTRC – entre 2001 e 2003 –, que, à época, sustentava quatro ocupações. Esse é um momento de efervescência da ação dos movimentos de sem-teto no Centro, quando a questão da requalificação urbana fica mais visível e, também, quando começam a aparecer os movimentos de sem-teto na região.

Por outro lado, o aparecimento fulgurante e o rápido ocaso podem estar a nos dizer algo mais. Em primeiro lugar, a tradição de tornar a questão social "caso de polícia", herança da República Velha, aparece, mais uma vez, travestida de gestão, de defesa do bem comum, como "mito de Sísifo" (Oliveira, 1998a), que interroga a luta dos dominados em nosso país. Em segundo lugar, o aparecimento/ocaso talvez nos fale das possibilidades de ação autônoma dos movimentos sociais e de sua difícil luta para ampliar os limites da nossa democracia, dos direitos, e direito à moradia é essencial. Semelhante aos corpos celestes fulgurantes, o aparecimento/ocaso pode ser a única forma de visibilidade pública possível para estes movimentos sociais.

Na astronomia, há um corpo celeste denominado "parasselênio". O parasselênio é um meteoro luminoso que se mostra juntamente com halo e parece multiplicar a imagem da Lua. "O meteoro é um fenômeno ótico ou acústico que se produz na atmosfera terrestre como o vento, a chuva, o arco-íris etc".

Pois, a imagem de um meteoro que tem um brilho forte, mas passageiro, é adequada para compreender aquilo que ocorreu alguns anos após tomar contato com as lideranças do movimento sem-teto e perder novamente os laços.

O Movimento dos Trabalhadores Sem-Teto da Região Central protagonizou inúmeras ocupações. Algumas de impacto na mídia, atenta agora às ações desses novos sem-teto urbanos.

Mas, assim como outros, viu o desaparecimento das ocupações e o clima de criminalização que se abateu no Centro nos últimos anos. Esse movimento não foi apenas no Centro e pôde ser visto em 2003, na ocupação de São Bernardo pelo MTST, como descrevemos nos capítulos anteriores.

Um balanço breve demonstra o quanto o movimento de criminalização desses movimentos foi intenso, sobretudo, depois da posse da gestão Serra, em 2005. Mas, antes disso, as ocupações já haviam diminuído em função dos vários programas sociais de atendimento da gestão Marta. E também pelas dificuldades de gestão das ocupações, de manutenção das famílias em condições precárias nos edifícios e imóveis ocupados pelos movimentos de sem-teto. Nos últimos anos, isso levou a uma diferenciação da estratégia de ação em dois blocos de movimentos. O primeiro, que mudou a ação e prefere fazer "ocupações" curtas, como forma de denúncia política e exigência de recursos e atendimento nos vários programas habitacionais que têm se deslocado cada vez mais para o plano do atendimento emergencial. O segundo bloco, hoje articulado principalmente na Frente de Luta pela Moradia (FLM), mantém a gestão das ocupações como uma estratégia importante de ação política. Contudo, a repressão a esses movimentos de sem-teto tem sido bastante intensa, o que levou a que praticamente todas as ocupações mais importantes desaparecessem do Centro de São Paulo nos últimos anos.

Duas cenas[27]

Primeiro contato

Dezembro de 2000. Estaciono o carro e paro em um antigo galpão na Avenida Roosevelt. Procuro por Vitor, mas ele não chegou.

Já é a quinta ocupação visitada no Centro e a terceira do Movimento dos Trabalhadores Sem-Teto da Região Central. Nesse período, existem 15 ocupações espalhadas pelo Centro de São Paulo. Nos próximos anos, a maioria delas deixará de existir, com a mesma rapidez que surgiram.

---

27 Os nomes e alguns dos endereços foram alterados a fim de preservar a identidade dos nossos entrevistados.

Vitor é o segundo na hierarquia do movimento. O primeiro e mais conhecido é José. O movimento de Vitor está em quatro ocupações, todas no raio do Centro: duas na Avenida Roosevelt, uma no prédio de um antigo hospital e outra num edifício de 11 andares.

A gestão dos imóveis demanda esforço de Vitor e José, que se desdobram para gerir as ocupações, dormindo cada dia em lugar diferente. A rotina é intensa e requer o esforço de acompanhamento de negociações com o Poder Público, participação em fóruns do movimento e gestão da rotina da ocupação, adotando um papel de "síndico" e "juiz" dos prédios e preparação de ações do movimento.

O galpão pertence à Secretaria de Cultura do Governo do Estado. As famílias foram alojadas provisoriamente, após despejo de outro prédio ocupado, em novembro de 1999.

Depois da remoção, o Governo Estadual forneceu madeira para que as 119 famílias de sem-teto separassem os espaços de moradia e construíssem os barracos. A estrutura do galpão está comprometida. O teto está destelhado, os caibros de madeira que sustentam a estrutura estão envelhecidos e sem manutenção e, quando chove, além de não proteger, o teto ameaça desabar.

A luz e a água são clandestinas e os fios emaranhados passam sobre os barracos e interligam as instalações elétricas num único ponto. Dois pontos de água e apenas quatro banheiros servem a todos os moradores.

O prazo negociado para permanência das famílias foi de três meses. No momento da entrevista, fazia um ano que estavam lá. A precariedade das instalações levou a Defesa Civil a emitir um laudo negativo para a permanência das famílias no galpão. A Promotoria Pública acionou o Governo do Estado para remover as famílias.

A permanência fez com que a maioria tomasse o provisório como definitivo e construísse barracos de madeira sob o teto comprometido. O risco de incêndio e desabamento é eminente, pois foi consolidada uma favela no interior das instalações deterioradas do galpão. Os barracos ficam lado a lado, sem ventilação e próximos uns aos outros.

A organização das famílias dentro do movimento é precária e poucas contribuem ou participam das reuniões. Diferentemente das outras ocupações, a portaria não funciona. 14 famílias sem vinculação ao movimento entraram no galpão e construíram seus barracos. Alguns anos depois, as famílias serão removidas da área e o galpão permanecerá fechado.

Caminhando cinquenta metros na Avenida Roosevelt, alcanço a principal ocupação do MTSTRC. Trata-se das ruínas de uma estrutura de concreto de quatro pavimentos, pertencente à Secretaria de Segurança Pública do Governo do Estado, cercada por uma favela de alvenaria. A antiga proprietária, o Instituto do Café do Estado de São Paulo (ICESP), repassou a área à Secretaria de Segurança Pública, em 1996. Os moradores mais antigos nos informam que a área foi ocupada em 1996, mesmo ano que foram construídos os primeiros barracos. Mas, a informação não é precisa. O que se sabe é que as primeiras famílias vieram desalojadas de um galpão na Rua São Joaquim, Liberdade, estimuladas por um policial que lhes informou que a ocupação de uma área pública era melhor que a área privada, pela possível demora da reintegração de posse (Campos, 13/02/2006).

Na área, a Secretaria de Segurança Pública pretendia construir um novo presídio da Polícia Civil, devido à superlotação do atual, situado no bairro do Carandiru.[28]

---

28 Não há uma informação precisa sobre o objetivo inicial das obras e a finalidade da estrutura de concreto e não foi possível consegui-la do Governo do Estado. A área da Avenida Roosevelt possui alguns galpões vazios de propriedade dos órgãos públicos ou privados. Os relatos dos sem-teto dizem que a obra foi embargada pelos vizinhos em função da instalação de um presídio provocar uma desvalorização automática das outras propriedades. Além do relato dos sem-teto, contamos com duas matérias na grande imprensa e na imprensa alternativa. Notícia do Jornal da Tarde, em 13/02/2006, criticava a Secretaria de Segurança Pública que deixava invadir suas áreas, mesmo sendo

Destaca-se a estrutura de concreto de um prédio dividido pelos moradores. Nas paredes externas da estrutura de concreto, há janelas de esquadrias e portas de madeira. No último andar, as paredes são de madeira. Do lado direito, não há paredes e apenas um pequeno muro é aproveitado para secar as roupas pelos moradores. Na frente, há um pequeno comércio que serve aos moradores e aos operários das fábricas e armazéns próximos. À esquerda, barracos de alvenaria com telhas de zinco e, nos fundos, uma pequena viela e quarenta barracos encostados à linha do trem.

A avenida atravessa o eixo sudeste de São Paulo, correndo paralela à linha férrea Santos-Jundiaí e à Avenida do Estado, começando no bairro da Mooca e se estendendo até os limites do ABC paulista. No passado, a linha do trem dividia o bairro da Mooca: o lado industrial e popular, próximo do Centro, e o lado do comércio e da classe média baixa, na parte de cima do bairro. A linha férrea era conhecida como "muro da vergonha", por dividir a Mooca em duas partes, sem contato entre si. Há quase uma década, foi erguido um viaduto que restabeleceu a ligação entre os dois lados da Rua da Mooca. O sentimento no bairro é ambíguo. De um lado, o viaduto permite cortar caminho por dentro e escapar do trânsito em direção às regiões nobres do bairro,

---

responsável pela reintegração de posse de outros terrenos. Também afirmava que o destino da área era a construção de um novo presídio para a Polícia Civil, dada a superlotação do atual no Carandiru (Campos, 13/02/2006). Em notícia veiculada no site do Centro de Mídia Independente (CMI), se expôs a notificação extra-judicial emitida pelo gabinete do Secretário da Segurança Pública informando que o imóvel foi vendido em 1996, pelo Instituto do Café, uma autarquia estadual, para a Fazenda e é utilizada pela Secretaria como "Divisão de Transportes". Anexa números de documentos do cartório para comprovar a propriedade e solicita a desocupação da área em 48 horas "sob pena de ser ajuizada a ação possessória". Nas semanas que precederam essa notificação foram realizadas vigílias e manifestações, não mais capitaneadas pelo MTSTRC e sim pelos próprios moradores da ocupação, aglutinados numa associação denominada "Associação Beneficente dos Moradores do Edifício Balança Mas Não Cai" (ABMEBAC) e outra chamada Comunidade Morar e Viver (ver http://www. midiaindependente.org.br). As famílias permanecem até hoje na área ocupada.

sem precisar enfrentar o congestionamento da Avenida Radial Leste. Por outro lado, para os moradores da Mooca, o viaduto religou o lado popular das indústrias, cortiços, moradias deterioradas, ocupações, o que sempre foi um incômodo para os moradores do lado de cima, próximos a linha do trem. A parte do bairro próxima ao Centro é constituída por uma classe média baixa, com medo da proletarização, e por cortiços e habitações populares.

No local, funcionou o principal "projeto social" do movimento. As ruínas da construção foram adaptadas para o funcionamento da creche que atende quarenta crianças de um a quatro anos, mantidas com recursos das famílias. As famílias contribuem com uma pequena quantia e as doações de frutas e verduras conseguidas no mercado municipal garantem o abastecimento da cozinha da creche.[29] No local, há um salão com palco que serve para as festas e atividades de formação dos sem-teto.

A ocupação se divide em dois. Do lado esquerdo, estão as famílias do Movimento de Sem-Teto, com a maioria dos barracos de alvenaria e na estrutura em que funciona a creche. Do lado direito, na estrutura do prédio abandonado, moram as famílias que não são do movimento. Um muro erguido pelo movimento separa as famílias.

Sabemos da divisão interna entre as duas ocupações porque Jonas[30] nos informa e faz questão de marcar essa distinção. O observador exter-

---

29 Algumas das práticas do MSTSRC se aproximam das formas usuais utilizadas pelos moradores de rua para conseguir alimentos e usar os serviços públicos da região central. Há uma razão para isso. A demanda flutuante no movimento, por volta de 20% das famílias, é composta pela população de rua. Uma das integrantes da Coordenação, Conceição, já havia morado na rua e era responsável em conseguir as doações dos feirantes do mercado municipal. Um dia, presenciei a chegada dos alimentos que seriam preparados para comemorar o aniversário de dois anos da creche. Durante algumas horas, as cozinheiras e as famílias voluntárias fizeram a separação, limpeza, classificação e embalagem dos alimentos, que eram as sobras, doações e produtos não utilizados pelos comerciantes da região do Mercado Municipal de São Paulo.

30 Entrevista com Jonas, em janeiro de 2001.

no, além de não percebê-la, avista apenas uma favela no meio do antigo corredor industrial. A separação, porém, é real e a convivência é tensa. Os moradores do outro lado são vistos como "acomodados" e "sem iniciativa" pelos vizinhos organizados, além da presença desregulada e do domínio do tráfico de drogas.

Jonas nos explica que a "outra" ocupação é dominada por traficantes e pequenos marginais e por famílias "acomodadas", que "não querem melhorar de vida".

A existência de traficantes aumentou a presença da polícia no local, causando mais conflituosidades, além da situação ilegal da ocupação do presídio. Esses conflitos levaram o delegado a interceder, junto à liderança do movimento, para excluir os marginais que lá moravam. Algo inusitado, pois nem o Poder Público se julgava capaz de eliminar os supostos focos de violência no outro prédio.

Como a "indistinção" entre as duas ocupações estava provocando uma série de problemas, a saída do movimento foi separar os espaços. Os sem-teto ergueram um muro, entregaram a quadra poliesportiva de uso comum para os moradores do prédio, removeram as famílias do movimento e separaram as ocupações. O discurso de Jonas marca a diferença com os vizinhos, associando sempre a acomodação, a apatia e a vontade de ficar estacionado, de não "querer vencer", aos vizinhos.

Presídio ocupado

Janeiro de 2008. Na estrutura de concreto e nos barracos, moram 750 pessoas, com 305 crianças e adolescentes, em duas áreas que somam 8.548 m². O Movimento dos Trabalhadores Sem-Teto da Região Central já não tem mais presença na ocupação, desarticulado depois da prisão e perseguição de suas lideranças. Alguns moradores fundaram duas associações, mas o que parece imperar é uma desarticulação interna.

Não deixa de ser irônico que o molde da ocupação dos sem-teto seja o confinamento *par excellence* da sociedade disciplinar, ou seja, a prisão. E mais irônico ainda, que seja uma prisão que não conseguiu cumprir suas funções, já que as obras foram embargadas e se transformou numa estrutura de concreto inacabada e utilizada como moradia, a ponto de ter camadas de pequenas histórias para serem contadas.

A história dessas ocupações é marcada por uma aceleração do tempo em que os moldes não se deixam fixar, modulando em usos e práticas alternadas. O molde prisão, que não chegou a cumprir seu uso inicial, se transformou na modulação de ocupação e foi modulado por seus moradores com a modulação de uma casa, para muitos uma "fortaleza" que procura ser intransponível para aquilo que está fora, retornando, mais uma vez, ao esforço por estabelecer um molde que proteja.

Deleuze se refere aos "moldes" e "modulação" quando expõe a passagem das sociedades disciplinares marcadas pelo período que vai do século XVIII até a II Guerra Mundial, para as sociedades do controle, a partir da segunda metade do século XX. A partir de Foucault, Deleuze observa no confinamento a operação *par excellence* das sociedades disciplinares, em espaços delimitados, ordenados pelo tempo industrial (prisões, escolas, indústrias, mosteiros etc.). Esses processos são denominados por ele como "moldagem", pois um mesmo molde fixo e definido pode servir às mais diversas formas. Haveria uma passagem dos confinamentos, moldes das sociedades disciplinares, para os controles, que são modulações das sociedades do controle, "como uma moldagem autodeformante que mudasse continuamente, a cada instante, ou como uma peneira cujas malhas mudassem de um ponto a outro" (Deleuze, 2000: 221). A "ocupação presídio" visitada detém num mesmo espaço, um molde do confinamento, desmanchado antes mesmo de ser utilizado e transformado numa ocupação que organiza, em meio a situações liminares, vidas marcadas por uma privatização radical e, também, por uma determinada experiência política.

É por isso que as dificuldades de conseguir encontrar os moradores da ocupação e até mesmo o movimento de sem-teto expulso pelos vizinhos que tentou derrotar, não se torna apenas uma questão metodológica, mas uma questão teórica relevante sobre esses movimentos surgidos no contexto do desmanche.

Talvez, Deleuze nos ajude a compreender processos que levam a uma transformação das antigas sociedades disciplinares para sociedades do controle, do molde e seus confinamentos para as modulações.

A aceleração do tempo é rápida. E não é possível, por outro lado, fixar os moldes de uma sociedade disciplinar ou compreender esses conjuntos nos termos da lógica de segregação sócio-espacial. Não é possível porque os muros estão furados e o trânsito de seus moradores pela cidade é inevitável.

Para dentro de um desses "muros" que entramos agora.

De volta ao presídio

Janeiro de 2008. Retorno à ocupação da Avenida Roosevelt, na Mooca. As coisas não parecem mudadas. Crianças circulando na entrada, adultos conversando e a agitação de pessoas na avenida vazia nos finais de semana.

É uma tarde ensolarada de domingo. Consegui agendar a entrevista com Beatriz, após perda dos laços com o campo de pesquisa, resultado da expulsão do MTSTRC da ocupação. Retorno ao local, sem nenhum contato com as famílias.

Antes de sair, recebo a ligação de Beatriz. O combinado mudou. Antes, nos encontraríamos no mutirão Che Guevara, cujas obras tiveram início em 2003, em Itaquera. Beatriz ingressou na demanda original em 1999, com a assinatura do contrato na gestão Celso Pitta (1997-2000). O mutirão de Beatriz é um dos oito iniciados em São Paulo, após longa paralisação dos mutirões no governo Maluf e

Pitta. O contrato foi assinado em 1999, mas as obras foram iniciadas apenas no governo Marta. O ingresso na demanda ocorreu quase no mesmo momento em que Beatriz se mudou para a ocupação, há oito anos.

A falta de água cancelou o dia e os mutirantes foram dispensados. Combinamos o encontro em uma hora e meia, em seu apartamento, na Mooca.

No domingo, a única agitação é a portaria. Chego na hora. Paro em frente aos prédios, avisto a primeira moradora e pergunto por minha entrevistada. Ela me dá referência de duas pessoas com o mesmo nome. Passam minutos, e resolvo ligar. Beatriz me avista do terceiro andar. A moradora entende o código e sabe a quem estou me referindo.

Na espera, conversamos amenidades. A fisionomia de minha interlocutora mescla tédio e exaustão, no aguardo do despertar dos filhos, que dormem na casa de dois cômodos. Ao nosso lado, mulheres andam apressadas para não perder a feira de domingo. É o horário da "xepa", momento propício para as compras, quando os feirantes derrubam os preços ou deixam os legumes, frutas e hortaliças que não serão aproveitados para serem recolhidos. Sempre é momento para conseguir doações e equilibrar o orçamento. O cheiro do almoço está no ar e as crianças correm e brincam.

Beatriz desce os três lances de escada. Cumprimentamos-nos e ela pede para subirmos. Não conversa com a moradora ao lado e nem dá confiança para a vizinhança. Rapidamente, saímos da portaria do prédio e seguimos para o apartamento. Estranho o comportamento, diferente de outros entrevistados nos demais conjuntos e ocupações percorridas, e imagino que a entrevista será difícil. No entanto, é exatamente o contrário que acontece. E, no decorrer da conversa, compreendo sua atitude.

À primeira vista, ela aparenta ser mais jovem. Beatriz tem 37 anos, é baixa, de olhos grandes, compleição física forte, braços "musculosos", jovial, negra, traços fortes, olhar vivo e firme. Está vestida com a mesma roupa do mutirão, camisa de manga comprida, calça jeans e pochete na cintura. Os cabelos compridos e bem tratados lhe dão aparência bem cuidada.

Atravessamos os corredores do prédio e entramos no apartamento. Beatriz apresenta os dois filhos, Luciano, 15, e Leandro, 8 anos, que assistem a duas televisões ligadas simultaneamente no mesmo quarto. Além deles, mora com ela o atual companheiro, que aparece de quinze em quinze dias e trabalha numa transportadora em Guarulhos.

A conversa transcorre com poucas interferências. A fala de Beatriz é articulada e as histórias se sucedem de forma coerente, pausadas e naturais, sem arroubos de emoção, mesmo nos momentos mais difíceis, em que descreve passagens sofridas de sua vida. Sua fala guarda sotaque característico e é cadenciada e cantada, semelhante ao som de um "carro de boi".[31]

Nascida em Betim, Beatriz é a filha caçula de quatro filhos. A escolha de São Paulo para recomeçar a vida, é aleatória.[32] Queria sair de Belo

---

31 Esta interessante sugestão – pensar a experiência social brasileira a partir do ângulo da música popular brasileira – procurando encontrar os fios entre canção e política, está na série de artigos organizada por Berenice Cavalcante, Heloísa Starling e José Eisenberg, "Decantando a República: inventário histórico e político da canção popular moderna brasileira". A referência à experiência das classes populares em Minas é de Chico de Oliveira, no artigo "Nordeste: a invenção pela música". Ver Starling, Cavalcante & Eisenberg, 2004.

32 Ao contrário do fluxo migratório dos anos 1970, em que milhares de migrantes se deslocavam para São Paulo e outras capitais em busca de emprego, obedecendo a uma determinada trajetória, as entrevistas feitas com Beatriz demonstram que não há uma trajetória definida que leva a migrar e permanecer na cidade. Os dados apontam que o fluxo migratório para São Paulo e a composição dos migrantes se alterou na década de 1990 em comparação a década anterior.
   Os migrantes que chegam na cidade nos anos 1990, a exemplo de Beatriz, não alimentam ilusões com as oportunidades que terão na cidade. A vinda para cá é quase aleatória. No caso de Beatriz, nem mesmo o sustentáculo familiar é razão para se deslocar para São Paulo. A escolha da "terra das oportunidades" é completamente aleatória, como num jogo de azar em que após jogar os dados, a escolha será feita pelo dedo que cai sobre a referência do mapa.

238 EDSON MIAGUSKO

Horizonte porque "enjoara" de lá. Abriu o mapa do Brasil e passou em revista as principais capitais do país, excluindo algumas até chegar ao destino final. Salvador era só "festa", não haveria trabalho; Rio de Janeiro, o local da "matança", segundo notícias veiculadas na televisão, em 1993; Curitiba, "pequena". Finalmente, os olhos de Beatriz pousam em São Paulo. Sem parentes, nem amigos, não conhecia ninguém. Comprou a passagem e veio com "a cara e a coragem". Sabia que, se chegasse sem ninguém para recebê-la, seria obrigada a retornar. Assim, inventou desculpa padrão no caso de ser interpelada por alguma assistente social: a espera de prima inexistente que viria buscá-la na rodoviária.

A dramaticidade da chegada a São Paulo contrasta com o modo quase banal como sua aguçada memória relembra os fatos. Chegou ao Terminal Rodoviário Bresser às cinco horas da manhã e ficou esperando. A gari que varria as ruas estranhou seu comportamento e puxou papo. Almoçaram juntas na rua. Beatriz pagou um *marmitex* para a senhora. A prima não chegava. Entrou num templo da Igreja Universal e rezou: "Deus me ilumine para eu não ir para a rua". Às cinco da tarde, encontrou novamente a gari. Perguntou da prima. Não chegara. A

As características da migração nos anos 1990 diferem daquelas da década anterior. Em primeiro lugar, há uma queda das taxas de migração para o Estado de São Paulo: nos anos 1970 eram de 4,5% ao ano, no período 1980-1991 caiu para 1,7% e se manteve estável para o período 1991-2000 em 1,7%. Em segundo lugar, o município de São Paulo continuou sendo receptor principal do fluxo migratório, aumentando de 77 mil migrações anuais na década de 1980, para 123 mil nos anos 1990. Mas, a dinâmica maior foi para os municípios da Grande São Paulo, com uma taxa de 2,89% entre 1991-2000, mais de três vezes maior que a capital no mesmo período. Em terceiro lugar, o perfil do migrante se alterou em relação aos anos 1980. Entre 1991-2000, os migrantes que chegaram a RMSP eram menos jovens (idade média de 25,24 para 26,81), com maior número de mulheres, maior número de negros (pretos e pardos) e com maior escolaridade. Em quarto lugar, a distribuição espacial desses migrantes obedece à dinâmica de maior concentração nas áreas centrais e interior, diminui nos anéis intermediário e exterior e volta a aumentar na periferia (Pasternak & Bógus, 2005). O Centro de São Paulo, pelas oportunidades de emprego, pelos equipamentos sociais, pelos terminais de transporte rodoviário continua sendo a principal porta de entrada de boa parte dos migrantes em São Paulo.

senhora ofereceu a casa, em Guaianases, para ela morar com a filha e dois netos. Em troca dos cuidados do neto recém-nascido e dos afazeres domésticos, moraria lá enquanto não encontrasse lugar.

Ao final da entrevista, Beatriz admite que a saída de Belo Horizonte não decorria do enjoo com a cidade, motivo quase adolescente. A razão principal era abandonar a vida de privações, a relação difícil com a família, "sanguessugas" que a exploravam se aproveitando de sua orfandade. Abandonar Belo Horizonte era largar a antiga vida de exploração familiar.

Um mal estar súbito e o exame no posto de saúde revelou a gravidez do filho mais velho. Percebeu a mudança de atitude daquela que lhe oferecera amparo. A mulher, parteira, insistiu que não fizesse exames pré-natais. Beatriz desconfiou da "bondade estranha" e conversas com vizinhas a fizeram suspeitar que a benfeitora fosse "traficante de bebês". Fugiu mais uma vez e foi para a Central de Triagem e Encaminhamento de Migrantes (CETREM), albergue para migrantes no Brás. A assistente social quis enviá-la para Minas com a passagem nas mãos. Lá passou por uma triagem que levantou sua "ficha":

> Aí fiquei no Brás. Porque lá é assim, você fica no Brás, no CETREM, cinco dias. Eles ficam olhando seus documentos, pra ver se você tem o nome sujo, que lá você não vai entrando, arrumando serviço e morando. Eles pegam sua ficha, seu documento todinho, faz uma ficha de você, levantamento, pra saber se você roubou, se matou, se fugiu da sua cidade. Aí vem a assistente social pra tomar conta do seu problema.[33]

A batalha estava começando e Beatriz, grávida de três meses, começaria o percurso por várias "instituições totais" (Goffman, 1974) para ter o filho. Primeiro, quatro meses no CETREM. Depois, iria para o

---

33 Entrevista com Beatriz, em 17/02/2008.

Amparo Maternal,[34] maternidade que assiste as mães sem condições de ter o filho. O diálogo abaixo demonstra a insistência da assistente social para Beatriz sair de São Paulo e retornar para Belo Horizonte:

Aí ela olhou e falou pra mim: - você tá aqui em São Paulo tanto tempo, alguns meses, e não sabia que tava grávida? Eu falei: - não, não sabia. Aí ela: - e como você soube? Eu falei pra ela que eu tava na casa de uma senhora e passei mal lá e fui no postinho de Guaianases e fiquei sabendo. Aí ela: - e o que você pretende fazer da sua vida? - Eu pretendo criar o meu filho. Ela: - Você sabe que aqui não tem futuro, né? São Paulo não tem futuro. Mulher sozinha, ainda mais grávida, com filho, não tem futuro. Ela foi muito grossa comigo. Eu falei: - como não tem futuro, eu tenho duas pernas, dois braços, eu não posso trabalhar? Ela: - não, você é uma pessoa desamparada, eu liguei pra casa da sua tia, sua tia tá que nem uma louca te procurando, você morava com a sua tia, você trabalhava numa firma muito boa lá em Belo Horizonte (...) Fez, ela fez tudinho, aqueles cinco dias que eu fiquei lá dentro, ela pegou e foi levantando, ela sabia tudo. Ela falou: - eu tô com o dinheiro aqui certinho, eu tô com a passagem pra você voltar pra sua tia, sua tia tá te esperando. Eu falei: - eu não vou. Ela: - tu para de ser teimosa, você vai pra sua tia, que sua tia vai cuidar de você. Eu falei: - eu não vou, ela nem sabe que eu tô grávida, ai é que ela me escorraça mesmo. Ela: - Ela não vai escorraçar não, que eu mando uma carta explicando a sua situação, que você não sabia, que você morou na casa de uma senhora, não deu certo, que você tá voltando pra sua cidade. Eu falei: - eu não quero. Ela falou: - eu

---

34 O Amparo Maternal é uma maternidade filantrópica de responsabilidade da Igreja Católica. Em 2002, foram realizados 14.987 partos, com média mensal de 1.200 crianças, o que significa 7,2% de todos os nascimentos da Grande São Paulo. Nas palavras da própria instituição, o alojamento social em que Beatriz ficou albergada atende mulheres "carentes, migrantes, sofredoras de rua e também psicopatas, deficientes físicas, drogadas etc". A capacidade da maternidade é o atendimento de até 100 gestantes por dia. Cerca de 50.000 já foram amparadas pela Instituição (ver http://www.amparomaternal.org).

vou chamar a polícia, vou te levar junto com a assistente social e com o pessoal da segurança. Eu falei: - eu não quero, eu não sou obrigada, eu não sou de menor, eu sou de maior, eu sei o que eu quero da minha vida (Beatriz, 17/02/2008).

A insistência de Beatriz fez com que a assistente social a colocasse diante de duas possibilidades: ou retornaria para Belo Horizonte ou seria internada no Amparo Maternal quando abrisse vaga e trabalharia até que a criança nascesse. Ao final, teria que assinar um documento para doar o filho. "Lá é assim, tem norma pra tudo". Do hospital, só poderia sair com o bebê registrado e uma família que fosse buscá-la.

Beatriz aceitou as condições. Mas, até o dia do parto, ficou preocupada em evitar a doação do filho. A rotina no Amparo Maternal era acordar às cinco da manhã e trabalhar num caldeirão e na máquina de lavagem e secagem de cobertores, puxando e estendendo grossas mantas em cilindros quentes e grandes. A parceira de trabalho, de 17 anos e grávida de sete meses, sofreria um acidente:

> Era direto, você não parava um minuto. A menina coitada, tava com seis pra sete meses, foi assim, umas máquinas bem grandonas lá do hospital, cê tem que pegar o cobertor e por na máquina. Aí a máquina vem e puxa e vai secando o cobertor. Era assim, a gente trabalha direto, pra poder comer lá e morar de graça, tem que fazer alguma coisa. Aí essa menina foi - não gosto nem de lembrar - ela pegou, acho que ela passou mal, deu uma tonteira, queda de pressão. Ela ficava de um lado, eu ficava do outro, ela pegou e, sei lá, distraiu e a mão dela foi... na máquina (Beatriz, 17/02/2008).

Depois do acidente Beatriz "ficou traumatizada" e redobrou os cuidados. A parceira acidentada fez o parto às pressas e, depois do nascimento, o bebê foi encaminhado para a doação. Assim, Beatriz trabalhou redobrado e, no dia do parto, segurou as contrações até não aguentar as dores. A preocupação era que o filho nascesse de parto normal, para não precisar ir para a incubadora e ser recebido no colo no mesmo dia.

No dia seguinte, a assistente social foi visitá-la. Além das felicitações, foi verificar a casa da psicóloga que oferecera um trabalho para Beatriz como babá do filho, também recém-nascido. A assistente social temeu que Beatriz doasse o filho para a patroa, em vez de seguir as regras de primazia da doação para o hospital.

A fortaleza

O apartamento é o principal investimento de Beatriz nestes oito anos. A chegada ao "invadido" foi por indicação da colega de trabalho e o estímulo da diretora da creche em que trabalhou.

O apartamento tem sete cômodos: sala de televisão, sala de jantar, cozinha, dois banheiros e dois quartos. O quarto que dorme com o companheiro é lavanderia, banheiro do casal e o ponto de água do tanque de roupa.

Da janela do apartamento, se avista a Avenida do Estado, paralela à Avenida Roosevelt, o paredão de prédios do bairro do Ipiranga, o Centro de Operações do Banco Itaú, na Mooca, e uma estrutura metálica suspensa do Expresso Tiradentes (antigo Fura-Fila), que liga o Parque Dom Pedro ao Sacomã.

Antes de chegar à ocupação, Beatriz morava numa casa de quarto e cozinha, em Heliópolis, e pagava duzentos e trinta reais de aluguel. Desde a chegada em São Paulo, já morara em Guaianases, no albergue do Brás, na maternidade, no apartamento da psicóloga, em outro apartamento como empregada doméstica e em duas pensões. Naquele momento, o trabalho na creche lhe dava um rendimento fixo para pagar o aluguel em Heliópolis. Mas aquilo pesava no orçamento. É nesse período que ingressara no mutirão e resolvera fazer um curso supletivo noturno, para concluir o primeiro grau. Nos dias de estudo, precisava economizar no transporte e andava a pé com o filho pequeno.

Diante do esforço, uma colega de trabalho, que comprara um terreno na ocupação, aconselhou Beatriz a fazer o mesmo. Era uma opção para sair do aluguel. A dúvida em ir para a "nova moradia" e o conselho da diretora mostram as decisões que Beatriz deveria tomar:

> — A Elma comprou um terreno. Eu falei: — comprou um terreno? — Por que você não faz igual? — Eu? Comprar um terreno? — É, ela pagou duzentos reais. Eu falei: — Que mentira! Como que existe isso? Ela: — é lá no invadido. Eu falei: — ah, é dona Clara, só que morar no invadido, ou você morre, ou você sai escorraçado pela polícia. Ela: — Não. Lá tem muita família, tenta pra você ver. Aí eu falei: — mas será que vai dar certo? — Vai. — Mas se eu morar lá a senhora não vai poder me escorraçar da creche porque eu vou tá morando com sem-teto? Aí ela: — não tem nada a ver, cê vai tá morando e economizando seu dinheiro. Aí eu fui, não gostei dali. Tinha um outro ali que era da polícia, um galpão muito pobre, muito pobre (Beatriz, 17/02/2008).

Apesar de afirmar que o outro galpão era da "polícia", Beatriz não sabia que, em verdade, sua futura moradia era uma área da Secretaria de Segurança Pública. Conversando com uma amiga, Beatriz descobre o "invadido". Resolve "ver para crer", visita a ocupação e, depois de pensar, escolhe o espaço da laje no terceiro andar, combina com o "proprietário", fecha "negócio" e compra a vaga por mil reais para sair do aluguel. Dá como entrada uma televisão e paga o restante em cinco prestações ao antigo vizinho, dono de mais alguns "lotes", obrigado a sair em função de problemas com o tráfico. Mesmo após a saída, ela depositava o dinheiro na conta do proprietário.

A regra estabelecida só permite a "compra e venda" e é proibido a um mesmo proprietário alugar o local para outros. Afinal, "só mora lá quem precisa":

> Tudo comprado, nada alugado, não pode alugar. Uma mulher foi alugar, foi dar uma de esperta de alugar, os caras deram um pau nela e puseram ela pra correr. Porque ela tinha três casas e alugava a quarta e não pode, ela construiu um casão e ficou alugando, e não pode, porque não paga. E falava pro pessoal que pagava luz, e aqui não paga luz, e se você é tão pobre, que tá saindo do aluguel, então eles não aceitava isso, eles colocaram ela pra correr (...). Entendeu, aí ela teve que passar a casa pra irmã dela, que mora aqui no segundo andar, e tem um monte de filho, tem seis filhos. Aí ela deixou a casa aí que ela saiu daqui escorraçada.
> Mas você tá falando eles quem?
> Não, os noia, os noia não gosta, cê tá querendo ganhar, você mora aqui porque precisa, comprou o terreno aqui porque não tem dinheiro. Aí cê vem aqui e fica, que nem eu, eu moro nesse espaço, todo mundo sabe que eu moro nesse espaço, sabe que mora só eu, meus filhos e meu marido. Vai eu pegar, ficar alugando, dividindo, pra ver se eles não botam pra correr. Eles é esperto, não é bobo não, eles não tão nem aí que eu moro nesse espaço enorme, nem aí, ninguém vem tomar. Mas se eu vim dar uma de espertona aqui, meu mutirão tá pra sair, se eu sair eu tenho que ir embora daqui. Eu tenho que desocupar pra quem precisa, não dá pra ficar morando nos dois lugares. Então, alugar aqui e morar lá em Itaquera, eles acabam descobrindo e botam pra correr (Beatriz, 17/02/2008).

A mudança para a ocupação coincide com o anúncio da vinda do filho caçula. Teve relação com antigo namorado que, ao descobrir a gravidez resolve abandoná-la. Antes de fazer a compra, visitou o galpão onde residiam as famílias em situação de risco e acha "muito pobre". Visitou os dois lados da ocupação e escolheu o outro lado do muro levantado pelo movimento de sem-teto. As razões da escolha foram duas: como precisava pagar, preferiu liquidar a dívida com o "dono" dos lotes em vez de pagar a taxa de contribuição para o movimento. No curto prazo, a vaga seria mais cara. Mas, com o passar do tempo, o valor seria abatido. A escolha do prédio também levou em consideração a "segurança", apesar da má impressão inicial, de "muita sujeira e imundície danada". A estrutura de concreto, além de distante do barulho do térreo, retirava a família da "rota de fuga", no caso de problemas com a polícia.

Com o decorrer do tempo, economizou e fez melhorias no apartamento. Primeiro, levantou as paredes, fechando completamente o espaço. Depois, ergueu as paredes internas que separam os cômodos, e em seguida, colocou a grade no corredor.

Quando Beatriz veio morar, as paredes não existiam. Foto do filho, tendo como cenário o céu aberto, lhe faz lembrar a queda, do terceiro andar, do filho da vizinha. O episódio lhe fizera se apressar para levantar o muro externo.

A falta de água é o problema principal da casa e há vários barris e vasilhas espalhadas. É preciso fazer os trabalhos domésticos durante a madrugada, pois é o horário em que a água chega aos pavimentos superiores.

As melhorias transformaram o apartamento em fortaleza. Beatriz cercou as passagens e entradas, tornando o ambiente escuro. Os fios das lâmpadas estão visíveis e entremeados nas ligações elétricas, que fazem funcionar os eletrodomésticos da casa e as poucas lâmpadas do ambiente. O espaço interno possui duas portas de madeira, que separam o apartamento do corredor, com duas chaves tetra, além das correntes e do cadeado.

Cada parede é parte da história de sacrifícios que a levaram a montar uma fortaleza dentro da própria ocupação. O apartamento é a concretização do "projeto provisório", que chegou ao limite. O espaço do apartamento está todo cercado.

Os corredores e áreas comuns do prédio têm avisos que soam como ameaça e apontam que há um "zelador anônimo" atento às pequenas faltas:

> Furtar as lâmpadas é traição. Nós lhe pegaremos.[35]

Os dois meninos não convivem com a vizinhança, pois a mãe prefere mantê-los afastados em função do "ambiente". Assim, o apartamento é autossuficiente, com duas geladeiras, fogão, máquina de lavar roupa, três televisões, videocassete, DVD e aparelho de som. Alguns eletrodomésticos estão na prestação do carnê, pago religiosamente, e outros serão abertos quando terminar o mutirão. O carrinho de controle remoto, comprado em prestações no camelô, é o mais recente presente dos filhos. No final da entrevista, o carrinho corre a toda velocidade de um lado a outro do apartamento, batendo nos móveis e nos nossos pés. As crianças brincam e, após um tempo, já enjoam rápido, procurando outra diversão.

Todos os dois têm celulares. Questionada, diz que assim controla melhor as crianças, porque precisa trabalhar o dia fora e liga para os filhos para saber se estão bem.

Beatriz me convida para olhar pela janela e ver a vista panorâmica da região e da ocupação. O prédio é vizinho à transportadora e, da janela, vejo dezenas de exaustores no telhado, além dos barracos de alvenaria e zinco.

Na viela abaixo, observo dois jovens entendidos sob um grande guarda-sol, aguardando a aproximação de clientes em motos, carros ou a pé. O movimento é fraco. Crianças correm e brincam de pega-pega. Adultos andam apressados e depois saem. Um homem que chega de

---

35 Esta mensagem estava escrita na escada que liga o primeiro ao segundo andar do prédio.

motocicleta cumprimenta os conhecidos, ergue a camisa e é saudado. Apesar de ser domingo, próximo ao horário do almoço o funcionamento é normal. A portaria principal está fechada para carros e donas de casa correndo para preparar o almoço. A movimentação é calma e o ritmo de domingo ensolarado. Trata-se de uma boca-de-fumo que funciona na rua paralela à ocupação.

Apesar de participar de um grupo de origem do movimento de moradia, prefere o local dos "acomodados" à ocupação do movimento de sem-teto em função das normas rígidas que havia na "gestão" da outra ocupação:

> Porque antes é assim, se você não paga não pode receber uma correspondência, não pode pegar, chega um parente com carro, na garagem quando chega, aí fica tudo pra fora. Então eu fiquei sabendo das normas ali dentro então quando cheguei eu escutei bem o que Deus tava me falando: é melhor ficar no lugar precário, do que num lugar cheio de ti-ti-ti. Você não acha? (Beatriz, 17/02/2008)

A "normalidade" de uma vida em sobressaltos

Beatriz abre a carteira de trabalho e apresenta as anotações e os registros de trabalho doméstico e cuidado de crianças. Na carteira, consta a passagem por três empregos: dois trabalhos curtos em Belo Horizonte, como faxineira e depois promovida à ascensorista, e outro de empregada doméstica. Em São Paulo, somente um registro, numa creche conveniada da Igreja Católica, que atendia 180 crianças de um a quatro anos no Ipiranga.

No final de 2007, foi demitida devido ao fechamento da creche, em função das dificuldades de financiamento pela Prefeitura. Exerceu, durante treze anos e seis meses, as tarefas de faxineira, assistente, professora e coordenadora do berçário, até o desligamento do emprego.

Como na creche em que Eneida trabalha, a transferência das creches da assistência social para a educação infantil fez com que a mantenedora "Ordem dos Servos de Maria – Província do Brasil" não tivesse mais condições de mantê-la diante da exigência do convênio e de qualificação dos profissionais.

Assim como a fortaleza de Beatriz, o trabalho na creche assegurou o local para os cuidados dos filhos, a proximidade com a moradia e a montagem de uma rede de sociabilidade e confiança que garantiu as várias indicações para as faxinas, fundamentais para a complementação do rendimento doméstico. Hoje, Beatriz está desempregada formalmente, mas será contratada num sistema de rodízio, na casa e apartamento da diretora, da irmã e da filha como diarista. Apesar da "estabilidade" na ocupação, quer ser "cidadã normal", para poder criar os filhos:

> Você tá vendo que eu tô criando meus filhos, é na base do gelo, eu não chego nem na janela direito, porque rola tiro. Eu não quero ter uma vida assim, eu prefiro gastar, ter o meu salário, pagar as minhas contas, ser uma cidadã normal, porque eu não sou uma cidadã ainda. Por mais que eu vá numa loja, que tudo o que aqui ó, bicicleta, o celular que eu comprei pra mim, pra ele, para o irmão, eu comprei tudo assim, dando o dinheiro à vista, é à vista, tanto que eu falei, tô desempregada, não vou parcelar nada, que é uns juros a mais, comprei tudo assim à vista, paguei tudo, entendeu? Então, pago perua pra esses daí, vai começar as aulas, vou pagar perua, pra poder pegar ele na escola, pra outra...então, é aquela correria, então, isso não é uma vida tranquila aqui, morar nesse lugar (Beatriz, 17/02/2008).

As obras do apartamento estão praticamente finalizadas, mas Beatriz não permanecerá lá por muito tempo. Assim que acabar a obra do mutirão, muda com os dois filhos e o companheiro para o apartamento. Beatriz está apreensiva e sua ansiedade está estampada nos eletrodomésticos e móveis que comprou recentemente no crediário e serão abertos somente no novo apartamento.

A ocupação da Avenida Kennedy parece metáfora do processo de modificações espaciais passadas pela região nas últimas décadas. Podemos inseri-la no movimento mais amplo que passou o Centro de São Paulo. E também mostra a velocidade não apenas das transformações espaciais, mas também dos movimentos de sem-teto e dos moradores que habitam essas ocupações.

A trajetória de Beatriz para a casa própria parece começar a chegar ao final, desde que ingressou num grupo de origem do movimento de moradia na Vila Ema – com reuniões uma vez por mês no início, e, depois, com periodicidade maior –, há treze anos. Apesar da instabilidade, a vida sempre por um fio, surpreendentemente os vínculos de Beatriz sempre foram duradouros. No único trabalho com carteira assinada, desde que chegou a São Paulo, permaneceu por catorze anos. Na ocupação, está há oito e prepara-se para finalizar o mutirão, iniciado há seis anos, coroando sua participação há treze anos nos grupos de origem do movimento de moradia. O aleatório até agora ficou ao lado de Beatriz.

Enquanto aguarda a conclusão das obras do mutirão para mudar para o apartamento novo, fecha as portas da casa para proteger a família.

Inclusão exclusiva

A "vontade de saber" sobre o Centro, que teve sua expansão na metade da década de 1990, parece combinar um duplo movimento: deslocamento para uma nova fronteira de acumulação urbana no Centro, haja vista a quantidade de investimentos realizados nas últimas décadas, na região, e sua transformação em laboratório de políticas públicas "inovadoras".

Barros (2002) alertava-nos sobre essa hipótese ao analisar o Programa Acolher, cuja lei se dirigia ao atendimento à população de rua. E, ao que parece, uma política dirigida aos moradores de rua invade também a lógica das demais políticas públicas, mesmo aquelas que, em tese, teriam um caráter universalista, como é a política habitacional. Apesar de ser nomeada como política habitacional, o que se desdobra da análise demonstra que os programas não se constituem em política pública. Porque, se formos analisar o volume de recursos destinados e o "público-alvo" atendido, as características dessa população, veremos que a demanda se interconecta, de algum modo, com a lógica de atendimento à população de rua.

Um programa do Morar no Centro é denominado "Moradia Transitória". A linha de autonomia do Programa Acolher é denominado "Moradia Provisória". De tão semelhante, os programas se confundem pela "transitoriedade" e "provisoriedade", significando algo mais que apenas uma coincidência de nomeações. Quando o programa "Moradia Provisória" – que atende à população de rua e está localizado na Secretaria de Assistência Social – foi ameaçado de suspensão pela gestão Serra/Kassab, a coordenadora geral da Organização de Auxílio Mútuo (OAF), Regina Maria Manoel, aponta em declaração o problema principal que se aprofunda, ainda mais na lógica de um programa denominado Moradia Transitória, no escopo de uma política habitacional:

> o problema real não está nos 12 ou 18 meses, mas no fato de se tratar de uma moradia provisória. A questão é que acaba não havendo uma continuidade. Os moradores reivindicam bolsa-aluguel e moradia social. Da Secretaria de Assistência Social [o assunto] precisa passar para a de Habitação (Fórum Centro Vivo, 2005).

Essa provisoriedade, que caracteriza as políticas destinadas à população de rua, invade outras políticas públicas, convertendo-as em programas segmentados. Esses programas são apresentados como "inovadores".

Assim, no coração da cidade, aparece a "vida nua" dos que podem ser sacrificados porque fora da contagem, fora dos estudos, mas exatamente por isso mesmo laboratório para as políticas públicas que gestionam a pobreza. Essa pista perseguida por Barros nos remete à tese de que os "mais incontados dos incontados", que não possuem nome, são o segmento social ou, para utilizar a terminologia da moda, o "público-alvo" privilegiado para testar as "novas" políticas públicas nesse contexto pós-desmanche. A importância desta população de rua está no fato de que a implantação de políticas para este "público-alvo" pode nos dar a medida de políticas emergenciais, que não são apenas para os setores mais vulneráveis socialmente. Acreditamos que há a reatualização desses discursos nas intervenções presentes e, não necessariamente, empregados somente pelo discurso conservador.

As políticas de habitação parecem obedecer a essa ordenação. A determinação de públicos-alvo pressupõe uma segmentação cada vez maior do mundo social, numa lógica que substitui a classe por grupos de intervenção. Isso, em vez de de provocar um maior conhecimento do mundo social e de ampliar a capacidade de intervenção das políticas públicas destinadas a melhorar a vida dessas populações, gera exatamente seu contrário: um conhecimento deslocado da realidade que fabrica um público fictício, para o qual um determinado tipo de intervenção já está previamente definido.

Essa forma de catalogação do mundo social, de separação e definição de lugares é, como nos lembra Rancière, a própria polícia: definir lugares, esquadrinhar o mundo, de modo que os sujeitos desse mundo não possam ultrapassar as fronteiras de sua prática social e, portanto, sejam destituídos de sua capacidade inventiva, qualidade inerente à política.

É isso que as histórias nos contam. Mas elas também nos contam uma situação em que, diante do encolhimento do possível – que reduz as possibilidades de escolha –, nossos entrevistados circulam, diante da privatização radical da vida. É nesse difícil contexto que os movimentos de sem-teto atuam e introduzem, como um componente de sua ação, a "gestão de prédios" ocupados. Isso confere visibilidade pública e, ainda, traz os problemas inerentes dessa ação.

No próximo capítulo, trataremos de outro movimento de sem-teto, surgido na metade final dos anos 1990. Contudo, este movimento não surge no Centro de São Paulo e insere-se em outro "campo gravitacional" político. Já tratamos de suas ações no início da nossa tese. É para ele que voltaremos para encerrar o texto. É do Movimento dos Trabalhadores Sem-Teto que trataremos a seguir.

Capítulo V

Estrangeiros na cidade

Introdução

O Movimento dos Trabalhadores Sem-Teto (MTST) surge na segunda metade da década de 1990, mesmo período que os demais movimentos de sem-teto no Centro de São Paulo. No entanto, as práticas políticas, discursos, o tipo de articulação, as iniciativas e suas origens estão inseridas num campo gravitacional[1] de experiências próximas ao MST.

Nos últimos anos, o MTST apareceu em evidência, a partir da ocupação dos denominados "latifúndios urbanos", em municípios da Grande São Paulo e Campinas, e promoveu ações em Campinas, Guarulhos, Osasco, São Bernardo do Campo, Taboão da Serra, Mauá, Itapecerica da Serra e Embu.[2]

---

1   A expressão "campo gravitacional" é utilizada para assinalar a força de atração das práticas, discursos e táticas do MST sobre outros movimentos sociais nos anos 1990. Como num campo gravitacional, os outros corpos celestes são atraídos, mas não necessariamente se fundem à massa que os atrai. Refiro-me a expressão para destacar que o MST constituiu um campo gravitacional entre os movimentos sociais nos anos 1990 aproximando-se e afastando-se do campo gravitacional do PT e da CUT, nos anos 1980.

2   Ver tabela 3 – Ocupações do MTST.

O MTST surgiu a partir da iniciativa do Movimento dos Sem-Terra (MST), e sua referência são as discussões ocorridas na Marcha Nacional por Reforma Agrária, Emprego e Justiça, em 1997.[3]

No ano anterior, o MST modificara sua análise e concluiria que a crescente urbanização deslocaria a disputa política da luta pela reforma agrária para as cidades. Em função disso, o MST alteraria seu lema: "Reforma Agrária: uma luta de todos".

O contexto de mudança da "linha política" do MST era duplo: primeiro, o processo de urbanização sucedido nas últimas décadas deslocava a luta pela reforma agrária para a disputa por apoio nos meios urbanos; segundo, o contexto das relações Estado e movimentos sociais impulsionava o MST ao lugar de principal movimento social no Brasil em oposição às políticas do governo de Fernando Henrique Cardoso. O ano anterior resultara num quadro de enfraquecimento do movimento sindical, a partir da derrota da greve dos petroleiros. Nesse contexto, os sem-terra assumiam um papel destacado e, depois da Marcha a Brasília, suas ações conquistavam inédita simpatia em determinados setores urbanos. Os sem-terra, a partir da luta pela reforma

---

3   A Marcha Nacional por Reforma Agrária, Emprego e Justiça foi promovida pelo Movimento dos Trabalhadores Sem-Terra (MST) para protestar contra a impunidade dos policiais que comandaram uma violenta ação de desobstrução de uma Rodovia, em Eldorado dos Carajás, e resultou no assassinato de 19 trabalhadores rurais sem-terra, em 1996. A Marcha percorreu, em sessenta dias, cerca de mil quilômetros a pé, partiu de três estados diferentes e envolveu cerca de 1300 sem-terra que representavam acampamentos e assentamentos do MST em todo o país. De São Paulo, partiu o maior grupo, de 550 agricultores das regiões sul e sudeste. Outros dois grupos saíram de Governador Valadares (MG) e Rondonópolis (MT), com 400 e 350 pessoas, respectivamente, todos em direção a Brasília. Naquele ano, 1997, a Marcha adquiriu conotação maior e simpatia política, canalizando parte do descontentamento popular com o governo de Fernando Henrique Cardoso. A cobertura foi ampla e teve grande repercussão durante os dias em que os sem-terra marcharam (Santos, Ribeiro, Meihy, 1998). Os relatos das lideranças do MTST dão conta, nesse percurso dos sem-terra pelas cidades, da necessidade de um movimento social urbano em outros moldes. No mesmo ano, o MTST é fundado.

agrária, passavam a organizar um campo gravitacional mais amplo de práticas e discursos, que teriam influência nas cidades. O MTST pode ser visto como originário desse campo gravitacional, a partir desse vínculo originário com o MST:

> O MTST de fato surge – é meio fato – o MTST surge como uma organização urbana vinculada organicamente ao MST. Os militantes que deram origem ao MTST eram militantes que o MST liberou para atuar no espaço urbano pelo MST. Isso em 1997 tem o processo da marcha popular pelo Brasil construída pelo MST e no processo da marcha setores do MST, a direção nacional do MST aponta a necessidade de uma organização urbana. E começa uma complexa discussão no Movimento Sem-Terra a esse respeito. E um dos instrumentos criados foi o MTST, que surge efetivamente do interior do MST. Mas o próprio desenvolvimento da luta do MTST levou à necessidade de uma autonomia.[4]

Nos relatos, há um consenso sobre essa relação originária com o MST. Sobre as razões dos sem-terra em impulsionar a criação de um movimento social nas cidades e seus objetivos, existe uma multiplicidade maior de discursos. A fala de um dirigente do MST aponta a necessidade de um movimento social urbano, a partir da constatação do quadro de crescimento acelerado das cidades brasileiras e de críticas ao caráter "municipalista" dos movimentos de moradia e sem-teto.[5]

---

4   Entrevista com Virgílio em 10/12/2005.

5   Pouco depois da Marcha a Brasília, ocorreu a ocupação do Parque Oziel, em Campinas, primeira ação do MTST. Uma das lideranças da ocupação era ex-integrante do MST no Pontal do Paranapanema. Gilmar Mauro, da direção nacional do MST negava que o MST estivesse "exportando" lideranças para as ocupações urbanas, mas se tratava do retorno de um antigo militante para sua origem urbana. Mas, declarava na mesma entrevista "que os sem-teto são "municipalizados" e "deveriam ter uma coordenação nacional" (Amaral, 26/07/1997).

Também despontam explicações como o esgotamento das possibilidades de trabalho, no Pontal do Paranapanema, pela violência dos conflitos na região, a alteração de perfil dos pobres e uma tentativa de ampliação da influência do MST nas cidades.[6] Contudo, a transposição automática de práticas do MST para as cidades acarretará problemas, o que levará a um duplo movimento: uma autonomia maior dos sem-teto em relação aos sem-terra e um afastamento do MST das decisões do MTST.

> Num primeiro momento – e isso nós avaliamos como um erro – talvez um erro necessário, mas que não pode ser reproduzido, o MTST buscou ser o MST urbano, buscou reproduzir, repetir as formas de luta e de organização do MST no espaço urbano. Deu errado. Quer dizer, uma base social completamente diferente, um espaço completamente diferente, o espaço urbano é loteado, tem concentração de poder político e econômico. É muito diferente fazer uma ocupação num espaço rural e no espaço urbano. As pretensões têm que ser outras, as formas de organização têm que ser outras e a forma de militância tem que ser outra. O MTST teve alguns tropeços no início por causa da pretensão de repetir a experiência do MST (Virgílio, 10/12/2005).

Não deixa de ser interessante que, numa década em que a face urbana dos movimentos sociais perdeu a legitimidade da ação sindical,

---

6 Há poucos estudos sobre o MTST, se comparado aos movimentos de sem-teto do Centro. A maioria das análises é de levantamentos de ocupações baseados em compilações de jornais e entrevistas, destacando o impacto de seu surgimento, mas sem explicitar ou problematizar o caráter da "novidade" (Benoit, 2002; Setúbal, 2007). Também começaram a surgir dissertações e teses que procuram reconstituir o surgimento do MTST e sua inserção diante da agudeza dos problemas urbanos (Rodrigues, 2002 e Lima, 2004). Acerca da origem do MTST, nos baseamos em quatro fontes: análise das entrevistas e dos relatos coletados em pesquisa de campo, notícias de jornais da época, entrevistas concedidas a outros pesquisadores (Benoit, 2002) e na tese de Lima (2004) sobre a ocupação Anita Garibaldi, em Guarulhos.

haja um movimento rural que procure organizar os estratos mais vulneráveis entre os trabalhadores urbanos.[7]

Desse momento inicial de construção, o MTST readequa práticas e amplia sua autonomia. Contudo, a forma de organização do movimento, o esforço em perseguir dimensão mais generalizada de participação nas lutas urbanas, o caráter da formação política e a noção de "latifúndios urbanos improdutivos" se referem ao MST.

A nomeação do movimento também procura refletir esse esforço de diferenciação de outros movimentos de moradia. Assim, o MTST não se define como movimento de moradia e, sim, como movimento popular urbano, que enfrenta questões relativas à vida dos moradores das periferias urbanas:

> O MTST é um movimento popular que busca mobilizar e dar forma às diversas reivindicações do povo pobre, diversas reivindicações. O MTST, nesse sentido, tem uma grande flexibilidade. Vou lhe dar alguns exemplos: nós estamos organizando algumas comunidades em torno de reivindicações que não estão diretamente ligadas à moradia. Existe uma comunidade em Guarulhos, a comunidade do Cabuçu – num primeiro momento nós entramos lá através da moradia, havia risco de despejo, nós organizamos a comunidade, ocupamos a secretaria de habitação, seguramos o despejo – e agora, o trabalho que nós estamos fazendo lá, estamos construindo o barracão para fazer oficinas, cinemas, atividades culturais regulares. Outras comunidades que nós nem entramos a partir do problema da moradia: a Vila Nova Esperança, na divisa

---

7   No levantamento realizado sobre as ações dos movimentos de moradia e sem-teto em São Paulo, entre 1997 e 2007, encontramos duas ocupações reivindicadas pelo MST na região de Perus/Anhanguera. Na primeira, 800 famílias ocuparam, em 20/07/2002, um terreno de 250 hectares, no km 17 da Rodovia Anhanguera (Estadão Online, 20/07/2002 e 21/07/2002). O acampamento foi denominado Irmã Alberta. E, na segunda, 250 famílias ocuparam um terreno de um milhão de m², destinado a um aterro de lixo (Gois, 20/08/2003). As duas áreas pertenciam à Companhia de Saneamento Básico do Estado de São Paulo (Sabesp).

de Taboão aqui com São Paulo, que nós entramos lá para discutir urbanização, melhorias urbanas. Entramos lá para discutir asfalto, água, luz e estamos construindo barracão. Essa é uma política que nós temos adotado: tentar construir barracão, como sendo um espaço político de convivência coletiva, de construção de formas coletivas de atuação. Acho que uma definição política do MTST deveria abranger todos esses aspectos, essa forma de atuação mais complexa que busca dar conta de uma série de necessidades (Virgílio, 10/12/2005).

O movimento, deste modo, procura aproximar-se de uma prática mais diversificada da sua ação nas cidades. Certamente, este não é o diferencial em relação aos demais movimentos de moradia, até porque vários deles também procuram incidir no conjunto mais amplo de políticas, que não digam respeito apenas à questão da habitação. O que parece ser o diferencial é a relação com estas políticas públicas e as expectativas que, em seus marcos, haja a possibilidade de resolução da questão da moradia a partir da organização de uma demanda nos programas habitacionais.

Histórico e definições

Apesar da crítica ao caráter localista dos demais movimentos de moradia e sem-teto, só recentemente as ações do MTST começaram a retomar a perspectiva de articulação nacional. Depois da repressão e desarticulação de São Bernardo do Campo e da "perda de hegemonia" em Guarulhos, só após a ocupação Chico Mendes é que o movimento retomou os objetivos iniciais. Assim, as definições que apresentamos são baseadas em entrevistas e textos oriundos do MTST em São Paulo, e não levam em consideração as ações desenvolvidas no Rio de Janeiro e em Pernambuco (Rodrigues, 2002).

A cartilha do movimento aponta o elemento ordenador do trabalho político em São Paulo:

> Agora, em maior número, vendo e vivendo os problemas urbanos compreenderam que era muito importante iniciar um trabalho abrangente na região da Grande São Paulo. Fizeram então um plano, de realizar grandes ações nas regiões do ABC Paulista, de Guarulhos e de Osasco, criando um cinturão de lutas. A cada ação crescia o número de militantes que desejava lutar conosco e levantar a mesma bandeira que nós e depois do Acampamento Anita Garibaldi, já eram em número suficiente para se dividir e atuar nas outras duas áreas de importância para o movimento (MTST, 2005).

A ideia de criar um "cinturão de lutas" na Grande São Paulo, a partir da noção de "latifúndios urbanos", fez com que o movimento priorizasse grandes ocupações de terra, à semelhança dos movimentos de moradia que deram origem à União dos Movimentos de Moradia, em 1988. Mas a semelhança para aí. Ao contrário desses movimentos, as ocupações do MTST ocorrem fora da cidade de São Paulo e priorizam grandes áreas e terrenos do "cinturão" urbano da Grande São Paulo. E nos moldes de alguns movimentos de sem-teto da região central, que fazem da ocupação um espaço de moradia para as famílias e não apenas um espaço de pressão política para a conquista de unidades e programas habitacionais. De todas as sete ocupações realizadas pelo MTST até 2007, nenhuma aconteceu em São Paulo.

Além da primeira ocupação em Campinas, no Parque Oziel, o MTST fez outras ocupações durante o período de 1997 a 2007. A seguir, uma tabela com as ocupações do MTST, as cidades e o ano:

Tabela 3 – Ocupações do MTST (1997-2007)

Ano	Ocupação	Proprietário	Cidade	Bairro
1997	Oziel	Privado	Campinas	Pq. Oziel
2001	Anita Garibaldi	Privado	Guarulhos	Ponte Alta
2002	Carlos Lamarca	Indústrias Matarazzo	Osasco	Jd. Umuarama
2003	Santo Dias	Volkswagen	São Bernardo do Campo	Ferrazópolis
2004	Rosa Luxemburgo	Hicks Muse	Osasco	Jd. Tereza
2005	Chico Mendes	Privado	Taboão da Serra	Jd. Helena
2007	João Cândido	Frigorífico Eder	Itapecerica da Serra	Valo Velho

A crítica à institucionalização e prioridade dos movimentos sociais à atuação, por via dos canais de participação no Estado, também é assinalada pelo MTST como um elemento de afirmação da identidade do movimento:

> Como já vimos lá atrás, o MTST nasce da necessidade de organizar o povo das cidades para lutar por uma vida digna. Mas será que já não haviam movimentos no meio urbano? A resposta é sim, mas estes movimentos estavam longe de ser aquilo que o MTST quer ser. O MTST quer ser uma alternativa para aqueles que já perceberam que só o voto nada resolve (MTST, 2005).

A cartilha ainda explicita os três princípios que o MTST entende como diferenciadores em relação aos demais movimentos de moradia e movimentos de sem-teto:

1º Nunca colocar a luta e o poder político institucional (partidos políticos, eleições, voto, cargos no governo e etc.) como parte principal do movimento. Nós só devemos estabelecer alianças e apoios com partidos e políticos que possam colaborar com o avanço da nossa luta, sem nunca perder nem subordinar os nossos objetivos e as nossas formas de luta direta.

2º O MTST nunca cobrará nada de nenhum lutador sem-teto. Sabemos muito bem como anda a situação daqueles que não tem nem casa para morar e não vamos nos aproveitar disto nunca. O movimento passa constantemente por situações financeiras difíceis mas prefere passar por elas que tirar daqueles que não tem. A colaboração maior que pedimos é o compromisso com a luta, a responsabilidade e a sinceridade. São as únicas coisas que cobramos.(...)

3º O coletivo fala sempre mais alto que individual e deve ser respeitado como a decisão legítima do movimento e todos aqueles que (com critério) desejarem e provarem ser capazes de contribuir nestes coletivos terão espaço político para isso. Estes são alguns princípios do MTST que fazem com que ele seja diferente de tudo aquilo que já existia antes de sua construção e provam quanto ele é importante para as massas de trabalhadores e desempregados pobres do país (MTST, 2005).

A ocupação Chico Mendes[8]

A ocupação Chico Mendes aconteceu em Taboão da Serra, no Jardim Helena,[9] na madrugada de 1º de outubro de 2005, e durou até junho de 2006.

Apesar de ações de forte impacto político no período da ocupação, como uma "greve de fome" em frente ao edifício onde reside o Presidente da República, em São Bernardo do Campo,[10] e o acorrentamento de cinco sem-teto diante do Palácio dos Bandeirantes, a pesquisa de campo procurou investigar as singularidades do MTST em relação

---

8   Não obtivemos dados referentes ao perfil socioeconômico das famílias do acampamento Chico Mendes. Mas, podemos afirmar que, provavelmente, haja proximidade com os dados da outra ocupação do MTST, na mesma região da cidade, em Osasco. No acampamento Carlos Lamarca, foi aplicado um questionário por estudantes de geografia que, a partir de uma estimativa de 2 mil barracos, com a constatação de 1080 ocupados e uma amostra de 110 questionários aplicados, traçou o seguinte perfil dos sem-teto: uma população jovem (40% com idade entre 15 e 34 anos) e constituída por 36,4% de crianças de zero a seis anos e em idade escolar; 51% obtiveram alguma renda em setembro de 2002, com proporção maior entre os mais velhos (dois terços obtiveram renda) e menor entre os mais jovens (dois terços não obtiveram nenhuma renda); nascida em outras cidades, fora da RMSP (66%). A renda média per capta do acampamento, no momento da entrevista, era de 91 reais. A respeito, ver Azevedo, 2003.

9   O local desta ocupação do MTST era considerado uma região de valorização imobiliária, próxima ao Shopping Taboão da Serra, ao lado da Rodovia Régis Bittencourt e numa avenida de condomínios horizontais e verticais de classe média baixa. O jornal da cidade repercutiu a insatisfação da vizinhança da ocupação, explorando o medo dos moradores em relação aos sem-teto. Na prática, a batalha pela "opinião pública" em Taboão utilizou "os medos" e a "insegurança" como elemento de disputa. O jornal alegava que os moradores temiam a transformação da ocupação numa favela e a explosão de demanda dos serviços públicos, como escola, creche e posto de saúde. O MTST se defendia afirmando que não iria construir uma favela e que o terreno, anteriormente, era espaço de "bandidos, traficantes e estupradores" (O Taboanense, 09/2005).

10   A greve de fome de sete integrantes do MTST iniciou-se em 19 de dezembro de 2006 e encerrou-se às vésperas do Natal (Gattone, 20/12/2005).

aos demais movimentos, bem como o discurso proferido por seus integrantes. O objetivo dessas entrevistas foi procurar indagar a hipótese de formas de luta, objetivos do MTST – movimento mais recente, assim como os movimentos de sem-teto do Centro –, como um movimento de sem-teto que surge no "contexto do desmanche" e procura "recusar" uma aproximação com as políticas públicas do Estado e se organizar nos moldes dos outros movimentos de moradia e sem-teto.

Chegada e estranhamento

O acampamento Chico Mendes[11] situa-se em Taboão da Serra, na divisa oeste de São Paulo, município da Região Metropolitana que também faz divisa com Osasco, Embu e Cotia. A população residente em 2000 era de 197.644 habitantes, mas com taxas de crescimento populacional superiores à média da Grande São Paulo.[12] O município obedece à dinâmica da periferia de São Paulo de ampliação dos serviços públicos de água, esgoto e coleta de lixo. Assim, tanto a quantidade de domicílios ligados à rede pública de água, com canalização interna, quanto a quantidade de domicílios ligados à rede pública de esgoto e a

---

11 Para chegar ao acampamento Chico Mendes, tomamos a direção do corredor oeste de São Paulo. O caminho, a partir do bairro de Pinheiros, em São Paulo, atravessa toda a extensão da Avenida Francisco Morato, o Centro de Taboão da Serra e continua pela Rodovia Régis Bittencourt. Este corredor tem fluxo intenso de ônibus e veículos, em três pistas, que nos horários de pico costumam congestionar. Ao lado da avenida, funciona o canteiro de obras do prolongamento da linha 4 do Metrô, que ligará a estação da Luz à Vila Sônia. As obras desapropriaram as casas que margeavam a avenida. O comércio neste corredor é entremeado por pequenas lojas, oficinas de carros, escolas, clínicas veterinárias, hipermercados e shoppings centers nas margens.

12 A média de incremento populacional para a Grande São Paulo é de 1,63%, enquanto para Taboão da Serra é de 2,37%.

coleta de lixo domiciliar, ou com caçamba, são superiores à média da Grande São Paulo.[13]

O acampamento ficava num vale às margens da Avenida São Francisco. Esta avenida começa em Campo Limpo, bairro periférico de São Paulo, e termina no Shopping Center Taboão. Ao longo da avenida, existem pequenos comércios, condomínios construídos por cooperativas habitacionais e equipamentos públicos. Acima da ocupação, há uma Unidade Básica de Saúde (UBS) municipal e um condomínio fechado de casas geminadas, que se destacam na paisagem da região. A via principal da ocupação sai da Avenida São Francisco e é residencial, com casas fortificadas por grades e alguns carros na garagem. Apesar desta aparente preocupação com a violência, é comum, nos horários da manhã, a conversa entre os vizinhos em frente às casas.

O comércio serve aos moradores do local. A pequena padaria vende pão e leite e produtos alimentícios de marcas pouco conhecidas, e aparenta ter um fluxo mais constante dos apostadores da máquina de bingo eletrônico e dos consumidores de bebidas alcoólicas. A Igreja Evangélica Quadrangular e a farmácia, com poucos medicamentos à disposição, convivem com "biroscas", um ponto de jogo do bicho e a lojinha de celulares e quinquilharias da telefonia móvel. O que mais se destaca na paisagem é o posto de saúde e, logo abaixo, os barracos do acampamento. Há duas entradas na ocupação, pouco vigiadas e livres, com barraquinhas de camelôs e "biroscas" vendendo bebidas e alimentos.

A chegada ao acampamento, depois de três meses do início da ocupação, assinala a consolidação dos barracos. Antes de lona, agora

---

13 Houve uma ampliação da rede pública de água, esgoto e de coleta de lixo, nos anos 1990, em Taboão da Serra. Para água, os números se mantiveram com uma taxa de acesso alta (96,3%), para esgoto houve um salto de 66,7% para 84,8%, e para coleta de lixo, de 98,9% para 99,41%. No entanto, houve um aumento da porcentagem de domicílios com renda do chefe até 1 salário mínimo ou sem renda, de 9,56%, em 1991, para 21,77%, em 2000.

de madeira, o espaço se adensou, mas ainda preservam-se os lugares de encontro coletivos, como a "praça pública" do movimento, ao lado dos edifícios inacabados. É aí que funciona a "ciranda" – denominação da escola infantil do acampamento –, a cozinha comunitária, a biblioteca e o espaço das atividades culturais, assembleias e reuniões da coordenação. A biblioteca é o último "equipamento" coletivo inaugurado – espaço dos livros e revistas, com almofadas e tapetes, onde os sem-teto retiram os sapatos para entrar. Por esta disposição, a biblioteca é ponto de encontro do acampamento.

A primeira impressão é a surpresa com a quantidade de barracos.[14] Estas barracas lembram as lonas pretas dos acampamentos do MST, com a diferença de que os símbolos do MTST estão em quantidade menor e a ocupação é mais desordenada. A única presença simbólica do MTST é a pixação em um dos prédios inacabados e a solitária bandeira no interior da ocupação, visível de longe, ao lado da bandeira maior do Corinthians/Gaviões da Fiel.

O acampamento Chico Mendes contou, nas primeiras semanas, com 1300 famílias e aproximadamente 5 mil pessoas. Durante o decorrer dos meses, esse número diminuiu e ficou na média de 300 famílias.

A área de 120 mil m² pertence a uma cooperativa habitacional falida, chamada Paulicoop, que está com as obras embargadas pela Justiça. O MTST argumentava que esse embargo foi motivado porque o suposto proprietário iniciou a edificação sem informar que o terreno não suportaria o peso de grandes construções. Além disso, haveria a cobrança de prestações por futuros moradores que não

---

14 Apesar da surpresa com o número de famílias e barracos, a coordenação do MTST nos informa que a ocupação Chico Mendes foi a menor realizada pelo movimento. Essa ocupação também foi a primeira que o movimento conseguiu algum saldo político desde 2003, no terreno da Volkswagen. No balanço realizado com integrantes do MTST, se afirma que a Chico Mendes conseguiu superar os erros presentes em São Bernardo do Campo. E o tamanho menor da ocupação possibilitou estabelecer a relação mais próxima com as famílias.

receberam o apartamento, e uma dívida de impostos com a Prefeitura de Taboão da Serra.

A estrutura de concreto é aproveitada pelo movimento para reuniões e para instalar a cozinha comunitária. Da janela do terceiro andar, vemos os galpões da empresa e um "paredão" de prédios, além de casas de autoconstrução.

No acampamento, sou recebido por Abel. As características dos coordenadores do MTST, na ocupação, destoam da maioria das famílias, utilizando exemplos que não são do repertório médio dos ocupantes e que são ouvidos com atenção pelos sem-teto. Logo que encontrei Abel, fui levado ao local de reuniões, no segundo andar do prédio da cozinha comunitária. Estava ocorrendo o final da conversa entre estudantes de jornalismo e as duas lideranças do MTST. O inusitado da cena não era a visita de estudantes, pois a prática é comum em outros movimentos de moradia e sem-teto, com a finalidade de conquistar apoio externo para suas ações. O aspecto diferencial é que aqueles que verbalizavam a voz do movimento eram estudantes com repertório e preocupações próximas dos visitantes. Contudo, esse trânsito entre "classes" não ocorre nos moldes do que aconteceu nos anos 1980, de interface entre sindicatos e universidades ou movimentos de moradia e assessorias técnicas. Apesar de terem acesso aos meios acadêmicos, as trajetórias desses estudantes os aproximam de uma classe média empobrecida.

No interior da ocupação, também foram desenvolvidas ações de cunho cultural e atividades de educação. Nestas ações, parece haver nítida inspiração do trabalho no MST, dado o peso conferido à formação política, ao tratamento das crianças do acampamento através da creche aberta, e da busca de aproximação com contatos que extravazem o círculo primeiro de relações dos integrantes da ocupação. Para isso, é conferida especial importância às atividades com os "apoios", ou seja, apoiadores do MTST sem envolvimento cotidiano com a ocupação, mas que desenvolvem atividades de solidariedade ao movimento nos círculos externos. Assim, foram realizados seminários em universidades, arrecadação de alimentos e fundos, e petições públicas aos governantes, assinadas por intelectuais, personalidades e partidos de esquerda, do Brasil e do exterior.

As ações cotidianas associam-se ao clima de mobilização permanente que prepara os integrantes da ocupação para protestos e passeatas. Um dos coordenadores assinala esse caráter como se fosse um profundo deslocamento entre espaço e tempo – tempo diferente que vigora no acampamento.

As marchas também são destacadas na dinâmica de formação política. Isso é acentuado como a novidade da ocupação Chico Mendes em relação a outras experiências do MTST. Em menos de trinta dias foram mais de dez marchas: duas passeatas ao Palácio dos Bandeirantes, do Governo do Estado; três em direção à Prefeitura; quatro à Câmara de Vereadores; uma em frente à loja de artigos de luxo Daslu. Esta última ação foi valorizada pelas lideranças pelo aspecto politizador da "experiência pedagógica" do contraste social.

A marcha procurou relacionar o enfrentamento com o proprietário do terreno, com dívida de 600 mil reais de impostos, e a empresária da Daslu, presa à época por sonegação de impostos, com dívidas de mais de dez milhões de reais com o fisco. Além disso, outros exemplos revelam a experiência de desigualdade que simboliza a Daslu: na loja não se chega a pé, somente de carro, o estacionamento custa 30 reais por hora, e qualquer produto está completamente fora dos padrões para os moradores da ocupação.

Estrangeiros na cidade

Os poderes locais questionaram a ocupação em Taboão da Serra. O argumento principal era, assim como em São Bernardo, a ausência de sem-teto na cidade que já não estivesse atendido pelos programas habitacionais e o caráter estrangeiro do movimento. Ao contrário da ocupação de São Bernardo, que despertou interesse nacional, em que o MTST se envolveu num embate cujos atores definiam um campo de conflitos complexo, a ocupação Chico Mendes envolve, sobretudo, os poderes locais de Taboão da Serra, como a Prefeitura e suas secretarias, a Câmara de Vereadores, o jornal local e a vizinhança. Apesar de seu caráter mais localizado, podemos ver em processo todas as dimensões do MTST presentes em São Bernardo, a diferença do reforço nas dimensões político-pedagógicas e culturais da ocupação e suas dimensões físicas menores que no ABC paulista.

No decorrer dos meses, o MTST se insere como uma "novidade" nesse campo de conflitos municipal. De início, o movimento é tratado como ameaça aos vizinhos e o jornal local destaca o discurso do "excedente":

> "O bairro não comporta tanta gente, não temos escolas sobrando e essa gente vai morar sem nenhuma condição de higiene, acho que estamos vivendo um caos", afirmou um morador que não quis se identificar.
>
> Para outro morador, que também pediu anonimato, é um absurdo permitir que tenha havido essa invasão. "Nós já estávamos prevendo que poderia acontecer isso, agora quem é que vai dar condições dessas pessoas morarem aí? O que vai virar o nosso bairro? Uma favela?", dizia indignado.
>
> Outra moradora disse que não é contra as pessoas terem o seu teto, mas acha que a invasão irá trazer mais malefícios do que benefícios. "É uma situação complicada, acho que alguém tem que fazer alguma coisa logo, porque a tendência é isso aqui piorar muito, essa invasão é um barril de pólvora" (O Taboanense, 09/2005).

Na reunião ocorrida com o governo do Estado, através da Secretaria de Habitação e da Casa Civil, o governo municipal levou três movimentos de moradia distintos, que afirmavam que a demanda da ocupação não habitava a cidade e o MTST era um movimento estrangeiro em Taboão da Serra. A Prefeitura "reconhecia a legitimidade do direito democrático da reivindicação por moradias", mas afirmava a prioridade de atendimento às famílias cadastradas:

> a Prefeitura reconhece a legitimidade e o direito democrático da reivindicação por moradias, porém informa que a municipalidade não dispõe de áreas para atender a essas pessoas, e que a prioridade do seu governo será única e exclusivamente na direção a contemplar as pessoas e as famílias, cadastradas, que efetivamente residem na cidade, e que estejam morando em áreas de riscos ou assentamentos precários (O Taboanense, 10/2005).

A estratégia de uma ocupação que, nos seus primeiros dias, "incha" e atrai aqueles que se cadastram no acampamento, mesmo que não necessitem de casa, é questionada pelos demais movimentos e pelo Poder Público, que costuma tachar o MTST de "movimento importado" (como na ocupação do terreno da Volkswagen em São Bernardo do Campo) ou de "movimento estrangeiro". Os demais movimentos de moradia também criticam a lógica da ação do MTST que, ao priorizar as cidades da RMSP, se defrontam com movimentos de caráter localista que mantêm uma relação com o Poder Público de negociação de suas demandas. O movimento assume essa denominação em outra chave:

> O MTST vai ser estrangeiro em todo lugar que ele for. Eu vou lhe dizer por quê? Por mais que ele esteja territorializado ele vai ser estrangeiro. Porque o Poder Público municipal está acostumado com movimentos de lógica municipalista. De movimentos que formam sua base em determinado município, em geral com pretensão de eleger um parlamentar numa eleição seguinte, né, ficam mantendo relação de cadastramento, de reuniões, de relação com a Prefeitura e ganham espaço na política institucional da região e vão ascendendo institucionalmente. Os movimentos, de maneira

geral, que atuam nessas cidades, acompanham a forma de organização política do Estado. Eles acompanham a institucionalidade. Onde houver canais institucionais eles entram. É uma certa lógica. Quando falam que o MTST é estrangeiro o que estão dizendo na verdade é que o MTST é estrangeiro a uma lógica de fazer política. E somos mesmo. E vamos continuar sendo. Em todo lugar que nós formos nós vamos ser estranhos a essa lógica de fazer política. O MTST vai organizar uma base nas comunidades, vai organizar uma base nas periferias não para ocupar canais institucionais: pra fazer luta, pra organizar o povo, pra construir o poder popular, pra fazer ocupações. Então, nos chamam de estrangeiros aqui em Taboão da Serra. Eles não sabem que nós mantínhamos um trabalho há meses em Taboão da Serra. Essa ocupação não surgiu do nada (Virgílio, 10/12/2005).

A crítica à lógica de atendimento das políticas públicas de habitação e o contraponto aos demais movimentos de moradia que se organizam, segundo esta concepção, com lógica municipalista ou localista, é aquilo que se considera ser "estrangeiro em qualquer lugar que atuar". A razão principal é a crítica ao que o MTST define como "institucionalização dos movimentos sociais" que se organizam a partir da ordenação do Estado, dos programas e dos fóruns governamentais. Não há recusa total do movimento em participar destes espaços, mas não há privilegiamento dessa lógica. O contraponto entre o projeto mais avançado, que "construa o poder popular", e outro de lógica "localista" ou "municipalista", não impede a utilização pelo movimento dos conflitos locais como forma de procurar garantir conquistas para seus integrantes. As ocupações servem para procurar inserir o MTST na dinâmica dos municípios, o que o leva a se tornar também uma nova força política local.

O aspecto das representações sociais sobre a cidade é revelado de maneira contraditória, num dos espaços privilegiados nesta ocupação:

a formação política. A utilização de filmes sobre violência urbana, os exemplos que remetem a outros processos de lutas sociais, a utilização de personagens – próximos ao ideário de esquerda – introduzem no movimento o que poderíamos classificar como uma "pedagogia desterritorializada". No encolhimento dos espaços para circulação de experiências, cada vez mais silenciadas e indizíveis, o recurso aos filmes, ao *hip hop* é um instrumento. Os filmes são os motes para que os integrantes do movimento procurem sistematizar essas experiências, a princípio, indizíveis, e encontrar "saídas coletivas". A formação política é vista como a segunda escola, que revela o que a educação formal não ensinou ou "escondeu". Mas o contexto pós-desmanche já organiza o consenso e as valorações sobre "público" e "privado". É isso que nos relata Mateus, na sua diferenciação entre Estado e "particular".

> Eu não quero que meu filho que agora está com um mês, quando ele tiver seus sete anos, que ele esteja estudando numa escola digna, que ele possa aprender alguma coisa pra não ficar burro. Porque é o que o Estado quer, né. Disfarça que eles estão dando uma aula, que os professores estão bem preparados para dar uma aula, só que tem um detalhe: você vê que tem coisa que está passando na 8.º série em escola particular que em 3.º colegial não aprendeu ainda. Então, tem aquele despreparo. Tem muita coisa – e eu terminei o 3. º colegial – mas tem muita pessoa que eu conheço que estuda em escola particular que me mostra conta que eu não sei fazer, entendeu.[15]

A percepção do privado como de qualidade superior àquilo que se vincula ao Estado, aos serviços públicos, é algo que conquistou o imaginário simbólico das classes médias e altas (Oliveira, 1999). Mas,

---

15 Entrevista com Mateus, que conheceu o MTST na ocupação Chico Mendes.

nesta fala, percebemos um imaginário também disseminado entre os mais pobres.

Gestão de ocupação

A ação prioritária do MTST são as ocupações de terra. Entretanto, ao contrário do objetivo de ocupar para pressionar os poderes públicos a estabelecer negociações com o movimento, para o tratamento da demanda habitacional, uma das prioridades do MTST tem sido a ocupação das terras para a construção de casas, a partir da demarcação dos lotes. Atualmente, estão nessa situação os assentamentos de Campinas e Guarulhos. Apesar de serem citadas pelo MTST como ocupações do movimento, algumas entrevistas nos informam que não há mais uma presença organizada nessas áreas.

Isso tem introduzido, de um lado, um conjunto de conflitos com os poderes locais que, invariavelmente, empurram atribuições entre os vários níveis de poder (municipal, estadual e federal); por outro lado, também impõe ao MTST as dificuldades relativas ao que denominamos "gestão das ocupações", problemas estes vivenciados pelos movimentos de sem-teto do Centro e semelhantes ao que o MTST se defronta. Isso, no entanto, é visto pelos integrantes do movimento como a essência do trabalho político, uma pedagogia da construção do "poder popular".

Uma das principais críticas à ocupação de São Bernardo pelos demais movimentos, até mesmo de alguns apoiadores, foi a forma como o MTST mobilizou a demanda não preparada e engajada previamente. Virgílio, atento à crítica, se antecipa:

> Muita gente diz que o MTST é movimento que faz ocupação com carro de som, né? (...) É uma tática do movimento. É uma opção. Se a gente quisesse contatar apenas a demanda que a gente

organiza no trabalho de base ou a gente fazia um trabalho de base muito mais amplo para organizar milhares de família na base pra fazer ocupação ou a gente ocuparia terrenos menores (Virgílio, 10/12/2005).

A opção por esta forma de ação procura romper com os limites do discurso comunitário:

Vou lhe dizer: primeiro essa questão que você coloca de mobilizar o entorno. O processo de ocupação é um processo extremamente formativo. As pessoas, mesmo as pessoas que participaram de um trabalho de base, fizeram dez reuniões com o movimento antes de fazer a ocupação, conhecem minimamente o movimento, a proposta antes de entrar na ocupação, elas vão se formar efetivamente no processo de ocupação. Nós temos o entendimento que a luta tem um caráter formativo gigantesco. A mobilização, a vivência tem um papel na formação que é decisivo, imprescindível. E, nesse sentido, não existe uma diferença tão grande entre aquela base que nós organizamos e discutimos em comunidade e que é vítima do déficit habitacional e a base que é aqui do lado, é vítima do déficit habitacional que a gente não fez nenhuma reunião aqui, mas quando ela viu o povo entrando ela entrou, né. Então, não existe nenhuma diferença fundamental para que a gente exclua essa outra base. É claro que isso abre espaço pra problemas. Muita gente vem pra ocupação sem muita necessidade. Pessoas que vêm por oportunismo. Pessoas que vêm tendo casas, naquela lógica das ocupações espontâneas: "vou arrumar um lote, vou pegar dez lotes lá pra vender, pra depois arrumar pra não sei quem, para os meus da Bahia, tal". Então, muita gente vem nessa lógica. O movimento tem os mecanismos pra combater essa lógica no interior do acampamento. Esse acampamento, você já veio já estava um pouco desmassificado (Virgílio, 10/12/2005).

A forma de enfrentar os oportunistas, que não precisam de casa e demarcam lotes para vender depois, é o "combate pelo cansaço". São as "andorinhas", os que demarcam o lote, constroem um barraco precário nos primeiros dias da ocupação e não ficam à medida que a ocupação tem a permanência ampliada. As características de uma mobilização permanente e de ações quase diárias da ação política procuram também constituir um coletivo e separar o joio do trigo.

O objetivo principal de uma ocupação, portanto, deixa de ser a conquista imediata, mesmo que o movimento faça ações diárias e negocie com os poderes públicos em vários níveis, para conseguir o atendimento da demanda que se agrega nas ocupações. O maior saldo da ocupação é o que se agrega em termos de "consciência" que brota da intensidade das relações políticas na ocupação. Portanto, o tempo de permanência em área é a maior vitória que o movimento pode conquistar. Quanto maior esse tempo, maior a possibilidade de "criar o poder popular" e deixar os saldos futuros nos bairros. Essa é a lógica da "Periferia Ativa", nome que o MTST vem dando aos grupos locais formados pelo movimento que atuam nos bairros em que este se implantou.

Nessa "gestão da ocupação", o papel que a cultura assume é de fundamental importância. Assim, o MTST confere relevância às atividades culturais utilizadas, numa espécie de pedagogia desterritorializada para aproximar os sem-teto ao discurso do movimento.

No entanto, as fronteiras e os limites são muito tênues e estão inseridos neste contexto do desmanche e no encolhimento do possível em que a cena pública se localiza.

Na cozinha comunitária com as tias

A cozinha comunitária é improvisada, mas funciona bem. Um fogão de quatro bocas para fazer as refeições, pouca comida armazenada, cadeiras e armários atulhados num pequeno espaço, sobressai-se à mesa de carretel de fios de alta tensão sobre o chão de madeira. A limpeza é feita conforme as condições permitam, mas as "tias" responsáveis pela cozinha esforçam-se para deixar os poucos utensílios e as canecas constantemente limpas. O ideal de limpeza não é apenas para "mostrar serviço", é também para destacar a separação entre quem se esforça e trabalha e os "acomodados".

Convidado, recebo um prato farto. Prato do dia: arroz, feijão, quiabo e toucinho defumado. A bebida é a água de torneira da ligação clandestina. Tia Maria, como é carinhosamente chamada pelos sem-teto, enche o prato com arroz e muita mistura. Gosta de quiabo? Não gosto, mas minto. Devolvo a pergunta com a resposta falsa: com baba? Adoro. Como devagar, do modo que ensinou um amigo que come do pouco que se tem, mesmo que não se goste de algum prato, para não fazer desfeita. A comida é saborosa, apesar do quiabo. Elogio, desta vez, falando a verdade. Ela agradece. Chegam duas mulheres, também responsáveis pela cozinha comunitária. Crianças querendo repetir o almoço, sempre chega alguém que perdeu o "rango". Mais quatro pratos são servidos. Tia Maria prepara 70, às vezes 100 refeições por dia. A conversa gira em torno da casa, de filhos e de comida. Tempo de manga. Dois reais para comprar no sacolão algumas frutas.

Tia Maria não é novata no movimento de moradia, mas é sua estreia no MTST. Baiana de Vitória da Conquista, 48 anos, com 17 migrou com o avô e um irmão para Embu, em 1975. É a mais extrovertida e também a mais experiente das três "tias" da cozinha. Obesa, bonachona, mãe de todos. Sempre chega um sem-teto mais jovem que lhe dá um abraço e pede carinho. Risada fácil, o semblante muda quando começa a contar sua história.

Foi operária, durante oito anos, numa indústria de móveis. Encarregada de limpeza no Hospital das Clínicas, cozinheira numa outra empresa, também trabalhou como doméstica. Ao todo, Tia Maria é das poucas entrevistadas, até agora, que tem no currículo um tempo contínuo de emprego formal. Esta característica "empreendedora" fez com que tomasse a iniciativa de fundar a Associação Estrela Guia, uma associação de bairro, no Campo Limpo. Faz questão de destacar que tem projetos com a Holanda, o Japão e outros países. Por que saiu? "Associação é assim: você se elege uma vez, a outra, porém é obrigado a entregar o posto para poder voltar. Entreguei o posto e vim para a ocupação." A história não está bem contada, mas deixo passar.

A associação Estrela Guia é uma entidade popular que tem uma creche e atua em projetos de interesse da comunidade, como hortas comunitárias e o que aparecer. A especialização e o foco não existem nesses projetos onde o povo é protagonista. Não têm a especialização das organizações não-governamentais que segmentam o trabalho popular e, portanto, a "falta de foco" diminui o interesse do financiamento e da filantropia, colocando em risco a sobrevivência da entidade, como demonstra a estada de Tia Maria em outro movimento de moradia.

Falar da família é mais complicado. Foi casada por vinte anos e hoje está separada. Tem cinco filhos, mas um saiu do caminho. Dos cinco, dois são montadores de móveis numa pequena fábrica. A filha é casada e não trabalha. Dos cinco, três moram com ela. Um deles é "problemático".

A droga, sempre a droga reaparece como o desviante de uma família criada de forma "direita". "Envolveu-se com drogas, não tenho vergonha em dizer. Foi criado igual os outros, com carinho, mas se desviou do caminho. Na rua foi o único que se envolveu com drogas. Queremos interná-lo, ele não quer". Sobre o marido aguentou muito tempo, mas se separou. "Ele era envolvido com bebida e mulheres". Um dia a mãe o viu fazendo boas compras no supermercado do bairro. Comprou filé *mignon* e bebidas. Mas, a comida não apareceu em casa. Os sogros lhe deram razão e pediram para o filho sair de casa. Foi para

Minas, está aposentado e muito doente. Quer voltar para São Paulo, Tia Maria não quer.

O bairro de Campo Limpo já foi bom. No começo, havia mais solidariedade, todo mundo se conhecia. Até que chegou a droga.

Neste momento, Cleusa intervém. No começo, era difícil, mas a família lhe apoia. É mais difícil para a irmã, pois nem os filhos, nem o marido aceitam. Cleusa tem 47 anos e nasceu em Curitiba. A irmã, Marta Maria, 42 anos. Na aparência são diferentes. Cleusa é branca, Marta negra. As duas se vestem de maneira muito recatada, trajando a vestimenta comum, de saia e camiseta ou blusa, tão comum na periferia entre as mulheres. Logo fico sabendo que Cleusa é evangélica. A entrevista gira em torno da compreensão e dos problemas familiares resultantes desta primeira experiência das duas com os sem-teto. Das casas, só têm o bloco, como dizem. Não têm a escritura e, se a prefeitura quiser, pode removê-las do lugar onde moram a qualquer momento. Moram em bairros mais afastados de Taboão e consideram-se sem-teto, com a diferença de que elas têm os blocos. Mas fazem questão de dizer que lutam pelos filhos e que mesmo sem compreensão hoje, amanhã lhes darão valor. Marta entusiasma-se e conta em detalhes os diálogos com os filhos e com o marido, no sentido de convencê-los da importância da ocupação. Percebo que as atenções de Tia Maria e Cleusa estão na cena que ocorre fora da biblioteca.

Conto a história do nascimento de meus dois filhos. Ficam entretidas. Logo, todas contam como os filhos nasceram. Corrida, brigas, enfrentar a fila do hospital e a má vontade dos funcionários. Mesmo as jovens grávidas não são marinheiras de primeira viagem e contam como os filhos anteriores nasceram. Os meninos citados logo aparecem para demonstrar que são crianças saudáveis. Cleusa, uma das mais velhas, logo fala que não teve problemas com o nascimento do último filho. Tempo bom em que tinha "convênio particular". Nasceu no Hospital Panamericano, com todos os cuidados necessários de um hospital privado.

Termino o almoço. Saímos da cozinha e ficamos sentados à frente do barracão. Amenidades. Aparece uma menina transtornada com o filho e pergunta a todos porque um "velho" falou que ela iria para o "terceiro andar". Todos riem. Falam para não se preocupar. Não é nada. Troça do velho. Ela insiste e diz que estava deitada com dores e precisou tomar um Buscopan. Está grávida de poucos meses e tem fama de encrenqueira. Sua feição está completamente alterada. Tanto que insiste e consegue com que alguém da "disciplina" termine o almoço para ir conversar. Não entendo o que acontece e acompanho as recomendações de todos. As pequenas confusões e mal entendidos são corriqueiros e devem ser apartados pela comissão de disciplina. Mais de cinco meses, a convivência não é fácil numa situação de tantas dificuldades e instabilidade, apesar de todos dizerem que a ocupação é uma "grande família". É nesse espírito que todos entendem o problema. Ela insiste e faz com que um integrante da disciplina encerre o almoço. Ele sai, não sem antes reclamar que, na próxima ocupação, seria do setor de cultura para resolver menos problemas.

Apesar do clima cordial a "gestão de uma ocupação" tem sempre um clima de tensão no ar. Tensão pelo despejo eminente, pela possibilidade de conflito com a polícia, pela convivência obrigatória com alguém que se conheceu há poucos dias, pela relação cotidiana intensa e ainda no convívio quase total no período de duração da ocupação, ao menos para aqueles que são selecionados na peneira dos "andorinhas".

No caso do MTST, e também em outros movimentos semelhantes, há a figura da comissão de disciplina. Esta é responsável em manter a ordem no acampamento, resolver os pequenos desentendimentos entre vizinhos e preparar o coletivo para as atividades políticas, como os diversos atos e passeatas que ocorrerão durante a ocupação. Essa intermediação é muito demandada, mas nem sempre funciona, ou pelo menos se ordena por outras regras.

Percebo que a atenção das entrevistadas estava voltada para outro local. O olhar de todas desviava-se para o terceiro andar do prédio, à espera do desenrolar do "julgamento". O julgamento e a execução acontecem no ato e cinco meninas sobem para "dar uma surra" na menina grávida.

O ato tem pouco perdão e se descobre que os furtos ocorridos no acampamento, durante a semana, eram de responsabilidade da menina. Entretanto, o problema maior é a alegação de dívida de 370 reais com o traficante. O "disciplina" limita-se a impedir que os homens toquem na menina para comutar a pena. Só as meninas podem participar.

Logo começa um debate com três posições sobre o "julgamento": o primeiro critica a agressão física pelo estado da menina, grávida de alguns meses:

> Não se espanca uma mulher grávida, é melhor expulsá-la e não bater nela. Não tenho nem pai, nem mãe, mas ninguém nunca me deu um tapa.

O silêncio cauteloso é a primeira atitude de uma das mulheres:

> em boca fechada não entra mosca, é melhor ficar na sua e não ver nada, por isso que meus filhos não veem para aqui.[16]

A maioria dos homens diz que o responsável pela disciplina agiu certo, pois impediu que os homens batessem na menina. A legitimidade da surra é chancelada pelo furto imperdoável. Outros, contrários,

---

16 Essas falas foram registradas no caderno de campo. Não foram identificados os nomes de todos os presentes no momento em que ocorreu o fato. Apenas foram identificados se eram homens ou mulheres e a idade aproximada.

dizem que alguém deve escoltar a menina para tomar um ônibus e ir para o Campo Limpo, se necessário.

Experiências desterritorializadas

O encontro de experiências estruturou os movimentos de moradia nos anos 1980. A forma estabelecida para o encontro, sobretudo, pela afirmação dos mutirões como política com visibilidade, foi a relação entre movimentos de moradia e assessorias técnicas. A história é bem conhecida e determinou o trânsito entre formação profissional que procurava estabelecer práticas mais comprometidas politicamente do saber técnico aprendido na universidade com os movimentos sociais.

O surgimento do MST pareceu embaralhar estas relações. Os técnicos têm novo perfil e estão por dentro das estruturas do movimento, e não conformam necessariamente um campo autônomo através das ONGs. No caso do MTST, isso parece ser levado às últimas consequências, com a integração de "técnicos" ou "agentes de mediação" diretamente na estrutura do movimento. A presença de estudantes e de profissionais recém-formados em universidades públicas lembra o trânsito dos estudantes, que conformaram as assessorias técnicas e a disputa por legitimidade de uma prática profissional comprometida com uma ação política vinculada aos movimentos de moradia em São Paulo. No entanto, se há semelhanças com essa experiência, há também diferenças. O contexto do desmanche desorganiza referenciais anteriores e afirma a tentativa de superação destas experiências, a partir da ação refletida no caminho, prática que procura associar-se à experiência das comunidades no interior das quais interage, adequando-se às experiências cada vez mais descoladas do local no qual se insere, uma "inclusão precária", ideológica, mas não material dos pobres urbanos (Martins, 2002).

Esta concepção parece procurar na comunicação uma das formas de sua manifestação. O recurso a diversos instrumentos "virtuais" de comunicação assume dimensão relevante. Há a atualização de blog quase diário, rede permanente de contatos via e-mails, cartas de apoio e solidariedade enviadas a outros países e a repercussão em textos de acadêmicos e intelectuais. Essa comunicação procura dar agilidade e rapidez às ações do movimento e se preocupa com a repercussão e a batalha de versões, que poderão ocorrer nos meios de comunicação, utilizando a internet como arma. As palavras são claras: "saber utilizar as armas da circulação de informações". Por trás da importância conferida à comunicação, dois objetivos são destacados: o primeiro, conquistar a legitimidade do MTST como movimento social, com capacidade de interlocução e respeito político, o que, na relação com o Poder Público e mesmo com os demais movimentos sociais, parece ser questionado, dado seu tempo de existência e a forma de suas ações. A outra dimensão é a agilidade para angariar apoio externo.

O encontro de estudantes não é surpreendente em ocupações de sem-teto. O que impressiona é encontrá-los como agentes e sujeitos desta ação política. Alguns poderiam vê-los operando a substituição dos verdadeiros sujeitos políticos populares, que deveriam estar à frente. Mas é possível perceber que se busca operar o encontro entre a classe de despossuídos, ou seja, os pobres urbanos, com a "classe simbólica", nos termos de Zizek (2005). É evidente os problemas desse encontro imperfeito. Mas podemos afirmar que o traço comum que relaciona dois mundos tão diferentes é a experiência desterritorializada, comum a ambos.

Dois lugares

A descrição sobre o movimento social ao qual estão vinculados os entrevistados, no entanto, não é suficiente para identificarmos a trajetória comum desses integrantes. Ao contrário dos estudos de trajetória no mundo do trabalho, a aproximação de algum tipo de organização política não obedece a caminho comum. Para isso, é necessário fugir dos conceitos pré-formatados que explicam o real, sem levar em consideração que a experiência que atravessa as trajetórias dos integrantes desses movimentos podem estar rompidas. Assim, é necessário estabelecer a descrição que saia dos conceitos propriamente ditos e, na sua narração, procure interrogá-los. Para isso, procuramos descrever a trajetória distinta de dois dos sem-teto entrevistados, com a finalidade de buscar no registro dessas trajetórias a interrogação sobre os conceitos que explicam essa realidade vivida.

Exceção de classe[17]

Abel está entusiasmado. Jovem, 25 anos, barba cerrada, brinco na orelha, sorriso franco, cursa pós-graduação numa universidade paulista. Seria como os demais de sua geração se não fosse um detalhe: Abel é militante sem-teto e foi escolhido para acompanhar uma das frentes de expansão do MTST, em Campinas, cidade onde o movimento pretende rearticular o trabalho.

A vida de Abel é "dupla" e combina tanto as atividades acadêmicas quanto a militância política, o que requer um percurso constante entre São Paulo e Campinas. Mas a mudança de cidade levou ao engajamento ainda mais profundo, se comparado há dois anos atrás, quando o conheci.

Sua trajetória, segundo ele, é da experiência "ambígua", da "exceção de classe". É assim que conta e procura formular e refletir:

---

17 A entrevista com Abel foi realizada em dois momentos da pesquisa de campo. Na primeira vez, ele assumia tarefas significativas na formação política da ocupação Chico Mendes. Na segunda, ele já estava mais engajado no MTST, o que lhe conferia uma fala mais "oficial" do movimento. Ainda assim, sua fala pode ser vista como mais aberta, menos fechada em relação à trajetória do movimento e inserida nessas trajetórias de militância pós-desmanche. Sobre isso, Diego explora as dimensões geracionais dos movimentos anti-globalização e no Fórum Social Mundial, apresentando a tese do encontro de modos de subjetivação que provêm de contextos diversos. A tese geracional....

MOVIMENTOS DE MORADIA E SEM-TETO EM SÃO PAULO   285

Assim, tem problemas, esquizofrenias. Primeiro, minha condição de classe. Somos marxistas e vamos começar analisando isso. Como você falou, não fala igual, é militante. Pra mim isso é coisa meio confusa porque esse meu falar está muito associado à experiência da universidade. Mas, eu também entrei para a universidade meio pela rabeira, né. Sei lá, eu sou do Rio, não sei se você conhece o Rio? Nasci no Irajá, morei no Méier uma parte do tempo. Tinha uma vidinha de classe média baixa, bem remediadinha mesmo, um pai que sempre quis ser patrão, ficar rico e aí ele lutou muito pra isso. Mas nunca colou, objetivamente nunca colou. E aí a gente nos anos 90 viveu uma experiência de decadência total, a ponto de parar no interior de São Paulo por questões econômicas e morar muito mal. E aí fui pra universidade. Na universidade eu passei e estou lá há dez anos. Dez anos na universidade, oito foi na moradia estudantil. E aí também uma experiência ambígua, a moradia estudantil é uma experiência ambígua. Uma experiência próxima de uma classe popular, tive condições mais precárias, mas ao mesmo tempo num lugar hiperprivilegiado sem sofrer todos os problemas de uma cidade grande, você está perto do lugar onde você estuda, você come no bandejão, você tem um custo de vida baixo, isso que também possibilitou me manter, meus pais nunca tiveram grana. Então, tem esses imbróglios de classe e entrar na universidade é uma experiência de exceção...(...) Fiz História. É uma experiência de exceção de classe, nem que seja por essa questão do conhecimento.[18]

Abel utiliza três expressões que informam essa "esquizofrenia" em relação à experiência: "experiência ambígua", "experiência de exceção" e "experiência de exceção de classe". A experiência de exceção é referida em sua trajetória na universidade. Vindo de uma família de classe média baixa, mais velho de dois irmãos do segundo casamento do pai, viveu a experiência da mobilidade descendente que o obrigou a migrar para o

---

18 Entrevista com Abel em 24/11/2005.

interior de São Paulo, na década de 1990. A saída dessa mobilidade circular é a entrada num outro mundo, que coloca a experiência num plano de exceção: ingresso na graduação, residência na moradia universitária, ingresso na pós-graduação, a assistência estudantil lhe possibilita estudar, o que ele define como "uma exceção de classe pelo conhecimento".

O engajamento num movimento de sem-teto é mediado como consequência da sedução pelo conhecimento para quem entra num outro mundo:

> Eu quando entrei na faculdade era muito jovem, tomei contato com o marxismo logo de cara lá na História e aí me descobri, me identifiquei, preciso entender isso direito, estudar isso. Daí a um salto para a militância mesmo, eu levei um tempo grande. Por uma série de motivos: porque me seduzi pela questão do que era a Universidade. Ainda mais por que você já vem de baixo, chega lá e pensa: — como é impressionante isso aqui, quantas oportunidade, vou estudar... (Abel, 24/11/2005).

E a experiência de Abel nesses marcos do desmanche o leva a entrar num campo gravitacional pós-PT no poder, avesso à militância mais engajada, aquilo que ele denomina como um "limbo" de "desgaste" e "angústia":

> E também, a questão do PT, também foi uma coisa engraçada. Eu nunca fui petista, até os 17 era à direita. Depois dos 17 não consegui identificar no PT uma saída política de esquerda e tal. Antes era o meu pai, a influência dele. E na universidade você estudar, participar dos debates, acho que não era por aí. Mas, fiquei nesse limbo, foi um limbo que foi me desgastando cada vez mais, cada vez uma angústia maior e também até porque estava envolvido com grupos muito avessos à militância. Você deve conhecer bem, grupinhos mais intelectuais e tal... tem que manter a independência da crítica. Então, acabou que minha trajetória foi mais tardia na

militância e ela já vem, não é um militante de base que começa a militar, tem que fazer alguma coisa, tem que organizar, tem que ir pra luta e depois vai ter uma formação. Pelo contrário, primeiro eu tive essa formação, primeiro estudei, lendo, até que chegou uma hora que falei: já basta (Abel, 24/11/2005).

O "basta" de Abel é recente e ele torna-se "sem-teto" no momento pós-PT no poder. Mas a experiência de engajamento é a desterritorialização da vida acadêmica, que não responde mais às angústias pessoais e "é preciso fazer algo". É isso que relata, procurando estabelecer um sentido para o engajamento:

> Estou militando há pouco mais de dois anos. Comecei não no movimento, comecei fazendo trabalho lá na favela próxima da universidade, sem objetivo político. Acho que por imaturidade, por medo, insegurança. Eu vejo isso em muitos amigos que eu tenho até hoje na universidade. O cara, sei lá, compromisso, perder conforto da vidinha. Uma vidinha intelectual, sem muito compromisso com nada, aquilo que você fala, você pode falar o que você quiser, escrever o que quiser, falar o que quiser, nada tem efeito concreto, então, fica meio sem compromisso. Aqui, tudo o que você fala aqui, não pode dar um ai errado. Vai dar e vai ter que aprender a lidar com isso depois. Então foi muitos fatores, o fato de ter me adaptado bem à universidade, isso ajudou porque dá uma segurança. Mestrado, ter uma bolsa. Foi no Mestrado que ficou patente essa questão, esse descompasso entre ficar estudando Marx e não fazer p. nenhuma (Abel, 24/11/2005).

O ponto de ruptura é uma viagem à Argentina, no momento em que a crise política e econômica atingia níveis agudos no país vizinho, com três presidentes em semanas, e a visibilidade de movimentos sociais desligados das organizações existentes. Conhece os piqueteros, vê um país cujo lema é "que se vão todos" e desacreditado do poder político. Presidentes são trocados semana após semana, mas, ao final, continua a sombra de Perón. "Hoje, Kirschner gestiona os movimentos sociais". Este é o relato ouvido de uma liderança piquetera que viu a redução do movimento originário a um terço do tamanho, pela incorporação dos piqueteros aos programas sociais do governo.

No retorno ao Brasil, "precisava fazer algo". Resolve participar de movimentos de sem-teto como "apoio". Tem curta passagem num movimento de sem-teto do Centro. Era do grupo de teatro e da formação política nos prédios ocupados no Centro de São Paulo. Mas, a lógica de funcionamento, a indistinção entre movimento, partido e governo o leva ao afastamento. O engajamento do movimento nas eleições de 2004 e o apoio ao vereador do PT foi o encontro tenso entre a "esquerda do possível" e aqueles que se engajaram no pós-desmanche. É isso que nos relata:

> E, então, assim, tem a coisa da campanha, Zé Divino.[19] Zé Divino se elegeu por causa do movimento. Passou 25 mil votos, foi o último dos vereadores do PT. Sem o movimento ele teria, sei lá, quase metade disso. O movimento parou, parou quase inteiramente para a campanha dele. Tinha quinta-feira que não tinha reunião da Coordenação, cada um em um canto da cidade, era impressionante, ia na zona norte, ia na zona leste, ficava na zona oeste, na USP, lá pelo Centro. Era impressionante o que tinha de propaganda do Zé Divino na cidade. Justamente porque o movimento criou uma base muito grande na cidade. Chegou a ter 60 grupos de base espalhados nas regiões. Então, o Zé Divino soube se utilizar disso, o movimento deu essa contrapartida pra ele de bancar de verdade a campanha. Claro que sem nenhuma discussão, coisa meio que decidida por três pessoas e depois a ruptura com o Zé Divino também por questões, eu não sei todos os detalhes que

---

19 O nome do vereador e do movimento de sem-teto foi alterado.

MOVIMENTOS DE MORADIA E SEM-TETO EM SÃO PAULO   289

rolaram, de acordos de campanha que não foram cumpridos, o movimento rachou com o Zé Divino (Abel, 24/11/2005).

Esta situação o leva a se afastar do movimento para participar do MTST. A participação e o engajamento foram rápidos. Entrou e em menos de dois anos assumiu uma das principais frentes do movimento. Num fôlego só, faz o balanço dos erros e acertos no curto prazo. São Bernardo arrebentou o MTST, trouxe desgastes, desarticulou lideranças, mas remodelou e rejuvenesceu as táticas de ação dos sem-teto. No Lamarca, os erros persistiram. Rosa Luxemburgo foi expulsa em dias e por isso se tornou a ocupação a ser esquecida. O ponto de virada, de reorganização, é a ocupação de Taboão da Serra, Chico Mendes. É ali que se procura dar forma ao trabalho de base e organização dos grupos no interior da ocupação, à "construção do poder popular".

Essa passagem parece se ligar à obsessão acadêmica de Abel: para reinventar a esquerda e o trabalho popular é preciso compreender as várias dimensões cotidianas da política.

O lugar ainda é do "agente de mediação",[20] que procura desincorporar os trejeitos de classe para mergulhar no povo. É o discurso do estudante que reflete sobre o que não conhece. É por isso que a palavra experiência é repetida diversas vezes. Mas talvez coubesse aqui indagar: qual tipo de experiência? Que experiência anuncia o jovem com pouco tempo de militância, inscrito em momento que as organizações anteriores lhe parecem não conferir mais sentido e plausibilidade para suas angústias, no momento que ele procura fazer suas escolhas?

---

20 Utilizo terminologia adotada por Martins em referência ao trabalho missionário/político da Igreja, partidos de esquerda, sindicatos e, recentemente, das organizações não-governamentais em relação às lutas e organização dos camponeses, pequenos agricultores, sem-terra, posseiros, indígenas etc., daqueles que sem serem os camponeses propriamente ditos mediam a relação deste homem com a política através de sua chegada e antes do surgimento de suas próprias organizações. A respeito, ver Martins (1989).

O que se vê aqui é um traço comum: são experiências desterritorializadas que se encontram no MTST. No momento em que as representações não encaixam mais nas dimensões da representação política e dos interesses representados, resultado da aceleração temporal da economia e da ciência, da erosão do mercado de trabalho, que destitui sentidos explicativos para categorias anteriores, como trabalho com carteira, sem carteira, que acelera também o mundo da vida e desmancha as representações, há o encontro entre Pedro e Abel. Pedro experimenta desde sempre a experiência do vínculo precário, da errância, assim como Abel vive a desterritorialização e busca na universidade um caminho que não encontra. Abel faz o caminho inverso. Sua experiência de ingresso na universidade é a "experiência da exceção de classe". A ida ao movimento, o imperativo de "precisar fazer alguma coisa", além de estudar, leva Abel ao caminho de aproximação com Pedro. Por isso a obsessão de Abel é a mística, a experiência do transe que possibilita uma identidade e coesão entre trajetórias desiguais que se encontram num espaço-tempo breve da ocupação. Daí a aposta do MTST em reproduzir essas experiências espaço-temporais que deslocam os sentidos de um tempo da errância. É nas palavras de um participante da ocupação, "encontrar um lugar no mundo". O que parece ser a aposta do MTST é encontrar um lugar político para um sujeito sem nome e forma, o sem-teto e suas múltiplas figurações.

"Sem registro"

Pedro tem 31 anos e nasceu em Santa Rosa do Piauí.[21] De aparência frágil, estatura baixa e magro, olhos fundos, penetrantes e observado-

---

21 Santa Rosa do Piauí é um pequeno município de 5376 habitantes situado na região de Picos, no Piauí e que vive essencialmente de atividades agrícolas. Pedro viveu até os vinte anos lá, na roça e veio para São Paulo com vinte e dois anos, em 1997.

res, cumpre um papel que contrasta a disposição de trabalho com sua compleição física: é formiguinha-operária nas tarefas do movimento.

De início, Pedro apresenta reservas. A entrevista é mais uma tarefa dentre as que gradativamente assume a contragosto, no papel de representante do movimento. Cumprimento rápido, deixa a vez para a coordenadora mais traquejada a falar com alguém de fora, observa suas respostas e não opina. Espera a vez e sai para almoçar.

Na volta, emendo a entrevista. Responde-me secamente, fitando-me os olhos. Conta a história de vida: a infância pobre em Santa Luzia do Piauí, a vida na roça, a criação dos avós para a mãe arriscar a vida como doméstica em São Paulo. Até os 22 anos, permanece no Piauí e não quer sair "das raízes". Mas, é obrigado a trilhar o caminho da mãe e vir para o sul. A mãe viera para São Paulo quando Pedro era criança, deixando-o juntamente com outra irmã aos cuidados dos avós, virou doméstica e não conseguiu cumprir o plano inicial de retorno, reconstituindo família com filhos e marido.

O filho, contudo, procura não deixar a terra natal. Recém-saído da adolescência, alista-se no Exército e estica a permanência por quatro anos, até ser obrigado a sair. Serve no batalhão de obras, carrega tijolo, abre estradas, opera compressores de ar e estica a permanência trabalhando em qualquer função em troca do "rancho".

> Eu servi e depois fui ficando. Não foi por concurso. Eu prestei serviço obrigatório, fui renovando. Depois de um ano você pode sair. Depois de quatro anos eu falei: ah, tá na hora de procurar outro rumo. Porque não tinha estabilidade. Se você entra por concurso você tem estabilidade. Aí chegou numa situação que no ano seguinte você vai ter que sem saber muito o que vai ser decidido. É como numa empresa privada que no ano seguinte você não sabe muito bem a decisão que vai tomar. Assim como a gente pode

sair eles podem mandar. Se você achar que não tem mais conceito pra ficar você sai. Simplesmente você não tem mais engajamento você dá baixa e sai. Aí vira um problemática depois que você sai. Quando você sai do quartel você não é aceito na sociedade, de modo geral fica todo mundo com receio de alguma coisa.[22]

A passagem pela caserna não deixa registros: nenhuma anotação na carteira de trabalho que demonstre a qualificação exercida. Em São Paulo, só há o caminho da construção civil, que não transcorrerá sem problemas. A "função não registrada" é mal vista pelos empregadores, pois ser recruta do Exército por quatro anos o coloca numa espécie de limbo social, fronteira indeterminada – nem civil, nem militar – daqueles que permanecem tempos em espaços de internação e reclusão forçada e que, no retorno, não têm lugar definido.

A passagem pelo Exército lhe impõe um trabalho associado ao ato da repressão ou vigilância – mais um integrante do exército de segurança privada –, que aumenta diariamente nas metrópoles urbanas. O trabalho possível para Pedro é ser segurança de canteiro de obras, pois em banco há a necessidade de "aparência" e "apresentação" aos clientes.

> Pra conseguir emprego depois você só serve pra segurança ou sei lá. Pessoal julga muito a capacidade sua: você não fazia nada. Na verdade a gente trabalha pra caramba. Pessoal acha que, a primeira visão que dá é segurança. Aí o pessoal do clubinho paralelo fala: não, você só serve de segurança pra servir ao tráfico e pra não mexer. E na verdade não é isso, vai da consciência de cada um. Você tem experiência com outras funções, talvez alguém que faça justiça pode trabalhar como segurança. Aí vai lá, seu porte físico não é aquilo que dá como segurança. Aí e agora o que eu vou fazer da vida? (Pedro, 16/03/2006).

---

22 Entrevista com Pedro em 16/03/2006.

No entanto, a "natureza" não confere a sorte que Pedro precisaria: sua compleição física é frágil aos olhos dos empregadores. Apesar da força que Euclides da Cunha diz que todo sertanejo tinha – e Pedro não foge à regra – não é assim que o percebem e nem o trabalho de vigia lhe é permitido. As portas se fecham e não importa a experiência no batalhão de obras com compressores de ar. "Sem registro", não há nada que demonstre um trabalho que possa servir para a cidade e o caminho é o vínculo instável na construção civil.

A chegada em São Paulo se dá numa década em que as oportunidades desaparecem e Pedro só consegue empregos temporários, gatos e bicos. "Um dia tem, outro não tem". Quando passam três meses é obrigado a pular para outra obra. A passagem nos vários empregos é tão fugaz que a carteira de trabalho não encontra nenhuma marca. O máximo de experiência adquirida se dá no emprego temporário, em que a empreiteira o registra por oito meses, maior tempo vinculado ao mesmo empregador.

> Trabalhei em muitos lugares aqui em São Paulo. Sei lá, 97, 98, as firmas não registravam como não registra até hoje. Mas tinha muito serviço temporário. Então você tinha uma estabilidade, você tinha aquela garantia de emprego ali, mas não tinha estabilidade. Era a única forma. Trabalhei em muitos lugares aqui em São Paulo. Depois arrumei serviço registrado aqui em Taboão da Serra. Trabalhei oito mês, sete mês em uma firma. Aí na época que eu fui para a ocupação estava desempregado. Tava desempregado, mas ainda fazia bico. Inclusive, nessa mesma empresa fazia bico (Pedro, 16/03/2006).

Na chegada a São Paulo, em 1997, não irá morar com a mãe. "Não me sentiria bem", diz, sempre procurando deixar claro que a opção é sua, da independência adquirida no convívio distante com a mãe e o pai e dos quatro anos passados no Exército. Mas, o motivo real escapa na hora que fala da família da mãe e do "padrasto" encontrado na cidade.

Com amigo, aluga quarto e sala. Das oportunidades anteriores, não sobra nem a moradia provisória no canteiro de obras. Trabalho terminado, não sobra dinheiro, apesar de ser "econômico".

Caminho invertido: após oito anos de residência em São Paulo, resolve retornar para o Piauí, em 2004.

> Final de 2003 ficou muito ruim de emprego. Piorou, passei mais de seis meses sem fazer bico, pra ficar parado fico em casa. Embora minha mãe morasse aqui eu considero minha cidade, minha terra natal que não quer se desapegar de suas raízes, onde tenho minha vó, tem tio, tem um irmão, meu pai também mora no Piauí (Pedro, 16/03/2006).

É melhor a terra natal, próximo dos seus. Volta para a enxada, o plantio. Mas, agricultura depende de sorte, dos "humores" do tempo. A natureza não ajuda e as colheitas de milho, arroz e feijão não dão nada. Sete meses passam, experimenta uma passagem por Teresina, lugar onde mora o pai. Nenhuma oportunidade, "não dá certo". Volta para São Paulo, sem sonhos e oportunidades. Sem registro, nem segurança. Neste momento, vai morar com a mãe pela primeira vez.

A mãe não consegue mais pagar aluguel e resolve se somar aos sem-teto. Resolve, à revelia da família, morar debaixo de barraco de lona. A atitude da mãe preocupa Pedro. "Não vou deixar minha mãe morar sozinha num acampamento de sem-teto". No início, não concorda com as formas de ação do movimento, essa coisa de "invadir as coisas dos outros", "isto não é certo". Ir para o acampamento é motivado pelo dever de proteção da mãe, não pelo acordo com as ações daqueles que se organizam para obter a moradia por fora dos "canais institucionais legais".

> Eu era uma daquelas pessoas do contra, contra ocupação de ter-
> ra (...) Minha mãe mora na ocupação de Guarulhos, no Anita
> Garibaldi. Acho que a primeira ocupação em São Paulo, do
> MTST, foi em Guarulhos, em 2001 e minha mãe está lá até hoje.
> Eu achava meio engraçado, só que aí eu fui visitar, só, pra ver
> como ela estava, se estava debaixo da lona. Porque minha mãe,
> não. Prefiro ficar eu que deixar a senhora debaixo da lona, em
> situação meio precária. Ela foi, muito insistente, insistiu muito.
> A gente pediu pra ela voltar, no outro dia ela estava lá de volta. E
> foi ficando. Eu fui mudando até a minha ideia, vendo que não era
> tudo isso, não tinha nada a ver com vandalismo. Sei lá, tomando
> o que é dos outros... Fui vendo que é a forma mais correta, se não
> está cumprindo nenhuma função social essas propriedades tem
> que ocupar mesmo (Pedro, 16/03/2006).

O relato de Guarulhos dá conta de uma ocupação que fugiu do controle do movimento com a perda de "hegemonia", na disputa em que estavam presentes o poder político local e o tráfico de drogas. As famílias continuam morando na área, mas o movimento precisou reti-rar militantes em função de problemas no acampamento. Quero saber da experiência da ocupação Anita Garibaldi, em Guarulhos, local onde até hoje mora sua mãe. Fala o dirigente do MTST preocupado com o balanço de uma experiência mal-sucedida. Ocupada por doze mil famílias desde 2001, numa área de 250 mil m², o movimento perde a queda de braço para os políticos locais e o tráfico de drogas. Como foi isso? Pedro resiste a falar. Todas as minhas hipóteses são refutadas. Percebo incômodo. Não quer falar. Desligo o gravador.

A fala se torna confidência. Continua ressabiado e desconfiado. Dou-lhe garantias, preservo o anonimato. O problema não foi o trá-fico. Isso existe em qualquer lugar da periferia e seremos obrigados a conviver em todos os lugares. A violência começou a vencer no mun-do da política. O comércio de barracos começou a se estabelecer e aqueles que deixavam seu barraco fechado durante o dia, à noite eram obrigados a sair da ocupação. Os barracos eram vendidos a trezentos, quatrocentos reais para quem podia pagar. Uma aliança entre o tráfico e os políticos locais impunha esse comércio e passou a ditar as regras de justiça no local. Gente que não havia participado da história anterior do Anita Garibaldi comprava o seu lote. Muitos que participaram foram obrigados a sair. O movimento não vendia, nem comercializava e não conseguia impor sua ordem. Chegaram os políticos, associaram os interesses. O movimento perdeu o controle. Foram obrigados a sair.

> Tem envolvimento com o movimento e as famílias que têm lá sonham um dia que o movimento volte lá, porque as famílias também tinha como tirar os militantes, mas não tinha como tirar as famílias da ocupação que já estava estabelecida ali. Acho que ali foi mais a influência de alguns políticos da região que se associaram ao tráfico e o poder desses caras são muito grande. Político que se junta com o tráfico. Eu não quero ficar acusando pessoas assim. Nenhum político no momento, mas a gente sabe que isso aconteceu. Não quero ficar citando o nome de nenhum político. A gente sabe como é a coisa aí (Pedro, 16/03/2006).

Ainda existem militantes do movimento, mas que só moram e não fazem nenhuma atividade política na ocupação. Toque de recolher?, pergunto. Não. Pode-se entrar e sair, mas não temos mais condição de definir as regras. Muitos continuam com suas famílias morando lá. Pedro tem sua mãe. Perigoso. O problema não são os traficantes, são os políticos muito influentes. Não é possível falar. Mudo de assunto.

A passagem por Guarulhos reforça os laços de Pedro com o movimento. De "apoio" às atividades de ocupação, resolve se integrar de forma mais permanente. A última ocupação, o acampamento Chico Mendes, em Taboão da Serra, existente desde o final de 2005, é o lugar onde Pedro resolve ter engajamento mais profundo.

A entrevista caminha para o final. Faço as perguntas óbvias para encerrar. Tem sonho? Sonha que esse país será justo e igual. Sonho individual que vira coletivo. Mas quem fala não é o sonho individual, é o que outros falam para ele. Preocupa-se em garantir sua sobrevivência, mas não há mais caminhos que não passem pelo movimento. Há uma função, mas continua lutando para adquirir um "registro".

De volta para São Bernardo: Helena de Troia

Helena não é nome verdadeiro, é nome de batismo no movimento. Helena de Troia, brincadeira surgida no acampamento Santo Dias, em São Bernardo do Campo, em razão de ser disputada por dois jovens que queriam namorá-la. Daí o nome, da mitologia grega, que lembra a disputa entre dois reis, que evoluiu para guerra entre dois povos.

Helena tem 21 anos. É jovem e já assumiu responsabilidades aparentemente maiores que outras moças na sua idade. Bonita, tem voz jovial e é alegre, é articulada e impressiona a capacidade de comunicação com o público. Sua história de ingresso na militância política se entrecruza com a ruptura familiar. Os pais, evangélicos, eram rigorosos. Questionada sobre a denominação religiosa dos pais, fala baixo, quase envergonhada e diz que eles são Testemunhas de Jeová. É Juliana quem fala.

Helena teoriza que a mãe carregava os valores tradicionais do mundo rural e era pessoa ingênua, incapaz de estar preparada para viver a experiência urbana. O pai, pragmático, funileiro, chegou a participar de sindicato e partido em Mauá, num determinado momento operário do ABC. Mas criava os filhos com rédea curta, sobretudo a mais velha, Juliana. A curiosidade da menina a levou a participar de atos políticos e ingressar na Juventude Operária Católica (JOC). Trabalhava, a contragosto do pai, como telefonista numa empresa de software e tinha banda de MPB, onde cantava. Comprava livros de esquerda e literatura. O pai revirava o armário a procura de material subversivo e roupas inadequadas para jovem cristã. Queimava o que não gostava. Queimou "O Auto da Barca do Inferno", de Gil Vicente, na confusão que a filha estaria se desviando das virtudes religiosas.

Resolveu ultrapassar fronteira, viajando para o litoral sem consentimento dos pais. Saiu na sexta, voltou no domingo. O pai lhe deu a maior surra que tomou na vida. No dia seguinte, fugiu de casa para nunca mais retornar.

Tinha dezesseis anos à época e foi morar sozinha. Fala hoje com a mãe e os irmãos. Com o pai nunca mais trocou palavra. Segundo ela, os dois são iguais, turrões. Com a mãe, aparenta pena. Com o pai, orgulho entrecruzado com mágoa.

A experiência da militância está associada à ruptura familiar. Refazendo a sua biografia, vê impulsividade nas ações do passado. Mas, não se arrepende. Saiu de casa para abraçar a militância política. Ingressou no movimento há menos de três anos. Questionada desse fulgor juvenil, expõe a tese: acha que o movimento é composto por jovens que, como ela, viram a "institucionalização do PT". "Lembre-se que sou do ABC, a terra de Lula e Vicentinho. Lá o PT era poder antes mesmo de alcançar a presidência da República". Aqui, Helena parece sublinhar o surgimento de uma "nova classe social", nos termos da teorização de Chico de Oliveira, que procura explicar as opções políticas do PT com a chegada ao governo. No ABC, este governo existia desde os anos 90, e é esse o primeiro contato da jovem militante. Aqui, Helena parece repetir os panfletos do movimento na ocupação de São Bernardo, procurando demarcar claramente com aqueles que deram origem, nos anos 1980, às energias do sindicalismo combativo e que vive outro momento histórico: "o ABC é o palco da luta operária que deu origem ao PT. Os metalúrgicos de ontem são os desempregados e sem-teto de hoje".

O ingresso no movimento lhe abriu horizonte desconhecido. Começou em São Bernardo do Campo, na ocupação Santo Dias. Loucura, segundo ela. Do dia pra noite, se viu responsável pelo setor de disciplina do MTST. No ponto alto da ocupação, mais de sete mil famílias acampadas ao lado da multinacional alemã. Ex-operários e favelados dos morros da região. São Bernardo não lembra mais os tempos áureos da indústria automobilística, meca do emprego no país e berço da cultura operária.

Ser mulher e tão jovem no movimento é duplo teste. Difícil, demorou a ser respeitada e aceita como voz que verbalizava as posições dos sem-teto. Da ocupação, entrou no movimento. E virou Helena, do MTST.

Considerações Finais

Por que encerrar com três pequenas histórias de um movimento de sem-teto recente que, aparentemente, não se conectam entre si, a não ser pelo fato de pertencerem a um mesmo movimento social? Por que terminar por três narrativas emparelhadas lado a lado? Por que terminar sem um pano que cai, sem o capítulo da conclusão por partes?

Antes, porém, não é demais lembrar que a tese não se fecha, mas é um momento da reflexão sistematizada, que procura apontar alguns achados de pesquisa, faz o inventário de conceitos inventados no decorrer das descobertas no campo de pesquisa e conclui procurando avançar para além daquilo que se começou: a definição de algumas nomeações num mundo em que as nomeações perdem seus sentidos.

No decorrer deste trabalho, procuramos mostrar como os movimentos de moradia e sem-teto passaram a definir sua atuação e suas práticas, a partir dos anos 1990, numa nova cena pública, o contexto do desmanche.

Procuramos demonstrar que esse contexto implicou numa profunda reconfiguração do solo, em que os movimentos de moradia e sem-teto atuavam, alterando o horizonte no qual era possível fazer um determinado tipo de experiência social.

A nomeação desmanche era provisória, escolhida para chamar a atenção de um mundo que desaparece para dar lugar a outro. Assim, o esforço que partia da nomeação desmanche pretendia, a partir das histórias contadas, demonstrar que as trajetórias, o viver nesse mundo, já se movia em outras condições, novas circunstâncias, ou seja, a própria construção das histórias acabava encontrando um mundo pós-desmanche.

Para nomear esse mundo pós-desmanche, definimos dois conceitos que nos possibilitariam compreendê-lo. O primeiro, a partir de um referencial da "política como dissenso", nos deparamos com a noção de "excesso democrático". Com esta noção ressaltamos que a forma como a ordem consensual se organiza, em nosso solo histórico, leva a que a política apareça não somente como dissenso, mas também como um encontro entre dois mundos diferentes. Nessa ordem consensual, em que o pêndulo entre a criminalização e a gestão de precariedades organiza os lugares em que os movimentos de moradia e sem-teto estão dispostos, nos parece que os movimentos de cunho político aparecem a partir de seu excesso. A política, como nos diz Rancière, é o encontro da lógica igualitária com a lógica policial. E esse encontro em si é um excesso. Em tempos sombrios, sua manifestação está contida cada vez mais nesse excesso constitutivo.

O ordenamento da análise sem um mapa conceitual prévio exigiu-nos contar as histórias e procurar construir conceitos, mesmo que provisórios, para compreender as histórias que circulavam num campo de possibilidades restritas.

Deste modo, dois conceitos se lançaram com os riscos advindos de seu "experimento", a partir das histórias contadas. A palavra contexto ganhou uma outra estatura, permitindo que lêssemos as histórias uma ao lado da outra, a partir de um duplo movimento: só era possível compreender o contexto do desmanche se deslocássemos nosso olhar para compreender o que dessas histórias, que Foucault chamaria de histórias de "homens infames", pequenas, mas que ao longo da pesquisa demonstraram regularidades insuspeitas, como o traço comum das mulheres que, ao contar seus sofrimentos, balizavam a compreensão do pesquisador para a narração de uma experiência comum que, porém, não circulava diante de uma privatização radical, nessa cena de subjetividade antipública.

Esse conceito desdobrou em outro. Trata-se da noção de encolhimento do possível. As histórias narradas nos mostravam que a experiência se dá num contexto de não-circulação e de privatização de muitas das histórias. Sem um mapa conceitual prévio, intentamos, a partir das histórias narradas por integrantes de movimentos de moradia e sem-teto em São Paulo, compreender esse contexto a partir de um duplo movimento: aproximar nossas lentes desde baixo para observar quais as práticas, discursos e ações que se alteravam para esses sujeitos, e, a partir do contexto, observar essas histórias lado a lado para compreender melhor o novo quadro de legitimidade pública desses movimentos, assim como questionar como o desmanche se remontava. Assim, no próprio ato de ouvir histórias, de adotar uma escuta ativa (Bourdieu, 2001) em relação aos nossos entrevistados, ouvir as narrativas que circulavam nesse mundo, encontramos situações ordenadas pelo que chamamos de encolhimento do possível. Não se tratava, para utilizarmos uma noção arendtiana, de "perda da realidade" e, portanto, de uma "indistinção", que impossibilitaria por completo a ação política, mas de escolhas ditadas por um contexto de uma realidade socialmente encolhida que, paradoxalmente, tem se apresentado como "realista".

Também pudemos ver como o acontecimento político passou a se ordenar por uma velocidade mais acelerada. Assim, percebemos que o próprio desmanche remontava um outro mundo em seu lugar. Para tomarmos um exemplo das histórias ouvidas nas ocupações visitadas, não faz muito sentido falar em desemprego quando se quer dizer ausência de vínculos formais. A experiência do emprego para amplos contingentes já é do vínculo precário, o que não significa desocupação.

Uma de nossas entrevistadas, indagada sobre a quantidade de desempregados no conjunto habitacional em que vivia, dizia que não havia desempregados, desde que não considerássemos carteira assinada como sinônimo de empregados. Uma das questões aludidas em relação ao emprego parece mostrar-se nessa situação de vínculos liminares e confirma aquilo que Oliveira vem ressaltando como explosão das categorias de trabalho "formal" e "informal" (Oliveira, 2003).

Contudo, para ser mais preciso e procurar avançar para além da categoria "desmanche", assumindo essa velocidade como regra que parece imperar, talvez fosse mais adequado compreender esses novos dispositivos de controle como modulações, na perspectiva deleuziana (Deleuze, 2000). Em dado momento, foi necessário recorrer a essa noção para apreender o processo que convertia edifícios abandonados, ruínas de equipamentos públicos em ocupações de sem-teto, a exemplo do "presídio ocupação" que "perdemos e reencontramos", na pesquisa de campo, procurando adotar uma perspectiva teórica que conseguisse reter a velocidade do desmanche e sua remontagem. Quem sabe possamos, a partir daí, pensar uma nomeação mais adequada para esse contexto de "desmanche" em processo ou "pós-desmanche" em que vivemos.

A ação política dos movimentos de moradia e sem-teto também se alterou. Pudemos analisar lado a lado as histórias de três desses movimentos, em perspectiva temporal e espacial distintas. Ao retornar à União da Juta, uma associação de construção de casas por mutirão, criada no contexto das grandes ocupações de terra na zona leste de São Paulo, no final dos anos 1980, mas com as obras concluídas em 1998, e o pós-ocupação nesses últimos dez anos, pudemos observar que as características iniciais da associação mudaram. Encontramos a convivência com um mundo pós-desmanche, em que os recursos públicos são insuficientes para financiar as políticas públicas e que a filantropia privada, a "onguização" do trabalho social, o par problema-diagnóstico, ordenam agora a ação dessas organizações populares, nas periferias precárias de São Paulo. No Centro da cidade, o átimo de política na metade final dos anos 1990, com a visibilidade da habitação popular, a partir das ocupações promovidas por movimentos de sem-teto, enfrenta a dupla tentativa de "administração", ou pela criminalização da questão social – que parece ser a voga no momento atual –, ou da gestão de precariedades, a partir de programas que segmentam, acantonam e invisibilizam as reais dimensões do problema habitacional, em uma cidade das dimensões de São Paulo. Nos "latifúndios urbanos" da Grande São Paulo, outros sem-teto, a partir de uma experiência que provém de um campo gravitacional diverso, procuram, a partir de experiências desterritorializadas, inaugurar uma nova nomeação do "trabalhador sem-teto", mas se desenrolam em meio à problemática de fazer brotar a política em meio à precariedade e a necessidade, que mescla dimensões heterônomas e autônomas, no espaço de uma grande ocupação.

A outra noção, que esteve presente de algum modo em todos os capítulos, foi a questão da nomeação. Nomeação que se altera na experiência da associação União da Juta, obrigada a alterar seu estatuto em função da mudança de missão do mutirão para o trabalho social com criança e adolescente, mas que demonstra quanto o movimento de moradia, surgido a partir das energias participativas dos anos 1980, insere-se em armadilhas construídas e ironias objetivas de uma participação que conflui para o seu contrário. O deslocamento da nomeação de movimentos de moradia para movimentos de sem-teto, no decorrer dos anos 1990, e o deslocamento para o Centro de São Paulo dessa ação mais visível, ocorre num contexto em que a "vontade de saber" concentra os olhares nesta região e a transforma num laboratório de políticas públicas "inovadoras", mas cujas marcas se convertem, pelas restrições de orçamento, em políticas pontuais, quando não gestionárias dos próprios movimentos. E como os próprios movimentos de sem-teto entram numa dinâmica contraditória, em que os espaços de aparecimento político podem se converter também naqueles do "gestionamento das ocupações". Por fim, um movimento de sem-teto que aparece a partir de outro campo gravitacional e que procura, a partir de "experiências desterritorializadas", recriar uma subjetivação política, em meio a experiências que surgem e desaparecem, numa velocidade que coloca sempre em questão o estatuto de invenção política.

Estas foram pequenas histórias contadas num contexto em que os sentidos ainda estão por ser completamente descobertos. Não cabe ao pesquisador julgar a ação política feita no calor da hora. Cabe registrá-las, ouvir as histórias e perscrutar aquilo que Foucault denominou como "histórias infames", mais do que pequenos fragmentos insignificantes das grandes histórias. Cabe ouvir e ver a humanidade em lugares insuspeitos, em que a política pode ser possível num átimo de tempo.

A história não se encerra e isso explica porque alinhamos três histórias, aparentemente aleatórias, de integrantes de um movimento de sem-teto e não concluímos com um desfecho, a prever ou caracterizar o sentido da ação política. Uma forma de dominação só pode se dar ao desvendamento quando ela se completa e, também, quando a luta social recria uma gramática que não possa mais ser capturada semanticamente. Riobaldo Tatarana, cuja epígrafe prefacia nosso texto, já dizia da dificuldade em lidar com "um país de pessoas de carne e sangue, de mil-e-tantas misérias".

Quase ao final, nos lembramos da associação de Chico de Oliveira de que a luta dos dominados em nosso país é um doloroso trabalho de "Sísifo", que parece sempre recomeçar num esforço reiterado.

Contudo, Sísifo sempre recomeça de um novo lugar numa luta incessante, a partir de uma igualdade contingente que não é objetivo, mas pressuposto. É isso que nos lembram os lampejos de ação política dos sem-teto, quando ela aparece. É isso que nos diz Riobaldo, em Grande Sertão Veredas, nessa história sem final:

Sentimento que não espairo; pois eu mesmo nem acerto com mote disso – o que queria e o que não queria, estória sem final. O correr da vida embrulha tudo, a vida é assim: esquenta e esfria, aperta e daí afrouxa, sossega e depois desinquieta. O que ela quer da gente é coragem. O que Deus quer é ver a gente aprendendo a ser capaz de ficar alegre a mais, no meio da alegria, e inda mais alegre ainda no meio da tristeza! Só assim de repente, na horinha em que se quer, de propósito – por coragem. Será? Era o que eu às vezes achava. Ao clarear do dia (Rosa, 1986).

Bibliografia

Referências bibliográficas

ABENSOUR, Miguel. *A democracia contra o Estado: Marx e o momento maquiaveliano*. Belo Horizonte: Ed. UFMG, 1998.

ABIKO, Alex Kenya *et al. Intervenção em cortiços na cidade de São Paulo: os programas da CDHU e da SEHAB*. 2004. [xerox]

ABRAMO, Laís. *O resgate da dignidade*: greve metalúrgica e subjetividade operária. Campinas: Ed. Unicamp, 1999.

AGAMBEN, Giorgio. *Estado de Exceção*. São Paulo: Boitempo Editorial, 2004. Coleção Estado de Sítio.

_____. *Infância e História*: destruição da experiência e origem da história. Belo Horizonte: Ed. UFMG, 2005.

_____. *Movement.* http://multitudes.samizdat.net, março de 2005. Acesso em 18/12/2006.

ALVAREZ, Sônia; DAGNINO, Evelina; ESCOBAR, Arturo. *Cultura e Política nos Movimentos Sociais Latino-Americanos*. Belo Horizonte: Ed. UFMG, 2000.

ALVES, Eliana; TELLES, Vera da Silva. "Territórios em disputa: a produção do espaço em ato". In: TELLES, Vera da Silva; CABANES, Robert (orgs.). *Nas tramas da cidade: trajetórias urbanas e seus territórios*. São Paulo: Humanitas, 2006.

ANTÔNIO, João. *Leão de Chácara*. São Paulo: Cosac & Naify, 2002.

ARANTES, Otília Fiori. "Uma estratégia fatal: a cultura nas novas gestões urbanas". In: ARANTES, O.; VAINER, C. e MARICATO, E. *A cidade do pensamento único – desmanchando consensos*. Petrópolis: Vozes, 2000.

ARANTES, Pedro Fiori. *Arquitetura Nova: Sérgio Ferro, Flávio Império e Rodrigo Lefèvre, de Artigas aos mutirões*. São Paulo: Editora 34, 2000.

_____. "As políticas urbanas do Banco Mundial e do BID: coerção, consentimento e internalização da dominação". In: GITAHY, Maria Lúcia Caira; LIRA, José Tavares Correia de (orgs.). *Cidade: impasses e perspectivas*. São Paulo: FAU/Annablume/FUPAM, 2007. Coleção Arquiteses, vol. 2.

ARENDT, Hannah. *Crises da República*. São Paulo: Perspectiva, 1973.

_____. *Origens do Totalitarismo*: *anti-semitismo, imperialismo e totalitarismo*. São Paulo: Companhia das Letras, 2000.

_____. *A condição humana*. São Paulo: Forense, 1997.

_____. *Homens em tempos sombrios*. São Paulo: Companhia das Letras, 1999.

_____. *Eichman em Jerusalém: um relato sobre a banalidade do mal.* São Paulo: Companhia das Letras, 1999. (a)

AZEVEDO, Tarik Rezende *et al.* "Perfil sócio-econômico básico da população do acampamento Carlos Lamarca – Osasco (SP) – 2002". In: *GEOUSP – Espaço e Tempo*, Revista da pós-graduação em Geografia, São Paulo: FFLCH/USP, vol. 14, 2003.

BARROS, Joana da Silva. *Moradores de rua – Pobreza e Trabalho: interrogações sobre a exceção e a experiência política brasileira.* Dissertação de Mestrado em Sociologia, São Paulo, FFLCH/USP, 2004.

BARROS, Joana da Silva; MIAGUSKO, Edson. "Mutirão da Juta: do 'fim do mundo' à padaria comunitária". In: *Anais do Seminário Internacional: gestão da terra urbana e habitação de interesse social.* Campinas: PUC-Campinas/Instituto Polis/Lincoln Institute of Land Policy, 2000.

BHABHA, Homi K. *O local da cultura.* Belo Horizonte: Ed. UFMG, 2000.

BATISTA JR, Paulo Nogueira. "O Plano Real à luz da experiência mexicana e argentina". *Estudos Avançados*, São Paulo, setembro-dezembro 1996, vol. 10, n. 28.

BAUMAN, Zygmunt. *Vidas desperdiçadas.* Rio de Janeiro: Zahar, 2005.

_____. *Comunidade*: a busca por segurança no mundo atual. Rio de Janeiro: Zahar, 2003.

BENJAMIN, Walter. "Experiência e pobreza". In: *Obras escolhidas*: magia e técnica, arte e política - vol. I. 7.ª ed. São Paulo: Brasiliense, 1994.

BENOIT, Hector. "A luta popular pela moradia - entrevista com Luís Gonzaga da Silva (Gegê)". *Crítica Marxista*, São Paulo, outubro de 2000, n. 10.

_____. "O assentamento Anita Garibaldi: entrevista com lideranças do Movimento dos Trabalhadores Sem-Teto (MTST)". *Crítica Marxista*, São Paulo, 2002, n. 14.

BERGER, Peter. *Perspectivas sociológicas: uma visão humanística*. 14.ª ed. Petrópolis: Vozes, 1995.

BESSIN, Marc. "Le temps, une question de pouvoir". *Revue de l'OMOS*, Lyon, 2006. [xerox]

BONDUKI, Nabil. *Origens da habitação social no Brasil: arquitetura moderna, Lei do Inquilinato e Difusão da Casa Própria*. 2.ª ed. São Paulo: Estação Liberdade, 2005.

_____; SAULE Jr., Nelson. "Habitat II: assentamentos humanos como tema global". In: BONDUKI, Nabil (org.). *Habitat: as práticas bem-sucedidas em habitação, meio ambiente e gestão urbana nas cidades brasileiras*. São Paulo: Nobel, 1996.

BONFIM, Valéria Cusinato. *Os espaços edificados vazios na área central da cidade de São Paulo e a dinâmica urbana*. Dissertação de Mestrado em Engenharia, São Paulo, Escola Politécnica/USP, 2004.

BOURDIEU, Pierre. *Contrafogos: táticas para enfrentar a invasão neoliberal*. Rio de Janeiro: Zahar, 1998.

_____. *La esencia del neoliberalismo*. (1998a)

_____. "Efeitos de lugar". In: BOURDIEU, Pierre (coord.). *A miséria do mundo*. 4.ª ed. Petrópolis: Vozes, 1998.

BRANT, Vinícius Caldeira. "Da resistência aos movimentos sociais: a emergência das classes populares em São Paulo". In: BRANT, V. C.; SINGER, P. *São Paulo: o povo em movimento*. Petrópolis: Vozes/CEBRAP, 1980.

BUENO, W. R. *Morro do Quiabo*. São Paulo: Lemos Editorial, 2001.

CALDEIRA, Teresa P. R. *Cidade de muros*: crime, segregação e cidadania em *São Paulo*. São Paulo: Edusp/Editora 34, 2000.

CANDIDO, Antonio. *O discurso e a cidade*. São Paulo: Duas Cidades, 1998.

CARVALHO, Caio Santo Amore de. "O mutirão por dentro". In: GITAHY, Maria Lúcia Caira; LIRA, José Tavares Correia de (orgs.). *Cidade: impasses e perspectivas*. São Paulo: FAU/Annablume/FUPAM, 2007. Arquiteses, vol. 2.

_____. *Lupa e telescópio – o mutirão em foco: São Paulo, anos 90 e atualidade*. Dissertação de Mestrado, São Paulo, FAU/USP, 2004.

CARVALHO, José Murilo. *Os bestializados – o Rio de Janeiro e a República que não foi*. São Paulo: Companhia das Letras, 1987.

CASTEL, Robert. *As metamorfoses da questão social*: uma crônica do salário. Petrópolis: Vozes, 1998.

CAVALCANTI, Gustavo. *Uma concessão ao passado: trajetória da União dos Movimentos de Moradia de São Paulo*. Dissertação de mestrado em Sociologia, São Paulo, FFLCH/USP, 2006.

CAVALCANTI, Mariana. "Do barraco à casa: tempo, espaço e valor(es) em uma favela carioca". In: *Anais do 31.º Encontro Anual da ANPOCS*. Caxambu: ANPOCS, vol. 1, 2007.

CERTEAU, Michel de. *The Practice of Everyday Life*. Berkeley: University of California Press, 1984.

CHALHOUB, Sidney. *Cidade Febril – cortiços e epidemias na corte imperial*. São Paulo: Companhia das Letras, 1996.

COHN, Gabriel. "Contemporaneidade tensa". In: RIZEK, Cibele Saliba; ROMÃO, Wagner (orgs.). *A tarefa da crítica*. Belo Horizonte: UFMG, 2007.

DAGNINO, Evelina. "Os movimentos sociais e a emergência de uma nova noção de cidadania". In: DAGNINO, E. (org.). *Anos 90: Sociedade e política no Brasil*. São Paulo: Brasiliense, 1994.

_____ (org.). *Sociedade civil e espaços públicos no Brasil*. São Paulo: Paz e Terra, 2002.

DAGNINO, Evelina; OLVERA, Alberto J.; PANFICHI, Aldo. "Para uma outra leitura da disputa pela construção democrática na América Latina". In DAGNINO, Evelina; OLVERA, Alberto J.; PANFICHI, Aldo (orgs.). *A disputa pela construção democrática na América Latina*. São Paulo: Paz e Terra, 2006.

DELEUZE, Gilles. *Mil platôs*: *capitalismo e esquizofrenia* - vol. 1. São Paulo: Editora 34, 1995.

_____. "Post-scriptum sobre as sociedades de controle". In: *Conversações*. São Paulo: Editora 34, 2000.

FELIPE, Joel P. *Mutirão e autogestão no Jardim São Francisco (1989-1992): movimento de moradia, lugar do arquiteto*. Dissertação de Mestrado, São Carlos, EESC-USP, 1997.

FELTRAN, Gabriel de Santis. *Desvelar a política na periferia: história dos movimentos sociais em São Paulo*. Dissertação de mestrado em Ciência Política, Campinas, Unicamp, 2003.

FERRO, Sérgio. "Notas sobre o vício da virtude". *Novos Estudos*, São Paulo, nov. 2006, n. 76.

FILGUEIRAS, Luís. *História do Plano Real*. São Paulo: Boitempo Editorial, 2000.

FORTUNATO, Elizabeth. *Os mutirões autogeridos como alternativa para a moradia popular: um exercício de cidadania?* Tese de Doutorado em Geografia Humana, São Paulo, FFLCH/USP, 2002.

FOUCAULT, Michel. "Omnes et singulatim: hacia una crítica de la 'razón política' ". In: *Tecnologíasdel yo*. Barcelona: Paidós, 2000, p. 95-140.

_____. "A governamentalidade". In: *Microfísica do poder*. 10.ª ed. Rio de Janeiro: Graal, 1992, p. 277-293.

_____. "Naissance de la biopolitique". In: *Dits et écrits,* vol. III, Paris: Gallimard, 1994, p. 367-372.

_____. *Em defesa da sociedade*. São Paulo: Martins Fontes, 2005.

_____. *El orden del discurso*. Buenos Aires: Fabula Tusquets Editores, 2005. (a)

FRUGOLI Jr., Heitor. *Centralidade em São Paulo: trajetórias, conflitos e negociações na metrópole*. São Paulo: Cortez/Edusp, 2000.

_____; SKLAIR, Jéssica. "O bairro da Luz em São Paulo: questões antropológicas sobre o fenômeno da gentrification". In: *IX International Congress of the Brazilian Studies Association (BRASA)*. New Orleans: Papers & Abstracts, 2008.

FURTADO, M. G. *O casarão da Cleveland: representações depreciativas e práticas sociais em espaço deteriorado de moradia*. Dissertação de Mestrado em Antropologia, São Paulo, FFLCH/USP, 1995.

GOFFMAN, Erving. *Manicômios, prisões e conventos*. São Paulo: Perspectiva, 1994.

GOHN, Maria da Glória. *Movimentos sociais e lutas pela moradia*. São Paulo: Ed. Loyola, 1991.

GONÇALVES, Jean Pires de Azevedo. *Ocupar e resistir: problemas de habitação no centro pós-moderno (SP)*. Dissertação de Mestrado em Geografia, São Paulo, FFLCH/USP, 2006.

GUERRA, M. C. B. *As OnG´s de assessoria a movimentos sociais por habitação*. Tese de doutorado em Sociologia, São Paulo, FFLCH/USP, 1998.

HALL, P. *Cidades do amanhã*. São Paulo: Perspectiva, 1988.

HARVEY, David. *A produção capitalista do espaço*. 2.ª ed. São Paulo: Annablume, 2001.

HOUAISS, Antônio. *Dicionário Houaiss*. Rio de Janeiro: Editora Objetiva, 2001.

JACOBI, Pedro. "Movimentos sociais urbanos no Brasil: reflexão sobre a literatura dos anos 70 e 80". *Revista BIB*. Rio de Janeiro, 1.º semestre 1987, p. 18-34.

KARA JOSÉ, Beatriz. *Políticas culturais e negócios urbanos*: a *instrumentalização da cultura na revitalização do centro de São Paulo (1975-2000)*. São Paulo: Annablume/ Fapesp, 2007.

KAUCHAKJE, S. "A academia e participação social no Brasil: teses e dissertações sobre movimentos sociais produzidas na Unicamp e na USP entre 1970 e 1995". *Educação Temática Digital*, Campinas, vol. 4, n. 1, dez. 2002, p. 97-109.

KOHARA, Luís T. *Rendimentos obtidos na locação e sublocação de cortiços – estudos de caso na área central da cidade de São Paulo*. Dissertação de mestrado em Engenharia, São Paulo, POLI/USP, 1999.

KOWARICK, Lúcio. *Escritos urbanos*. São Paulo: Editora 34, 2000.

_____. "Áreas centrais de São Paulo: dinamismo econômico, pobreza e políticas". *Lua Nova*, São Paulo, 2007, n. 70, p. 171-211.

LEVY, Charmain. "The housing movement in the City of São Paulo: crisis e revival". In: DUQUETE, Michel; LEVY, Charmain (orgs.). *Collective action and radicalism in Brazil: women, urban housing and rural movements*. Toronto: University of Toronto Press, 2005.

LIMA, Sônia Lúcio Rodrigues de. *Metamorfoses na luta por habitação: o Movimento dos Trabalhadores Sem-Teto (MTST)*. Tese de Doutorado, Rio de Janeiro, IPPUR/UFRJ, 2004.

LOPES, João Marcos. "O anão caolho". *Novos Estudos*, nov. 2006, n. 76.

MARCUSE, Peter. "Enclaves, sim; guetos, não: a segregação e o Estado". *Espaço & Debates*, São Paulo, jan./jul. 2004, p. 24-33.

MARTINS, José de Souza. *Caminhada no chão da noite: emancipação política e libertação nos movimentos sociais do campo*. São Paulo: Hucitec, 1989.

_____. *A sociedade vista do abismo – novos estudos sobre exclusão, pobreza e classes sociais*. Petrópolis: Vozes, 2002.

MEYER, Regina M. P.; GROSTEIN, Marta; BIDERMAN, C. *São Paulo Metrópole*. São Paulo: Edusp/Imprensa Oficial do Estado, 2004.

MIAGUSKO, Edson. *Greve dos Petroleiros de 1995: a construção democrática em questão*. Dissertação de mestrado em Sociologia, São Paulo, FFLCH/USP, 2001.

OLIVEIRA, Francisco. "Acumulação monopolista, Estado e conflito de classes". In: MOISÉS, José Álvaro et al. *Contradições urbanas e movimentos sociais*. São Paulo: CEDEC/Paz e Terra, 1977.

_____. *Os direitos do antivalor: a economia política da hegemonia imperfeita*. Petrópolis: Vozes, 1998.

_____. "Entre a terra e o céu: mensurando a utopia?" In: *Anais do Seminário Cidadania, pobreza e exclusão social*. Petrópolis, mimeo, 1998. (a)

_____. "Privatização do público, destituição da fala: o totalitarismo neoliberal". In: OLIVEIRA, Francisco de; PAOLI, Maria Célia (orgs.). *Os sentidos da democracia*: políticas do dissenso e hegemonia global. Petrópolis: Vozes, 1999.

_____. *Aproximações ao enigma*: o que quer dizer desenvolvimento local? São Paulo: Polis, 2001.

_____. *Crítica da razão dualista/O ornitorrinco*. São Paulo: Boitempo Editorial, 2003.

_____. "O Estado e a Exceção – ou o Estado de Exceção?" *Estudos Urbanos e Regionais*, maio 2003, vol. 5, n. 1.

_____. "O vício da virtude: autoconstrução e acumulação capitalista no Brasil". *Novos Estudos*, São Paulo, mar. 2006, n. 74.

_____. "Política numa era de indeterminação: opacidade e reencantamento". In: OLIVEIRA, Francisco de; RIZEK, Cibele Saliba (orgs.). *A Era da Indeterminação*. São Paulo: Boitempo Editorial, 2007.

PAOLI, Maria Célia. *A cidade e as novas desigualdades*. Relatório do Projeto Temático Fapesp "Cidadania e Democracia: o pensamento nas rupturas da política". São Paulo, 2002.

_____. "O mundo do indistinto: sobre gestão, violência e política". In: OLIVEIRA, Francisco de; RIZEK, Cibele S. (orgs.). *A Era da indeterminação*. São Paulo: Boitempo Editorial, 2007.

_____; SADER, Eder. "Sobre as classes populares no pensamento sociológico brasileiro". In: CARDOSO, Ruth (org.). *Aventura antropológica*. Rio de Janeiro: Paz e Terra, 1986.

_____; TELLES, Vera da Silva. "Direitos sociais: conflitos e negociações no Brasil contemporâneo". In: ALVAREZ, Sônia E.; DAGNINO, Evelina; ESCOBAR, Arturo. *Cultura e política nos movimentos sociais latino-americanos*. Belo Horizonte: Ed. UFMG, 2000.

PASTERNAK, Suzana; BÓGUS, Lúcia M. Machado. "Migração na metrópole". *São Paulo em Perspectiva*, São Paulo, vol. 19, n. 4, 2005.

PICCINI, Andréa. *Cortiços na cidade*: conceito e preconceito na reestruturação urbana de São Paulo. São Paulo: Annablume, 1998.

PIERUCCI, Antônio Flávio. "A direita mora do outro lado da cidade". *Revista Brasileira de Ciências Sociais*, São Paulo, vol. 10, 1989.

POCHMANN, Márcio. *Evidências recentes na relação entre gasto social e desigualdade de renda no Brasil*. Campinas, mimeo, 2005.

RANCIÈRE, Jacques. *Políticas da Escrita*. São Paulo: Editora 34, 1995.

_____. *O Desentendimento*. São Paulo: Editora 34, 1996.

_____. *Biopolitique ou politique?* http://www.multitudes.samizdat. net, mar. 2000. Acesso em 18/12/2006.

_____. "O princípio da insegurança". *Folha de São Paulo*, 21/09/2003. p. 3. Caderno Mais.

_____. "A herança difícil de Foucault". *Folha de São Paulo*, 27/06/2004. p. 3. Caderno Mais.

_____. "As novas razões da mentira". *Folha de São Paulo*, 22/08/2004. p.3. Caderno Mais.

_____. *La haine de la démocratie*. Paris: La Fabrique Éditions, 2005.

_____. *El método da igualdad*. Tradução da Conferência proferida por Jacques Ranciére sob o título "La méthode de l'égalité", Cerisy, 2007.

_____. "Universalizar las capacidades de cualquiera". Entrevista con Jacques Rancière a Marina Garcés, Raúl Sánchez Cedillo, Amador Fernández-Savater. *Revista Archipiélago: Cuadernos de Critica de la Cultura*, Barcelona, n. 73-74, 2007.

RIZEK, Cibele Saliba. *A delicadeza da palavra*. São Paulo, mimeo, 1998.

_____. *Cidade, civilidade e seus avessos – novas dimensões: cidade, trabalho, produção e política*. São Paulo, 2007. Projeto de pesquisa CNPq.

_____; BARROS, Joana da Silva; BERGAMIN, Marta. "A política de produção habitacional por mutirões autogeridos: construindo algumas questões". *Revista Brasileira de Estudos Urbanos e Regionais*, Salvador, maio 2003, vol. 5, n. 1.

_____; BARROS, Joana da Silva. "Mutirões autogeridos: construindo e desconstruindo sociabilidades". In: FRÚGOLI JR, Heitor; ANDRADE, Luciana Teixeira; PEIXOTO, Fernanda Arêas (orgs.). *As cidade e seus agentes: práticas e representações*. Belo Horizonte: Editora PUC Minas/Edusp, 2006.

ROCHA, Francisco. *Adoniran Barbosa: o poeta da cidade*. São Paulo: Ateliê Editorial, 2002.

RODRIGUES, Cibele Maria Lima. *Daqui não saio, daqui ninguém me tira: estudo de caso do MTST (Movimento dos Trabalhadores Sem-Teto), para além da dicotomia entre identidade e estratégia.* Dissertação de Mestrado, Recife, UFPE, 2002.

RONCONI, Reginaldo. *Habitações construídas com gerenciamento dos usuários, com organização da força de trabalho em regime de mutirão.* Dissertação de mestrado, São Carlos, EESC-USP, 1995.

SACHS, Celina. *São Paulo: políticas públicas e habitação popular.* São Paulo: Edusp, 1999.

SADER, Eder. *Quando os novos personagens entraram em cena.* Rio de Janeiro: Paz e Terra, 1998.

SANTOS, Andréa Paula dos; RIBEIRO, Suzana Lopes Salgado; MEIHY, José Carlos Sebe Bom. *Vozes da Marcha pela Terra.* São Paulo: Ed. Loyola, 1998.

SANTOS, C. J. F. *Nem Tudo era italiano: São Paulo e pobreza (1890-1915).* São Paulo: Annablume, 1998.

SANTOS, Laymert Garcia dos. *Politizar as novas tecnologias: o impacto sócio-técnico da informação digital e genética.* São Paulo: Editora 34, 2003.

SCHWARZ, Roberto. *Sequências brasileiras.* São Paulo: Companhia das Letras, 1993.

SETÚBAL, Mariana. *Expressões do conflito social contemporâneo: reflexões para uma análise das lutas dos movimentos sociais brasileiros em 2006.* Rio de Janeiro: LPP/UERJ, 2007.

SILVA, Ana Amélia (org.). "Moradia e Cidadania – um debate em movimento". *Revista Pólis*, São Paulo, n. 20, 1994.

SILVA, Helena Menna Barreto. *Observatório do Uso do Solo e da Gestão Fundiária do Centro de São Paulo*. São Paulo: Lincoln Institute/ LABHAB, 2006. Relatório de Pesquisa.

SIMÕES Jr., José Geraldo. "Cortiços em São Paulo: o problema e suas alternativas". *Revista Pólis*, São Paulo, n. 2, 1991.

_____. "Revitalização de Centros Urbanos". *Revista Pólis*, São Paulo, n. 19,1994.

SINGER, Paul. "Movimentos de bairro". In: BRANT, Vinícius Caldeira; SINGER, Paul. *São Paulo*: *o povo em movimento*. Petrópolis: Vozes/ CEBRAP, 1980.

SOUZA, Mônica M. P. de Carvalho de. "Frente de expansão na produção do espaço urbano no município de São Paulo (1993-2003)". In: *Anais do 31.º Encontro Anual da ANPOCS*. Caxambu: ANPOCS, 2007.

STARLING, Heloísa. "A outra margem da narrativa: Hannah Arendt e João Guimarães Rosa". In: BIGNOTO, Newton; MORAES, E. J. *Hannah Arendt*: *diálogos, reflexões, memórias*. Belo Horizonte: Ed. UFMG, 2001.

TELLES, Vera da Silva. *A modernização vista de baixo*: *precarização e violência na cidade de São Paulo*. São Paulo, 2002. Relatório de pesquisa.

TELLES, Vera da Silva; CABANES, Robert. *Nas tramas da cidade*: *trajetórias urbanas e seus territórios*. São Paulo: Associação Editorial Humanitas, 2006.

TOCQUEVILLE, Alexis de. "Influência da democracia sobre os costumes propriamente ditos". In: *A Democracia na América.* 2ª. ed. Tradução de Neil Ribeiro da Silva. São Paulo: Edusp/Itatiaia, 1997.

THOMPSON, Edward Palmer. *Tradición, revuelta y consciencia de la clase*: *estudios sobre la crisis de la sociedad preindustrial.* Barcelona: Critica, 1989.

_____. *Costumes em comum*: *estudos sobre a cultura popular tradicional.* São Paulo: Companhia das Letras, 1998.

VALADARES, Kleber W. *O problema da habitação no contexto de revalorização do centro histórico de São Paulo (1991-2006).* Dissertação em Geografia, São Paulo, FFLCH/USP, 2007.

VILLAÇA, Flávio; ZIONI, S. *Rede de transportes sobre trilhos na região metropolitana de São Paulo.* São Paulo, 2005. Relatório Fapesp.

WACQUANT, Loic. *Os condenados da cidade: estudos sobre marginalidade avançada.* Rio de Janeiro: Revan, 2001.

_____. "A zona". In: BOURDIEU, Pierre (coord.). *A miséria do mundo.* 4.ª ed. Petrópolis: Vozes, 1998.

_____. *Corpo e alma*: *notas etnográficas de um aprendiz de boxe.* Rio de Janeiro: Relume Dumará, 2002.

_____. "Que é gueto? Construindo um conceito sociológico". *Revista Sociologia e Política,* Curitiba, n. 23, nov. 2004, p. 155-164.

_____. "Da Escravidão ao encarceramento em massa: repensando a 'questão racial' nos Estados Unidos". In: SADER, Emir (org.). *Contragolpes: seleção de artigos da New Left Review.* São Paulo: Boitempo Editorial, 2006.

_____. "West Side story: um bairro de alta insegurança em Chicago". *Margem Esquerda*. São Paulo, vol. 8, nov. 2006 (a)

ZALUAR, Alba. *A máquina e a revolta: as organizações populares e o significado da pobreza*. 2.ª ed. São Paulo: Brasiliense, 1994.

_____. "A globalização do crime e os limites da explicação local". In: VELHO, Gilberto; ALVITO, Marcos. *Cidadania e violência*. Rio de Janeiro: Ed. UFRJ/ Fundação Getúlio Vargas, 1996.

_____. "Crime, medo e política". In: ZALUAR, Alba; ALVITO, Marcos. *Um século de favela*. 5.ª ed. Rio de Janeiro: Fundação Getúlio Vargas, 2006.

ZIBECHI, Raul. *Los sin tierra ante la crisis*. http://www.rebelion.org, 2005. Acesso em 25/11/2005.

ZIZEK, Slavoj. *Bem-vindo ao deserto do real*. São Paulo: Boitempo Editorial, 2003.

_____. O novo eixo da luta de classes. *Folha de São Paulo*, São Paulo, 05/09/2004.

Reportagens, matérias e artigos da grande imprensa

AGORA SÃO PAULO. Ruas no entorno de escolão ganham operação Belezura na última hora. *Agora São Paulo,* 08/08/2003.

AGEGÉ, S. e GÓIS, C. Conflito em desocupação deixa quatro feridos. *Folha de São Paulo*, 20/05/2000.

ALBUQUERQUE, VOL. Empresa vê plano de renovar frota morto. *Folha de São Paulo*, 22/07/2003.

AMARAL, L. H. MST assume líderes sem-teto. *Folha de São Paulo*, 26/07/1997.

BIANCARELLI, A. Ameaça do tráfico fecha lojas na zona leste. *Folha de São Paulo*, 01/05/2003.

CAMPOS, M. Polícia deixa invadir e agora quer tomar de volta. *Jornal da Tarde*, 13/02/2006.

CARAMANTE, A. Tráfico impõe regras e fronteiras em SP. *Folha de São Paulo*, 06/07/2003.

_____. Líderes de sem-teto são presos acusados de extorquir moradores. *Folha de São Paulo*, 28/12/2004. p. C5. Caderno Cotidiano.

CASTRO, M. Zona Leste concentra roubos de veículos. *Agora São Paulo*, 21/07/2003.

_____. Aposentado faz plantão para vigiar carro. *Agora São Paulo*, 21/07/2003. (a)

CAVERSAN, L. Militantes chegam a áreas nobres. *Folha de São Paulo*, 31/07/2003.

_____. Em Sapopemba, 10% apoiam maus-tratos. *Folha de São Paulo*, 01/02/2004.

CAVERSAN, L. e PENTEADO, G. 24% dos paulistanos admitem a tortura. *Folha de São Paulo*, 01/02/2004.

CABRAL, O. e DANTAS, I. Lula antecipa pacote que beneficia sem-teto. *Folha de São Paulo*, 31/07/2003.

DURAN, S. e VIVEIROS, M. PT irá propor trégua para os sem-teto. *Folha de São Paulo*, 08/11/2000.

FOLHA DE SÃO PAULO. Fórum fez duas invasões. *Folha de São Paulo*, 13/04/1997.

_____. Deputados sugerem CPI. *Folha de São Paulo*, 22/05/1997.

_____. Viúva afirma que voltaria a invadir. *Folha de São Paulo*, 22/05/1997. (a)

_____. Inquérito espera laudos. *Folha de São Paulo*, 24/05/1997.

_____. Vídeo pode confirmar autor de tiro na Juta. *Folha de São Paulo*, 05/07/1997.

_____. Conjunto invadido continua desabitado. *Folha de São Paulo*, 19/05/1998.

_____. UMM invadiu 19 imóveis. *Folha de São Paulo*, 09/11/1999.

_____. PMs são absolvidos no caso da Juta em SP. *Folha de São Paulo*, 16/06/1999.

_____. Invasões atingiram o ápice no ano passado. *Folha de São Paulo*, 08/11/2000.

_____. Avenida Sapopemba concentra casos. *Folha de São Paulo*, 14/05/2001.

_____. Em Sapopemba, 83% não voltam a cometer crime. *Folha de São Paulo*, 19/08/2001.

_____. Militante de direitos humanos terá proteção. *Folha de São Paulo*, 19/07/2003.

_____. Invasão: Famílias de sem-teto ocupam terreno da Volkswagen em São Bernardo do Campo. *Folha de São Paulo*, 20/07/2003.

_____. Local abrigará centro e teatro, diz UniFMU. *Folha de São Paulo*, 22/07/2003.

_____. GM demite 450; sindicato "vai à guerra". *Folha de São Paulo*, 23/07/2003.

_____. Hotel é dividido de acordo com movimento. *Folha de São Paulo*, 23/07/2003. (a)

_____. No ABC movimento se diz irmão do MST. *Folha de São Paulo*, 24/07/2003. (a)

_____. Alckmin promete rigor contra sem-teto. *Folha de São Paulo*, 23/07/2003. (b)

_____. Fotógrafo é morto em frente a área invadida. *Folha de São Paulo*, 24/07/2003.

_____. Sem-teto ficam em área até segunda. *Folha de São Paulo*, 25/07/2003.

_____. Volkswagen pede que sindicato seja "flexível". *Folha de São Paulo*, 25/07/2003. (a)

_____. Coordenador se engajou aos 15 anos. *Folha de São Paulo*, 27/07/2003.

_____. Assentamento em Guarulhos é modelo para sem-teto. *Folha de São Paulo*, 27/07/2003. (a)

_____. Lema de grupo é "ocupar, resistir e construir". *Folha de São Paulo*, 27/07/2003. (b)

_____. Participantes só obtêm detalhes na hora de invadir. *Folha de São Paulo*, 27/07/2003. (c)

_____. Resistências emperram negociação. *Folha de São Paulo,* 29/07/2003.

_____. No centro, desocupação é adiada. *Folha de São Paulo,* 29/07/2003. (a)

_____. Grupo de Diadema vai para frente da CDHU. *Folha de São Paulo,* 30/07/2003.

_____. Volks reafirma posse de terreno. *Folha de São Paulo,* 31/07/2003.

_____. Em dia de protestos, sem-teto deixam CDHU. *Folha de São Paulo,* 31/07/2003. (a)

_____. Despejados ocupam rua na zona norte. *Folha de São Paulo,* 01/08/2003.

_____. Existe risco no Brasil de caos social? *Folha de São Paulo,* 03/08/2003. Caderno Brasil.

_____. Sem-teto sai da República e vai para prédio. *Folha de São Paulo,* 04/08/2003.

_____. Funcionários da Volks devolvem carta. *Folha de São Paulo,* 05/08/2003.

_____. No ABC, sem-teto são despejados pela 2ª vez. *Folha de São Paulo,* 09/08/2003.

_____. Não aguento mais essa vida. *Folha de São Paulo,* 09/08/2003.

_____. Escolão será inaugurado hoje na zona leste. *Folha de São Paulo,* 10/08/2003.

_____. Sem-teto da Volks vão para quadra da Gaviões da Fiel em São Paulo. *Folha de São Paulo*, 11/08/2003.

_____. Os sem-teto do centro estão agora sem destino. *Folha de São Paulo*, 16/08/2003.

_____. Sem-teto saem do antigo hotel no centro. *Folha de São Paulo*, 27/08/2003.

_____. Fogo em prédio invadido mata menina. *Folha de São Paulo*, 08/09/2003.

_____. Distribuição espacial revela perfil de igreja. *Folha de São Paulo*, 14/12/2003.

_____. Sindicalistas da CUT expulsam tucanos que organizavam protesto contra Lula. *Folha de São Paulo*, 29/04/2006.

GASPARI, E. Fantasia dos sem-teto vira a fila dos com-senha. *Folha de São Paulo*, 22/05/1997.

_____. Campelo é de ontem. E hoje? *Folha de São Paulo*, 16/07/1999.

GATTONE, J. S. Grupo acampa e faz greve de fome à espera de Lula. *Diário do Grande ABC*, 20/12/2005.

GODOY, M. PMs estavam despreparados para ação. *Folha de São Paulo*, 21/05/1997.

_____; ASSUNÇÃO, M. Tiro mata repórter fotográfico em acampamento. *O Estado de São Paulo*, 24/07/2003.

GOIS, C. de. Invasores dizem que vão resistir. *Folha de São Paulo*, 23/07/2003.

_____. No ABC, sem-teto pedem intervenção de Lula. *Folha de São Paulo*, 28/07/2003.

_____. Justiça libera desocupação de área da Volks. *Folha de São Paulo*, 06/08/2003.

_____. CDHU pesquisa origem e número de invasores de terreno no ABC. *Folha de São Paulo*, 07/08/2003.

_____. Reunião termina em ameaças. *Folha de São Paulo*, 08/08/2003.

_____. Sem-teto têm de sair de prédio. *Folha de São Paulo*, 12/08/2003.

_____. MST invade terreno em bairro de São Paulo. *Folha de São Paulo*, 18/08/2003.

GOIS, C.; PENTEADO, G.; SILVA, A. Sem-teto deixam terreno da Volks no ABC. *Folha de São Paulo*, 08/08/2003.

ISIDORO, A. Menino morre em prédio invadido. *Folha de São Paulo*, 09/11/1999.

_____. Sem-teto fazem megainvasão em oito áreas de SP. *Folha de São Paulo*, 12/05/2002.

_____. Mulheres tomam a dianteira nas invasões. *Folha de São Paulo*, 27/07/2003.

ISIDORO, A.; GOIS, C. Sem-teto invadem 4 edifícios no centro. *Folha de São Paulo*, 22/07/2003.

_____. Proprietários moravam em prédio invadido. *Folha de São Paulo*, 22/07/2003. (a)

_____. Sem-teto disputa "pontos" para obter casa. *Folha de São Paulo*, 27/07/2003.

LAGE, A. Juíza dá reintegração de posse à Volkswagen. *Folha de São Paulo*, 23/07/2003.

_____. No centro sem-teto vão iniciar desocupação. *Folha de São Paulo*, 24/07/2003.

_____. Sem-teto trocam hotel pela sede da CDHU. *Folha de São Paulo*, 05/07/2003.

_____. Justiça manda desocupar prédio na Ipiranga. *Folha de São Paulo*, 26/07/2003.

_____. Invasora prefere rua à Billings. *Folha de São Paulo*, 26/07/2003. (a)

_____. Vergonha faz bairro sumir de currículo. *Folha de São Paulo*, 25/01/2004.

LEITE, F. Reunião não resolve situação de sem-teto. *Folha de São Paulo*, 01/08/2003.

_____. Polícia retira invasores de hotel na Ipiranga. *Folha de São Paulo*, 02/08/2003.

_____. PT expande cinturão na periferia paulistana. *Folha de São Paulo*, 31/10/2006.

LEITE, P. D. Em São Bernardo, vizinhos reforçam invasão. *Folha de São Paulo*, 22/07/2003.

LOZANO, A. Perícia no local do conflito é retomada. *Folha de São Paulo*, 28/05/1997.

MANSUR, A.; AZEVEDO, S.; MENDONÇA, R.; COTES, P. Uma bala no peito. *Revista Época*, edição 217, 28/07/2003.

MARREIRO, F. Voto paulistano tem redutos partidários. *Folha de São Paulo*, 07/08/2004.

MARTINS, L. Maioria dos sem-teto é experiente em invasões. *Folha de São Paulo*, 21/05/1997.

MENDONÇA, E. Taubaté rejeita proposta da VW. *Folha de São Paulo*, 24/07/2003.

NUZZI, V. Metalúrgico queima aviso e decide parar Volks por três horas. *Diário de São Paulo*, 05/08/2003.

_____. Volks afasta trabalhadores por carta e sindicato promete reação. *Diário de São Paulo*, 01/08/2003.

O GLOBO. Rota da desordem. *O Globo,* 25/07/2003. Editorial:

_____. Em quatro anos, número de cartões de crédito quase dobra no Brasil. *O Globo,* 29/04/2008.

OLIVEIRA, M. Sem-teto e MST farão marcha no centro. *Folha de São Paulo*, 01/04/1997.

_____. Invasores de prédios da USP viram inquilinos. *Folha de São Paulo*, 03/04/1997.

_____. Grupo que invadiu imóvel assina contrato. *Folha de São Paulo*, 05/04/1997.

_____. Movimento de SP quer luta conjunta com o MST. *Folha de São Paulo*, 13/04/1997.

_____. Líder de invasão é "importado" do ABC. *Folha de São Paulo*, 21/05/1997.

_____. Ex-invasores contestam cadastramento. *Folha de São Paulo*, 30/05/1997.

_____. Sem-teto invadem prédio do INSS. *Folha de São Paulo*, 04/11/1999.

REVELLI, Phillippe. Sem-teto acampam na beirada de São Paulo. *Le Monde Diplomatique*, 04/11/2007.

REVISTA DA FOLHA. A terra onde há mais menina-mãe. *Folha de São Paulo*, 24/08/2003.

ROLLI, C. Volks propõe negociar e até adiar a transferência; sindicatos recusam. *Folha de São Paulo*, 09/08/2003.

_____. Volks dá carta de transferência para 3.933. *Folha de São Paulo*, 01/08/2003.

_____. Com dois discursos, Volkswagen acirra conflito com sindicalistas. *Folha de São Paulo*, 27/07/2003.

_____. Acordo impede cortes na Volks, diz sindicato. *Folha de São Paulo*, 22/07/2003.

_____; MENDONÇA, E. Volks chama sindicatos para negociar. *Folha de São Paulo*, 08/08/2003.

SCHNEIDER, L. Movimento promete enfrentar policiais. *Folha de São Paulo*, 20/05/1997.

_____. CDHU não consegue levar nova proposta. *Folha de São Paulo*, 21/05/1997.

_____. Secretário anuncia projeto de moradias. *Folha de São Paulo*, 23/05/1997.

SIMÃO, J. Chama a Wanderléa! Senhor juiz, PARE agora! *Folha de São Paulo*, 24/07/2003.

VALOR GRANDES GRUPOS. São Paulo, dezembro de 2005, n. 4.

VEJA. Carta ao leitor: Falta determinação. São Paulo, 30/07/2003, edição 1813.

_____. Stedile declara guerra. São Paulo, 30/07/2003, edição 1813.

ZANINI, F. Líder nega venda de lotes no ABC. *Folha de São Paulo*, 29/05/1997.

Documentos e relatórios

ASSOCIAÇÃO DE TRABALHADORES DA REGIÃO DA MOOCA. *A luta dos quintais e cortiços da Mooca*. São Paulo, 1993, mimeo.

_____. *Salário e Moradia, a luta é uma só!* São Paulo, 1990, mimeo.

CÂMARA MUNICIPAL DE SÃO PAULO. *Comissão de estudos sobre habitação na área central.* São Paulo: Câmara Municipal de São Paulo, 2001.

COMPANHIA DE DESENVOLVIMENTO HABITACIONAL E URBANO. *Pró-lar Atuação em Cortiços: Manual do Programa.* São Paulo: Secretaria de Habitação do Estado de São Paulo, 2003.

COMPANHIA METROPOLITANA DE HABITAÇÃO DE SÃO PAULO. *Relatório de gestão 2001/2004*, São Paulo: COHAB/SP, 2004.

EMPRESA MUNICIPAL DE URBANIZAÇÃO. *Caminhos para o centro: estratégias de desenvolvimento para a região central de São Paulo.* São Paulo: EMURB/CEBRAP, 2004.

FÓRUM CENTRO VIVO. *Dossiê Denúncia: Violação dos Direitos Humanos no Centro de São Paulo.* São Paulo, 2005. [xerox]

HUMAN RIGHTS WATCH - AMERICAS. *Relatório Global 1998.* http://www.hrw.org/portuguese/wr-98/wr98-ovw.htm, 1998.

LIMA, C. S.; COELHO, M. C. C. R. *A ação do pedagogo nos movimentos sociais: a história de uma conquista e a busca de uma nova história.* Trabalho de Conclusão de Curso do curso de Pedagogia, Mogi das Cruzes, 2003 [xerox].

SECRETARIA DE HABITAÇÃO E DESENVOLVIMENTO URBANO. *Informativo São Vito.* São Paulo: COHAB, setembro de 2003.

_____. *Informativo São Vito.* São Paulo: COHAB, outubro de 2003.

_____. *Informativo São Vito.* São Paulo: COHAB, janeiro de 2004.

_____. *Programa morar no centro.* São Paulo: PMSP, 2004.

PREFEITURA MUNICIPAL DE SÃO PAULO. *Balanço de gestão.* São Paulo: Secretaria de Governo Municipal, 2004.

PREFEITURA MUNICIPAL DE SÃO PAULO; CEBRAP. *Mapa da vulnerabilidade social da população da cidade de São Paulo: Zona Leste.* São Paulo: PMSP/CEBRAP, 2005.

TEIXEIRA, A. C. C.; COMARU, F.; CYMBALISTA, R.; SUTTI, W. (2005) *Estudo de caso: Conflitos em torno do direito à moradia na região central de São Paulo.* São Paulo: Polis/IBASE, 2005. Relatório do Projeto Monitoramento Ativo da Participação da Sociedade.

Textos e documentos eletrônicos

ATHIAS, G. Ruas sem asfalto afastam carros de polícia do bairro. *Folha Online Eleições 2000: Problemas de São Paulo.* http://www1.folha.uol.com.br/folha/especial/problemas_sp17.htm Acesso em 26/05/2008.

ÉPOCA ONLINE. Volkswagen cria nova empresa para recolocar quase 4 mil funcionários excedentes. *Revista Época*, 21/07/2003, n. 270. Disponível em http://revistaepoca.globo.com/Revista/Epoca/0EDG58988-6012,00.html Acesso em 27/11/2007.

GOMES, W. Volks ameaça demitir trabalhador que fizer greve no Brasil. GloboNews.com/Reuters, 2003.

KALKA, L. AutoVision em Wolfsburg, um projeto bem-sucedido. *DW-World*, 29/06/2003. Disponível em http://www.dw-world.de/dw/article/0,2144,935643,00.html Acesso em 25/01/2008.

MINISTÉRIO DAS CIDADES. www.cidades.govol.br Acesso em 10/01/2008.

MTST. Chico Mendes: dois meses de resistência – atividades culturais e informe jurídico. Disponível em http://mtst.info Acesso em 03/12/2005.

MTST. Carta aos amigos e amigas do MTST - Saída da comunidade Chico Mendes. 2006. Disponível em http://mtst.info/node/351 Acesso em 01/12/2007.

ESTADÃO ONLINE. Sabesp promete reagir a invasão de sem-terra. 20/07/2002. http://www.estadao.com.br/arquivo/nacional/2002/not20020720p53471.htm Acesso em 25/05/2008.

_____. MST será retirado de terreno da Sabesp, diz Alckmin. 21/07/2002. http://www.estadao.com.br/arquivo/nacional/2002/not20020721p53478.htm Acesso em 25/05/2008.

_____. Tráfico impõe toque de recolher na zona leste de São Paulo. 30/04/2003. http://www.estadao.com.br/arquivo/cidades/2003/not20030811p8636.htm Acesso em 26/01/2008.

_____. Justiça manda sem-teto deixarem hotel invadido em São Paulo. 11/08/2003. http://www.estadao.com.br/arquivo/cidades/2003/not20030811p8636.htm Acesso em 26/01/2008.

_____. PM fará reintegração de posse nesta quarta no Centro de SP. 15/10/2003. http://www.estadao.com.br/arquivo/cidades/2003/not20031015p9552.htm Acesso em 26/01/2008.

FOLHA ONLINE. Suposto toque de recolher fecha comércio na zona leste de SP. 30/04/2003. http://www1.folha.uol.com.br/folha/cotidiano/ult95u74026.shtml

O TABOANENSE. Terreno no Jd. Helena é invadido por famílias do Movimento dos Trabalhadores Sem-Teto. Setembro de 2005. http://www.otaboanense.com.br Acesso em 12/05/2008.

_____. Decisão de Desembargador garante mais 40 dias para o MTST. Outubro de 2005. http://www.otaboanense.com.br Acesso em 12/05/2008.

_____. Justiça ordena saída dos manifestantes que acampavam na frente da prefeitura. Outubro de 2005. http://www.otaboanense.com.br Acesso em 12/05/2008.

_____. MTST acampam na frente da prefeitura. Outubro de 2005. http://www.otaboanense.com.br Acesso em 12/05/2008.

_____. Prefeitura emite Nota Oficial sobre o Movimento dos Trabalhadores Sem-Teto. Outubro de 2005. http://www.otaboanense.com.br Acesso em 12/05/2008.

_____. Ato político e ecumênico dos sem-teto mostra enfraquecimento do movimento. Novembro de 2005. http://www.otaboanense.com.br Acesso em 12/05/2008.

_____. MTST prepara manifestação nesta quinta-feira, dia 17. Novembro de 2005. http://www.otaboanense.com.br Acesso em 12/05/2008.

_____. Justiça determina que MTST deixe terreno invadido imediatamente. Dezembro de 2005. http://www.otaboanense.com.br Acesso em 12/05/2008.

SINDICATO DOS METALÚRGICOS DO ABC. Apitaço e passeatas internas na Volks. http://www.smabc.org.br/mostra_materia.asp?id=917 Acesso em 27/11/2007.

WEICHERT, M. Autovisão, uma chance. DW-World, 29/06/2003. www.dw-world.de/dw/article/0,2144,980109,00.html Acesso em 24/01/2008.

CENTRO DE MÍDIA INDEPENDENTE. http://www.midiaindependente.org.br

Jornais, cartilhas e boletins de sindicatos, associações e movimentos de moradia e sem-teto

AVANÇAR A LUTA SOCIALISTA. *Diário: Acampamento Santo Dias.* São Bernardo do Campo, mimeo, 2003.

MOVIMENTO DOS TRABALHADORES SEM-TETO DA REGIÃO CENTRAL. *Diário da Moradia. Ocupar, Resistir, Morar e Educar...* São Paulo, n. 1, novembro de 2003.

MOVIMENTO SEM-TETO DO CENTRO. Carta aberta do MSTC às autoridades. *Luta Por Moradia,* São Paulo, n. 11, maio de 2002.

_____. 3500 sem-teto ocupam quatro prédios vazios no centro de São Paulo. *Luta Por Moradia,* São Paulo, n. 15, julho/2003.

MOVIMENTO DOS SEM-TETO DO CENTRO E OUTROS. *Manifesto dos Movimentos de Moradia.* São Paulo, 27/03/2003.

MOVIMENTO DOS TRABALHADORES SEM-TETO. *Cartilha do militante.* São Paulo, n. 1, 2005. Disponível em www.mtst.info

SINDICATO DOS METALÚRGICOS DO ABC. Acordo cumprido ou luta. *Tribuna Metalúrgica,* São Bernardo do Campo, n. 1681, 23/07/2007,

_____. Crise na Volkswagen: Confusão deve acabar amanhã. *Tribuna Metalúrgica,* São Bernardo do Campo, n. 1684, 29/07/2007.

_____. Ocupação em São Bernardo: Trabalhador na Volkswagen, Sindicato e CUT pedem preço social. *Tribuna Metalúrgica,* São Bernardo do Campo, n. 1685, 30/07/2007.

_____. Crise na Volks: Mais uma reunião inútil. *Tribuna Metalúrgica,* São Bernardo do Campo, n. 1685, 30/07/2007

Anexo – Lista de abreviatura e siglas

ANSUR - Articulação Nacional do Solo Urbano
BID - Banco Interamericano de Desenvolvimento
CDHU - Companhia de Desenvolvimento Habitacional e Urbano
CMP - Central de Movimentos Populares
CONAM - Confederação Nacional de Moradia
FACESP - Federação das Associações Comunitárias do Estado de São Paulo
FCV - Fórum Centro Vivo
FLM - Frente de Luta pela Moradia
PAC - Programa de Atuação em Cortiços
PAR - Programa de Arrendamento Residencial
MMC - Movimento de Moradia do Centro
MMNC - Movimento de Moradia Novo Centro
MMRC - Movimento de Moradia da Região Centro
MNLM - Movimento Nacional de Luta pela Moradia
MST - Movimento dos Trabalhadores Rurais Sem-Terra
MSTC - Movimento dos Sem-Teto do Centro
MTL - Movimento Terra e Liberdade
MTD - Movimento dos Trabalhadores Desempregados
MTST - Movimento dos Trabalhadores Sem-Teto
MTSTRC - Movimento dos Trabalhadores Sem-Teto da Região Central
SABESP - Companhia de Saneamento Básico do Estado de São Paulo
SEHAB - Secretaria de Habitação
ULC - Unificação das Lutas de Cortiços
UMM - União dos Movimentos de Moradia
UNMP - União Nacional de Moradia Popular

Esta obra foi impressa em Santa Catarina no verão de 2012 pela Nova Letra Gráfica e Editora. No texto foi utilizada a fonte Adobe Garamond em corpo 11 e entrelinha de 15,5 pontos.